黄金を生み出す
ミダスタッチ

成功する起業家になるための5つの教え

ドナルド・トランプ
ロバート・キヨサキ
白根美保子 訳

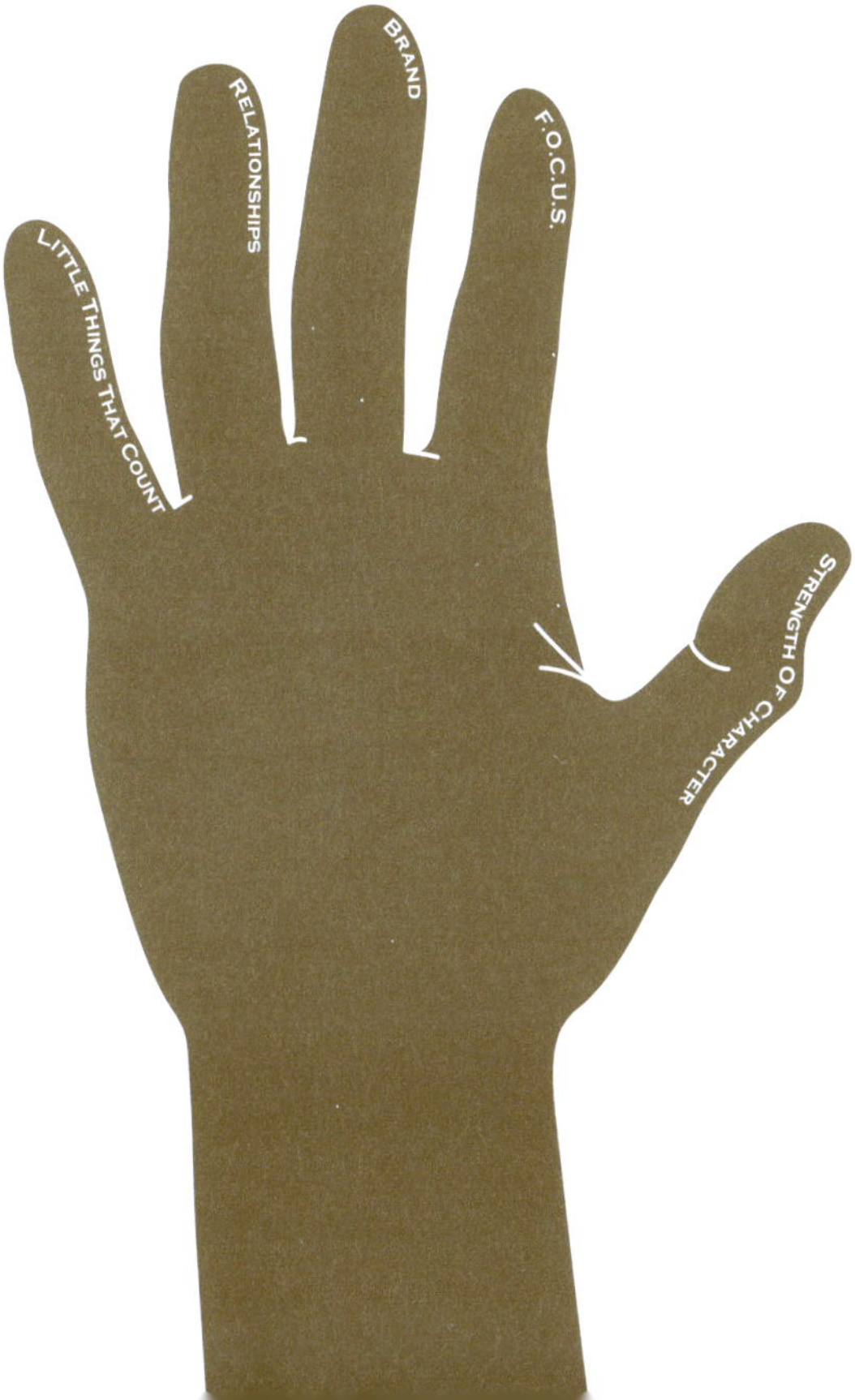

筑摩書房

MIDAS TOUCH

WHY SOME ENTREPRENEURS GET RICH AND WHY MOST DON'T

DONALD J. TRUMP
ROBERT T. KIYOSAKI
TRANSLATOR:MIHOKO SHIRANE

目次 CONTENTS

Midas Touch
Why Some Entrepreneurs Get Rich — and Why Most Don't
by Donald J. Trump and Robert T. Kiyosaki

This Japanese edition is published by arrangement with
Rich Dad Operating Company, LLC.

黄金を生み出す ミダスタッチ

成功する起業家になるための5つの教え

献辞

今、奮闘努力しつつある起業家たち、
あるいはすでに成功を手にしている起業家たち、
そして、これから先、ほかの人たちには障害物しか見えない場所に
チャンスを見出していく起業家たちに、この本を捧げる。

果敢に行動を起こし、
現代の経済界に独自の刻印――ミダスタッチ――を残すすべての人々、
未来への展望を持ちそれを追い求めるすべての人々より。

二人の著者からの謝辞

起業家として学び続けるという私たちの終生の情熱を理解し、手を貸してくれたすべての人々に感謝の意を表したい。あなた方がいなかったら、私たちの経験をもとにしたこの本が日の目を見ることは決してなかっただろう。

また、私たち自身の人生における勝ち負け、成功や失敗の経験にも感謝したい。なぜなら、人生のバランスを保つそのような山や谷、それに伴う人間的および職業的成長なしには、私たちの今日はないだろうからだ。

特に、この本の編集に協力してくれた人々、一致協力し、起業家の洞察力を持って私たちを支え、私たちのビジョンの実現に手を貸してくれたトランプ・オーガニゼーション、およびリッチダッド・カンパニー、プラタ・パブリッシングのスタッフに対して感謝に堪えない。

最後に、自分の生活を、家族の生活を、そして世界中の何十億という人々の生活をよりよいものにするために常に新しいことに挑戦し、リスクをとり、あらゆる障害を乗り越えて進むすべての起業家たちに感謝の意を表したい。

マーク・バーネットによる序文

起業家にはたぐいまれな推進力が備わっている。彼らを目的地に到達させるこの推進力は、強力な集中力、フォーカスする能力だ。その力があまりに強いので、何物も彼らを道からはずれさせることも、彼らの計画を狂わせることもできない。

もう何年も前のことだが、ドナルドと出会うずっと前、彼の一冊目の著書『トランプ自伝』を読んだ。当時私はロサンゼルスの海岸でTシャツを売っていたが、客の相手をしていない時はいつも、この本を読んでいた。私にとって特にありがたかったのは、この本が私のような人間に向けて、つまりビジネススクールに一度も行ったことのない人間に向けて書かれていたことだ。この本の著者で不動産界の大御所、ドナルド・トランプに対して、私はただひたすら畏敬の念を抱き、彼と会うことはおろか、この目で彼の姿を拝むことさえないと思っていた。もちろん、彼と一緒に仕事をするなど、想像すらしていなかった。

『トランプ自伝』の中で最も強く私の記憶に残っている話は、「負け犬」をどうやって見分けるかドナルドが語っている部分だ。ドナルドは、負け犬とは汚れたままの車に「この車売ります」と書いているような人間だと説明している。これはあたりまえのことに聞こえるかもしれないが、形こそ違えいろいろなビジネスにおいて、事実上これとまったく同じことをしている人が驚くほどたくさんいる。

ロバートの本は世界中で三千万部以上売れている。彼が伝えようとしていることが、人々が聞きたいと思っている話、聞く必要のある話であることは明らかだ。ロバートは基本的に自分自身を「教師」だと考えている。私はドナルドのことも「教師」だと考えている。人気テレビ番組『ジ・アプレンティス』には、ドナルドが上手に盛り込んだ教育的要素がたくさん含まれている。あの番組が大きな反響を呼び、長く続いている理由の一つはそこにあると思う。この二人の教師、ビジネス界の巨人はすべての人に何かを伝えたいと思っている。

本書の中で指摘されている通り、起業は、今日の世界である種の責任を担うものになっているし、実際そうなるべきだ。本書が時宜を得た本であるのはそのためだ。今私たちには、雇用を作り出す才能を持つ人間が必要だ。起業家になれるスキル、あるいは能力を持っている人は、社会に貢献するためにそのスキルを伸ばす必要がある。本書では、非常に異なる背景を持ち、それぞれに起業家として多くを達成した二人が、異なる観点からさまざまな基本的な事柄について書いている。

起業の世界に足を踏み入れたいと思っているすべての人に本書の熟読を勧めたい。

起業家を起業家ならしめる特質は、並外れた集中力と強力な推進力だ。ドナルドがそれを備えていることを、私はだいぶ前に見せてもらった。ロバートも同じ特質を持っている。二人の推進力の大きさは折り紙付きだ。彼らは決して止まらない。彼らが築き上げた成功は比類ない。みなさんが今からしばらく時間を割き、二人の言葉に耳を傾けてくれるよう願っている。

まえがき　夢想家《ドリーマー》？　それとも起業家？

子供の頃から機械に興味を持っていた一人の起業家が、自分に世界を変えるチャンスが与えられていることに気が付いた。彼は世の中のすべての人のために、あるものを改良する方法を思いついた。そして、それを実行に移した。自分の富を築くためではなく、ごく普通の人々に新しいライフスタイルを与えるという自分の夢を実現するために。

彼は多くの困難にぶつかり、苦労を重ねながらアイディアに磨きをかけ、製品の試作品を数限りなく作り――新しいバージョンは常に前のバージョンにどこか改良を加えた物だった――自分の会社を築いた。でも、彼にとって一番大変だったのは、彼のビジョンを理解できない人たち、つまり、フォーカスする対象を広げて、物事の今のありかたではなく、将来の可能性を見ることができない人たちを相手にすることだった。戦わなければならないことも何度もあったが、彼はひたすら前に進んだ。途中で自分の考えに疑いを持ったこともあったし、多くの犠牲も払った。また、脱線しそうになったことも何度もある。失敗もよくしたが、いつも名言を好んで引用していた彼は、失敗のことを「前よりも賢いやり方で再び始めるためのチャンス」と呼んでいた。

彼は優等生ではなく、学校ではほんの少しのことしか学ばなかったが、物を分解してその仕組みを調べるのが大好きで、お気に入りの遊びは「時計の分解」だった。高い学位はとらなかったが、夜間学校に通って自分の技術を磨いた。頭脳明晰だった彼は結局、自分の得意分野で誰からも愛される「教師」になった。彼に惹かれて集まってきた「生徒たち」は、彼と同じように情熱を持った人たちだった。彼らは夜遅くまで、さまざまなプロジェクトに無償で取り組み、その過程で多くを学んだ。彼は才能を持った人材を惹きつけ、他人と共に働くことが得意で、その能力は羨望に値するほどだった。自分のビジネスを築くにあたって、彼は自分の知らないことを知っている人たちで周りを固めた。

彼は自分が作り出した製品に価値があると信じてくれる投資家たちから資金を集めることに成功した。問題は、投資家たちが必ずしも彼の「ビジョン」に価値があると信じてくれたわけではなかったことだ。投資家たちがお金にしか焦点を合わせようとしなかったために、彼は次第に元気を失っていった。ある時など、自分の名前を冠し自ら設立した会社からクビにされた。器の小さな人間だったら、あきらめてほかの仕事を探したかもしれない。

それより何年も前、彼は名の通った会社での安定した仕事をやめた。起業したものの収入は大してなく、家族と共に引っ越しを繰り返し、そのたびに、より質素な生活を余儀なくされた。これはまだ彼が会社勤めをしていた頃の話なので、皮肉といえば皮肉だが、ある日、子供の頃から敬愛し、偶像のように敬っていた雇い主と直接会う光栄に恵まれた彼は、その場でインスピレーションを得て、すばやく何度か手を動かすと、自分の考えた新製品のスケッチを描き上げた。彼の目の前にいた雇い主は机をこぶしで強く叩き、こう言った。「きみ、それだよ、それ。きみはもうそれを持っている。がんばって続けるんだ」「あの机を叩く音は、私にとって何物にも代えがたい価値があった」この起業家は、辛抱強く自分についてきてくれている妻にこう言った。「これから一年、ぼくはあまり家にいないかもしれない」実際のところ、成功までには一年どころか何十年もかかった。

アルキメデスが金の純度を測る方法を発見した時のように、インスピレーションがどこからか湧いてきて答えが与えられることはまれだ。ここで取り上げた起業家、つまりヘンリー・フォードの場合もそうだった。彼は自分の周りの世界を観察し、ゆっくりとチャンスと自分の目的に近づいていった。また彼は、起業家は新しいテクノロジーの発明者である必要はないということを身をもって示した。彼の大成功はそれよりももっと価値のあるものを通して生まれた。それは「ブランド」だ。当時あたりまえだった「車は注文して作ってもらうもの」という考え方は、ヘンリー・フォードの世界観とは一致しなかった。彼は金持ちにしか手に入れることができない贅沢を、すべての人に与えたいと考えた。

ヘンリー・フォードは世界を変えたかった。そして、その鍵は、ガソリン駆動エンジンを搭載し、大量生産工場で組み立てられた自動車にあると信じていた。彼が敬愛してやまなかったヒーロー、世間にもよく名の知られていた彼の雇い主、トーマス・エジソンも同じことを信じていた。だからこそ、彼は机をこぶしで強く叩き、ヘンリーに元気を取り戻させて、その後長い年月、多くの失敗を乗り越えてやり抜く力を与えたのだ。

ヘンリーは大きな夢を抱く勇気を持っていた。ある日曜日、彼は教会の牧師が説教の中で「汝の馬車を星につなげ（大望を抱け）」と言うのを聞き、一緒に来ていた家族の一人に向かってこう言った。「ぼくはまさにそれをやろうとしているんだ」。それは一八九三年のことだった。十年後の一九〇三年七月二十三日、シカゴの歯科医師アーンスト・フェニングがフォード・モーターズ社が大量生産した最初の車、モデルAを購入した。

ヘンリー・フォードはやり遂げた。彼はもはや「夢想家《ドリーマー》」ではなかった。起業家だった。

はじめに　起業家は普通の人とは違う

本書は起業家自身について書かれた本であると同時に、起業家が普通の人とどこが違うかについて書かれた本でもある。対象とする読者は、すでに起業家になっている人たち、そして、これから起業家になりたいと思っている人たちだ。

この本は、大学で起業について教える教授たちによって書かれた「教科書」ではない。バラ色の未来を見せるつもりもなければ、成功までの道のりを客観的に段階を追って丁寧に教えるつもりもない。そんなことをしても非現実的で何の役にも立たないからだ。本書はとても現実的な本だ。なぜかというと、成功と失敗、そして反撃を繰り返してきた二人の起業家によって書かれているからだ。この本の中で私たち二人は包み隠さず、正直に自分たちの体験を語っている。

夢を見る、成功する、失敗する、そして立ち直って何度も成功を繰り返す。起業家が持つこの能力はよく「起業家精神」と呼ばれる。ビジネス界で起業家とほかの人たちを分けているのはこの起業家精神だ。これはまた、起業家に「なりたい」人たちと、起業家に「なれる」人たちとを分けるものでもある。

本書の執筆に取りかかってから、すでに三年近く経っている。私たちが本書に努力を注ぎ続けているのは、二人とも、起業家だけが真の雇用を創出できると信じているからだ。世界の失業者の数が前代未聞のレベルに達している今、必要とされているのは雇用だ。

慢性的な失業は社会不安の原因となり、それが革命につながることもある。二〇一一年の中東での暴動はそのいい例だ。あの一連の暴動は、働く意欲も、能力も、熱意もあるのに働くチャンスに恵まれない人々が起爆剤となって起きた騒ぎだ。彼らは慢性的に高い失業率を抱える社会に住んでいる。中国は、輸出が頭打ちになるのではという不安を抱え、何百万人もの労働者が失業の可能性に怯えている。アメリカ政府も同じ心配を抱えていて、立法措置や公共事業を通して雇用を創り出そうと、何十億ドルものお金を費やしている。問題は、アメリカだろうが中国だろうが、政府には雇用を創り出せないことだ。それができるのは起業家だけだ。起業家だけが未来を見通し、それに何度も新たに命を吹きこむことができる――危険を冒し、失敗と成功を繰り返しながら。起業家はそのプロセスの中で新しい産業を創り出し、世界中の人々にチャンスを与える。

もう一つの問題は、学校が起業家を創り出せないことだ。今の学校システムは従業員を生み出すように作られている。だからみんな、「学校に通い、いい仕事に就け」と言う。大部分の学生は、たとえＭＢＡ（経営学修士号）を取った学生でも、たいていは起業家ではなくて従業員になる。毎年、何百万人もの学生が仕事を見つけられないまま、多額の学資ローンを抱えて卒業する。今は、老いも若きも年齢にかかわらず、職を探す人、あるいは職を失うことを恐れている人が多すぎる。今私たちは、ビジネスと雇用を創り出すことのできる起業家をより多く必要としている。

二〇〇七年に始まった株式市場の暴落は「大恐慌」以来最大のもので、それ以降、多くの人が経済の回復を待ち望んでいる。経済はいつか必ず回復するだろうが、戻ってくるのはこれまでと同じ経済ではない。産業時代の古い経済は死に瀕している。次に現れようとしているのは情報時代の新しい経済だ。この新しい経済――国際的な経済――は以前とは違う経済だ。終身雇用、年金、給付金、組合といった産業時代の古い考え方は、新しい情報時代を生き延びることはできないだろう。

今後、フォーチュン誌が毎年発表する全米上位五百社、「フォーチュン５００」に含まれる会社で、産業時代に生まれた会社の多くは消えていくだろう。そして、将来そこに名を連ねる会社は、新しい起業主義《アントレプレナーシップ》の時代と新しい起業家階級に導かれ、この経済危機から生まれる会社だ。

本書はそのような起業家たち、そしてそのような起業家になりたいと思っている人たちのための本だ。ビジネスについて書かれた本ではない。成功する起業家になるために必要なことは何かについて書かれた本だ。私たち二人は、起業家としての自分たちの考え方や信念、数十年にわたって積み重ねてきた成功や失敗の経験をみなさんにお伝えしたいと思っている。本書を読めば、十人の起業家のうち九人までが失敗する状況の中で私たちが成功した理由がわかっていただけるだろう。私たちはまた、成功と富を手に入れるだけでなく、それをさらに推し進め、ビジネスを国際的なブランドに成長させる――これは多くの起業家たちが夢見るが、ごく少数の人しか成し遂げられない偉業だ――ことができた理由もお伝えしたいと思っている。そのほかに、もっと大事なこともお話ししたいと思っている。それは、ほかの人たちがあきらめてしまう時に、なぜ私たちが前進を続けられるのか、なぜ次々と「より大きなチャレンジ」を求め続けるのか、その理由だ。二人の二冊目の共著となる本書では、触れたものを黄金に変えると言われるギリシャ神話のミダス王の手にならって「ミダスタッチ」と名付けた能力を私たちがどのようにして手に入れたか、そして、みなさんがそれを手に入れるにはどうしたらいいかをお伝えしたいと思っている。

本書は五章に分かれていて、それぞれの章がミダスタッチの力を持つ手の五本の指を表している。どの章でも、二人のそれぞれの話のあとに、「まとめ」をつけて、要点を客観的に振り返ることができるようにした。そして、最後に「覚えておくべきこと／するべきこと」として、最重要事項と、あなたが生活に取り入れることができそうな活動をまとめて取り上げ、章を終わらせることにした。

五本の指は、成功を夢見る起業家ならば誰もが身に着けなければいけない五つの大切な要素を示している。これらの要素は学校では教えてもらえない。

ミダスタッチの力を持つ手は、起業家として成功するために必要不可欠な特質を象徴するのにふさわしい、理想的なたとえだと思う。五本の指に象徴される要素をすべて身に着ければ、大部分の起業家が失敗する一方で、一部の起業家が信じられないような成功を手にする理由、そこに隠された「魔法」を発見することができるだろう。

1. 親指は「人間的な強さ」を示す
これを持っていない起業家は、ゼロから何かを創り出そうとする時に避けることのできない失敗や、それに伴う失望を耐え抜くことができない。未知の領域は危険に満ちている。

2. 人差し指は「フォーカス（焦点）」を意味する
真の成功を手に入れるためには、起業家は適切なところにしっかりと焦点を合わせなければいけない。

3. 一番長い中指は「ブランド」を意味する
ブランドとは、あなた自身の主張を反映するものだ。しっかりしたブランドと、それについて世の中の人に知ってもらいたいという積極的な意志がない限り、ミダスタッチは手に入らない。

4. 薬指は「人間関係」を示す
成功を手に入れるためにいいパートナーを見つける、自分自身がいいパートナーになる、種類の異なる人間関係を築くといったことをどのようにして行ったらいいか、その方法をお話しする。

5. 最後の小指は「小さなこと」を意味する
これは、単に細部にこだわるという意味ではない。小さなことが、とても大きな成功へつながる道に導いてくれることがある。この章を読むとそのことがよくわかるだろう。また、あなたの顧客とあなたのビジネスにとって、「大きなことになり得る小さなこと」を見つける方法も学ぶことができるだろう。

これらの要素は、どれもとても大事だが、全部が一緒になった時、つまり、五つの要素に関する重要性の理解、スキル、学習、知識のすべてを手に入れた時、真のミダスタッチの力が本当に輝き始める。そして、起業家が生み出すその輝きは、きっと今の世の中の役に立つだろう。実際のところ、世界規模の失業、雇用保障の欠如、金銭的安定の不足といった問題を解決するために、世界はもっと多くの起業家を必要としている。特に、ミダスタッチを身に着け、大きな成功を達成できる起業家たちの力が今の私たちには必要だ。

ドナルド・トランプ

ロバート・キヨサキ

第一章

親指……人間的な強さ

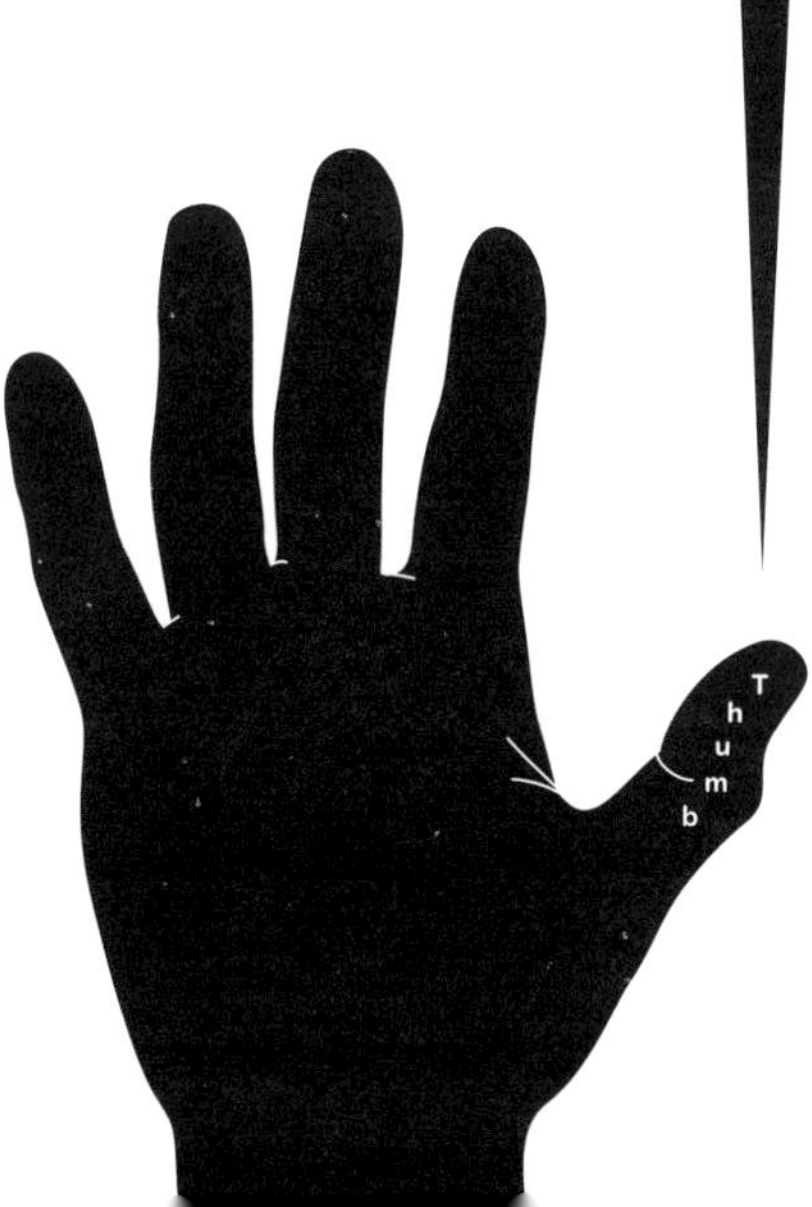

「人生は砥石だ。そこですり減らされるか、ピカピカに磨き上げられるかは、その人が何でできているかによる」

――作者不明

悪運を幸運に変える（ロバート・キヨサキ）

二〇〇〇年の初め、私は数人の友人と一緒に文明から遠く離れたオーストラリアの奥地、地球上で最も美しい地域の一つで、原始生活を送りながら休暇を楽しんでいた。僻地にあるそのキャンプ場にたどりつくのには一週間近くかかった。

ある夜、私の衛星電話が鳴った。フェニックスの自宅に残っていた妻のキムからだった。

「びっくりしないでね」キムは興奮した口調でそう言った。「オプラの番組のプロデューサーから電話があったのよ。オプラがあなたにシカゴでの番組に出演してほしいんですって」

「それはすごい。でもなぜぼくなんだい？」

「オプラはあなたの体験談と、あなたが書いた『金持ち父さん　貧乏父さん』について話をしたいそうよ」

「それはいいね。進展があったら知らせてくれ」

「彼女はここ数日のうちに番組に出てほしいと言っているのよ」

「ここ数日だって？」私はうめき声をあげた。「こっちに着いたばかりなんだよ。何日かかったか知っているかい？　飛行機が二日、それから四日近く車に揺られた。もっとあとにできないのかな」

「だめよ。あちらからの質問に全部答えるのに本当に大変だったんだから。プロデューサーはあなたの二人の父親の話が本当だと証明するために、金持ち父さんの息子さんに電話までかけたのよ。あちらはとても乗り気で、今すぐあなたに出てもらいたいんですって」キムはちょっと待ってから続けた。「このチャンスを逃さないで。黙って回れ右をして戻ってきて。シドニー空港で新しいチケットを受け取れるようになっているわ」

六日後、私はシカゴに到着した。

オプラの番組は彼女自身が所有するスタジオ、パーポ・プロダクションから放映された。若くてきれいなアシスタントが、楽屋からスタジオまで私を案内してくれた。スタジオではオプラの熱心なファンたちが観客席で待ち構えていた。

会場は興奮に包まれていた。ファンたちはオプラの登場を首を長くして待っていた。一瞬私は自分がそこにいる理由を忘れた。ショービジネスの世界で最も大きな力を持つ人物と一緒にテレビに出ようとしていることを忘れた。オプラの番組がアメリカ国内だけで二千万以上の人に視聴されていること、世界中で百五十を超える国に配信されていることは私もよく知っていた。

あたりを見回すと、ステージの中央に二つの椅子が見えた。「二つ目の椅子は誰のためなのだろう?」私はそう思った。それから、「私のための椅子だ!」と気が付いて心臓が凍りついた。

オプラがステージに上がると、突然場内が歓声にわいた。実際に見るオプラは、テレビで見るよりさらに大きな存在感があった。オプラが観客に一言二言何か言ったあと、アシスタントがやさしく私の肘をとり、「さあ行きましょう」と小さく言った。

私は大きく息を吸うと、心の中で自分に言い聞かせた。「練習を始めるにはもう遅すぎる」

一時間後、番組が終了した。観客が歓声を上げ、オプラが世界中の人に別れを告げた。テレビカメラのスイッチが切られるとすぐに、オプラがこちらを向き、私を指差し、にこりとして言った。「金持ち父さん、たった今、私はあなたの本を百万冊売ってあげたわよ」

当時『金持ち父さん　貧乏父さん』は自費出版だった。つまり、私は利益を出版社と分け合う必要がなかった。数学は決して得意ではなかったが、お金のことはよくわかった。経費を差し引いた後、一冊につき私には五ドルの利益が入る。百万冊が売れるというオプラの見込みが正しければ、単純に計算して、私はたった今、一時間でおよそ五百万ドルの税込利益をあげたことになる。あの日は、いろいろな意味でとても有益な一日だった。その直後の私にはまだわかっていなかったが、あの一時間のうちに私は、無名の人間から世界中に名を知られる有名人へと変身していた。おそらくみなさんもご存じと思うが、名声はお金よりもずっと人の心をくすぐる。

私があの本を自費出版したのは、原稿を送ったどの出版社も断ってきたからだ。ほとんどの出版社は丁寧な口調ではあったが、要するに興味がないとそっけなく断ってきた。返事のうち二つは、英語の先生から「きみは文章の書き方を勉強する必要がある」と言われているような感じがした。ある出版社は「あなたの話は途方もなくて、読者は誰も決して信じませんよ」と言ってきた。また、お金に関する本を専門に扱っている編集者の一人は、「あなたは自分で何を言っているかわかっていない」と言って断ってきた。この編集者が気にしたのは、あの本の中で私が取り上げた「持ち家は資産ではない」という教えだった。もちろん、実際にサブプライムローン危機が起こり、何百万件もの住宅が差押えになり、抵当割れした住宅が続出している今、あの編集者が、『金持ち父さん　貧乏父さん』で私が伝えようとしたメッセージを見直そうという気になっているかどうか、ちょっと気になる。

出版社による拒絶を冷静に受け止めた私とキムは、千部を自費出版して、一九九七年の私の誕生パーティーの席でささやかに売り始めた。

一九九七年から二〇〇〇年まで、『金持ち父さん　貧乏父さん』は口コミで売上げを伸ばしていった。友人がそのまた友人にあげたり、家族にプレゼントしたりしたのだ。それと同時に、この本はニューヨーク・タイムズ紙のベストセラーリストの順位をゆっくりと上げていった。当時、自費出版書でリストに名を連ねていたのはこの本だけだった。オプラの番組のプロデューサーが電話をかけてきたのは、この本が同紙のベストセラーリストに載るようになってから間もなくのことだった。十年後の二〇一〇年、私の見積もりによると、オプラの後押しのおかげで世界百か国以上で売れた本の部数は二千二百万部以上にのぼった。今ではこの本は五十以上の言語に訳されている。これがオプラの威力だ。
番組が放映されるとすぐにマスコミが電話をかけてきた。その大部分は、私の「二人の父親」に関するありのままの実話をとても好意的に受け止めてくれたが、少数だが中には話に疑いを持ったり、批判的だったり、非難を浴びせてきたところもあった。

■失敗が成功を導く

その後、いくつかのテレビ番組の司会者や雑誌の記事が私を取り上げ、「一夜にして成功を手に入れた」と評したが、この言葉を聞くたび、私は苦笑いしたものだ。あの一時間のおかげで、私が名もない人間から世界的な有名人になったのは確かだったが、「一夜にして成功を手に入れた」という表現はまったくあたっていなかった。二〇〇〇年当時、私は五十三歳だったが、それまでの人生の大部分は成功には程遠い生活を送ってきた。

電球の発明家、ゼネラル・エレクトリック社（ＧＥ）の創業者として有名なトーマス・エジソンは「私は失敗したわけではない。うまくいかないやり方を一万通り発見しただけだ」と言った。

エジソンの言葉は、大部分の人が大きな成功を収める起業家になれないでいるのはなぜか、その理由を短い言葉でよく言い表している。この言葉はまた、大部分の起業家たちがミダスタッチを手に入れることができないのはなぜか、その理由も説明している。簡単に言えば、大部分の人は「充分に失敗できないから」成功できない。

五本指にたとえたミダスタッチの話に戻ると、親指はあなたの情緒的成熟、人間的な強さを表している。親指がなかったらほかの四本の指は安定性を失い、毎日のように突き付けられる難題、ビジネスの起伏、成功や失敗といった、起業家なら誰もが日常的に直面することにうまく対処することができない。

■あなたに足りないものは何か？

新米起業家の多くが途中でやめてしまうのには二つの理由があるとよく言われる。

一つ目は資金の不足、二つ目は実社会でのビジネス経験の不足だ。

ここで、私自身の経験から、三つ目の理由を付け加えさせてもらいたい。それは情緒的成熟と人間的強さの不足だ。

私が思うに、今挙げた三つのうち起業家として成功できない最大の理由は、三つ目の情緒的成熟と人間的な強さの不足だ。

世界は、頭がよく、才能に恵まれ、高い教育を受けているにもかかわらず、天から授かった贈り物、つまり独自の才能を伸ばすことができない人であふれている。クラスで「将来最も成功しそうな卒業生」に選ばれた学生が成功できないケースはいくらでもある。人生が苦悩や悲劇、裏切りの連続で、そういった自分の「失敗」を他人のせいや、人生ではじめにつまずいたせいにしている人を、誰でも一人や二人は知っている。また、大金持ちになるためのすばらしいアイディアを持っているが、怠け心が強すぎてソファーから立ち上がらないままでいる人や、未来の夢ばかり追っていて、今行動を起こせない人も知っている。世の中には、世界を変えたいと思っているが、自分自身の人生の状況すら変えることができない人がいくらでもいるし、嘘をつき、人をあざむき、盗み、そのくせ自分は誠実な人間だと信じていて、自分自身にまた嘘をつく人、そういう人もたくさんいる。親指に象徴される情緒的成熟と人間的強さを身に着けない限り、たいていの人は自分に秘められたミダスタッチを開花させることはできない。

■「もしあの時知っていたら……」

起業家になりたいと思っている人たちの集まりで話をする時、私はよく次のような言葉で始める。「もし自分がどんなに知らないかわかっていたら、私は始めなかったかもしれない」。また、こうもよく言う。「その先どんなに大変か知っていたら、私は始めなかったかもしれない」。そのあと、起業家の卵たちに未来への希望の光を与えるために、たいていこう付け加える。「私はそれを知らなくてよかったと思う。もし知っていたら、今の成功は手に入らなかったかもしれないからだ」。そして次に、自分が犯した数々の失敗について話を始める。なぜなら、失敗こそが私にとって成功への入口だったからだ。

■成功には代価がつきもの

これから、私が実際に体験した苦労と失敗について少しお話しするつもりだ。なぜあえて苦労や失敗について話すのか？　その答えは簡単だ。もし私の苦労話や失敗談を聞いて、起業家になりたいという気持ちが鈍ったとしたら、それはとてもあなたのためになることだからだ。

ほとんどすべての人が起業家になる「能力」を持っているのは事実だが、誰もが起業家になる「必要」があるとは限らない。人生を生きるのにもっと簡単な方法はいくらでもある。

世の中には、人生も成功も簡単に手に入るように思える人もいるようだが、私自身はそういう人に会ったことがない。金持ち父さんがよく言っていたように「成功するには犠牲が必要だ」。成功した人で、そのために大きな犠牲を払っていない人に、私はまだお目にかかったことがない。たとえば、医者は時間やお金、労力、人間関係などの面で大きな代価を払って医者になる。トップの座まで登りつめるスポーツマンや映画スター、音楽界のアイドル、政治的指導者、社会的指導者などもそれと同じように代価を払う。ビジネスでの成功も同じだ。

犠牲は、成功のために人が払わなければならない代価だ。残念なことに、たいていの人はこの代価を自ら進んで払おうとはしない。それよりも、ごく平凡で、快適で、安全で、安心していられて、成功よりほんの少し下のレベルで生活をするほうが楽だからだ。

■私自身の愚かさ

アルバート・アインシュタインはこう言っている。「無限のものは二つしかない。それは宇宙と、人間の愚かさだ。もっとも、前者については私は確信がない」

私はアインシュタインの洞察に満ちた言葉の生きた証拠だ。私の愚かさには限りがない。

これからお話しするのは、ナイロンとベルクロ（マジックテープ）を使ったサーファー用の財布の会社を始めた時、私がいかに愚かだったかを示す例だ。リッパーズという名前のこの会社は創業して間もなく大きなビジネスに成長した。あらかじめ言っておきたいが、私はリッパーズを始める前に、もっと小規模なビジネスをいくつか立ち上げた経験があった。でも、どれもこのナイロン製の財布のビジネスほど大きく、国際的レベルまで成長することはなかった。皮肉な話だが、私はこの財布ビジネスを特にやりたいと思っていたわけではなかった。ただ自分の愚かさのために、いつの間にか巻き込まれていた。

■体験談その一：愚か者とお金

たいていの人は、起業家にとって一番大事なスキルがセールス能力であることを知っている。なぜなら売上げは直接収入に結びつくからだ。私の場合、セールスのやり方を知らなかったので、金持ち父さんのアドバイスに従って、二十六歳の時にまずゼロックス社で働くことにした。コピー機に興味があったからではなく、同社に、セールスに関するすばらしいトレーニング・プログラムがあったからだ。セールスが得意ではなかった私も、そこで学び、実践し、決められた以外のクラスもとったおかげで、ゆっくりではあるが確実に腕を上げ、三年後には、常に業績のトップに名を連ねる販売外交員となり、実際に少しお金を儲けられるようになっていた。私は一九七四年から一九七六年までに二万七千ドル（これは当時はかなり価値があった）を貯めて、最初のビジネスを立ち上げる準備ができていた。

「愚か者とお金はすぐに別れる」といった意味の格言があるが、私はまさしく愚か者で、私のお金もすぐにどこかに行ってしまった。私がお金と別れることになったいきさつは次の通りだ。

ある時友人が電話をかけてきて、自分の会社に投資する気はないかと聞いた。彼はお金は一か月後に二十パーセントの利子を付けて返すと請け合った。この友人、ジョンはそれまで起業家としてとてもうまくやっていた（「それまで」という言葉に注意！）。だから私は、彼は優秀だから、今度も成功して、三十日間私のお金の面倒をうまく見てくれるに違いないと信じた。それに、二十パーセントの利子というのはかなり魅力的だった。私は彼にお金を渡し、彼は私に約束手形をくれた。

一か月後、出資した二万七千ドルと利子の五千四百ドルを受け取ろうと、ジョンに電話をかけた。みなさんの予想通りだ。ジョンにはそのお金はなかった。彼は、そうなったのは自分の会社のＣＦＯ（最高財務責任者）で公認会計士でもあるスタンリーのせいだと言った。

「ぼくは小売店に出荷するために、もっと製品を仕入れるようにスタンに言ったんだが、スタンはそうせずにたまっていた請求書を払ったんだ」ジョンはそう説明した。「今ぼくらには製品も、お金も、利益もない。スタンリーがぼくの言った通りに製品を買っていれば、きみに払うお金もあったはずなんだ」

ジョンの説明はビジネス的に見て道理にかなっていないことはなかったが、私はなんだかいやな予感がした。でも、本当は何か言うべきだったのに私はその言葉を呑み込んで、黙ってジョンの話を信じた。実際のところ、私はそれを信じる必要があったから、信じたのだ。私にはジョンを信じる必要があった。もし信じなかったら、お金が返ってこないように思えたからだ。

公認会計士スタンリーが私の金持ち父さんの教えを知らなかったことは明らかだ。でも、無知だったのはスタンリーだけではなかった。たいていの人はスタンリーがしたのと同じことをしている。お金のために働き、請求書を支払い、残ったお金を貯金する。だからたいていの人は給料ぎりぎりの生活をしている。起業家はより多くのお金を生み出すためにお金を使う方法――マーケティングや広告、販売促進や販売外交員に対する奨励金などのために時間とお金を使う方法――を知っていなければいけない。

たとえば、危機的な状況になると、つまり売上げが落ち込み収入が減ると、たいていの人はスタンリーと同じことをする。お金を節約するか、請求書の支払いをする。でも一般的に言って、このやり方は大きな失敗のもとになる。賢い起業家は、収入も売上げも落ち込んでいる危機的な状況の時にこそ、たとえ借金をしてでも、セールスとマーケティング促進のためにより多くのお金を使う必要があることを知っている。売上げが戻ってくれれば、請求書を支払うことができるし、借りたお金も返せる。

二〇〇七年に始まった世界的な金融危機が続く今、たいていの人はスタンリーと同じことをしている。予算を切り詰め、借金を返し、お金を貯めようとしている。このようにお金を貯め込むことは、経済の低迷にさらに拍車をかける。スタンリーと同じようなことをする会社や個人は、景気が回復しても自分は回復できないかもしれない。そういう会社は、景気の悪い時期にお金を使って前進を続けていた会社に大きく後れをとってしまうだろう。

■体験談その二：歴史は繰り返す

どうしたら自分のお金を取り戻せるかたずねると、ジョンは、お金を取り戻す唯一の方法はもっと自分にお金を出してくれることだと答えた。今、みなさんは、こんな話にひっかかるほど私は馬鹿ではないだろうと思ったかもしれないが、私はひっかかった。その後三か月の間に、私はジョンと、苦境にある彼の会社のために、ほかの友人たちから五万ドルをかき集めた。そしてお察しの通り、私がジョンに小切手を渡すと、このお金はすぐに消えてなくなった。

ところで、資金はどうやって集めるか？　答えはこうだ——実際にやってみるしかない。ゼロックスでのセールストレーニングで、私は見込みのありそうな顧客を十件見つけるのに、百本電話をかけるように教えられた。見つけた顧客十件のうち一件が買ってくれる。

ジョンを助ける資金を集めるために、私は簡単なビジネスプランを立て、小さな宣伝用パンフレットを作って友人を訪ね回った。ゼロックスでやっていたのと同じようなことだ。目標に達するまで、飛び込みで訪問したり電話をかけたりした。

当時ジョンの会社は、シャワーを浴びながら歌を歌いたい人のために、マイクの形を模した、ロープ付きの石鹸を売っていた。私はこの会社のために投資家を見つけた。

大事なことなのでもう一度言わせてほしい――物を売る能力は起業家にとって最も重要なスキルだ。あなた自身が物を売るのが得意でなかったら、そういう人を見つけてビジネスパートナーにしなければいけない。

投資してくれた友人たちが、お金を二十パーセントの利子と一緒に返してほしいと電話をかけ始めてきた時、私はまだゼロックス社に勤めていた。不安が大きくなると同時に、定石通りのことが起こった。つまり、私の知性レベルが低下し始めた。

経営方針が間違っている会社のために資金を集めたり、その製品を宣伝したりしている自分がどんなに馬鹿か、当時の私はあまりに世間知らずでわかっていなかった。私は気が付かないうちに小規模なポンジー・スキーム（投資詐欺）、つまりバーニー・マードックの十億ドル規模のスキャンダルの縮小版のようなものに参加していた。ありがたいことに、私の場合は最終的にはお金を全部返すことができた。

ゆっくりだが確実に前に進んだ者が常にレースに勝つ。人生で満塁ホームランはあまりない。会社を起こしたりアイディアを開発するには時間がかかる。

■体験談その三：仲間になる

私は馬鹿みたいにまたジョンに、お金を返してもらうために何か自分が手を貸せることはないか聞いた。ジョンはすばらしいアイディアがあると言った。それは、私が会社に参加し、彼が会社を立て直す手助けをして、儲けて自分のお金を取り戻すというものだった。お察しの通りだ。私はまた彼の提案に乗った。昼間はゼロックスでせっせと働き、夜になると、通りを渡った先のホノルルのダウンタウンにあるジョンのオフィスに通い、彼の手伝いをした。

起業家は会社を作ったばかりの時には毎日休みなく働く必要がある。何か月もあるいは何年も、無償で働くこともよくある。起業家とほかの人間の違い、従業員と起業家を分けているものは、無償で働く時間の違いだ。

収入のない状態で働く、あるいは練習を続けることは、どんな分野であれ、その人の成功の度合いを決める要因となる。たとえば、プロのゴルファーはお金をもらえるようになるまで（そこまで成功すればの話だが）、学習と練習のために何年もの時間を「投資する」。

昼間の仕事は続けて余暇を利用して自分のビジネスを築くのがベストだという理由はここにある。この意見に賛成ではない人もいるかもしれないが、ともかく、長い期間ただ働きをする可能性のあることは覚悟しておこう。

■体験談その四：かすかな望み

お金が全部なくなって、ジョンとスタンリーと私は絶望的な気持ちになっていた。ナイロンとベルクロを使ったサーファー用財布のアイディアが生まれたのはこの時だった。私たちはサーフィンをやっていたし船にも乗っていたので、ナイロン製の財布はすでに使っていた。ヨットの古い帆を縫い合わせて作った自家製の財布だ。

ジョンはこのナイロン製の財布は大売れするのではないかと考えた。そして、それが自分の会社を救う製品になると確信した。私はジョンほどには確信が持てなかったが、ともかくビジネスプランを立て始め、まもなく私たちの会社はナイロン財布市場に一番乗りした。

この時の体験が私にとって有益だったのは、まったく新しい製品のデザインからパッケージ、製造、そして販売まですべてを学ぶことができたからだ。学費は随分高くついたが、今振り返ってみると、お金には換えられない価値があった。あの時の体験の一部でも、もう一度やり直したいかと言われたら、それはいやだが、この時のひどい体験こそが、今も不労所得を生み出し続けているボードゲーム『キャッシュフロー』を開発するきっかけとなったことは確かだ。

■体験談その五：ストレスと恐怖

ジョンは間違っていた。ナイロン製の財布のビジネスは大成功をするどころか、私たちは前よりも多くの借金を抱え、前よりも速いスピードで破産に向かって突き進むことになった。

わらをもつかむ思いになっていた私は、また新たなナイロン製品のアイディアをジョンとスタンリーに話した。今度は私がデザインした製品だった。ジョンとスタンリーはサーフィンとヨット専門だったが、私はランニングも好きだった。ランニングが趣味の人には一つ問題があった。走っている時、鍵や身分証明書、小銭などをどこに入れておくかだ。ランニング用ショーツには普通ポケットはなかったし、今言ったようなこまごましたものを靴やソックスに詰め込むというのも無理な話だった。そこで私は、ランナー用の靴の靴ひもに取り付けられる、小さな「ミニ財布」を思いついた。

すでにクレジットカードも目いっぱい使い切り、一文無しだった私たちは、この時ニューヨークで行われたスポーツグッズ・ショーで、ランナー用「リッパーズ・シュー・ポケット」を市場にはじめて出した。

驚いたことに、この製品はスポーツグッズ業界の「今年話題の新製品」の一つに選ばれた。リッパーズ・シュー・ポケットは、ランナーズ・ワールド誌やジェントルメンズ・クォータリー誌にまで取り上げられた。

起業家はストレスと恐怖をうまく扱う方法を身に着けなければいけない。ストレスと恐怖は、起業家がより創造的になり、より速く学習し、人間とビジネスに関する自分の知識を増やすための原動力とならなければいけない。

言い換えるなら、起業家は非常に短期間で学ぶことができ、新しい知識やアイディア、革新的な物を常に追い求める人間でなければいけないということだ。恐怖は起業家に「もっと学びたい」という気持ちを起こさせる。恐怖によって凍りついて何もできなくなるタイプの人は、ぜひ昼間の仕事を続けよう。
つまりこういうことだ――ビジネスは、起業家が成長してはじめて成長する。

■体験談その六：貧乏くじを引く

まもなく、私たち三人はこの財布を世界中に出荷するようになった。こうして、確かに国際的な成功を手にするようにはなったが、それでもまだ会社は破産に向かって突っ走っていた。入ってくるキャッシュフローは前よりずっと増えたが、それよりも多くのお金が出て行っていた。最後の悪あがきとばかりに、ジョンはさらにお金を出してくれるよう私に頼んだ。今度も私はそうした。ある投資家から預かった十万ドルの小切手を彼のオフィスへ持って行った時のことは、今でもよく覚えている。ジョンとスタンリーは笑顔で私に礼を言った。

数日後、私はシカゴで開かれていたスポーツグッズのトレードショーでリッパーズの製品を売っていた。ショーが終わりに近づいた頃、私は成果を報告するためにホノルルに電話をかけた。

受付係のジャナが電話に出た。彼女は泣いていた。

「どうしたんだ?」私はそう聞いた。

「本当はこんなことお伝えしたくないんですが、今日ジョンとスタンリーが会社をたたみました。残っていたお金は全部持って、たぶん町を出たのだと思います。二人がどこにいるか私にはわかりません」

あの時心臓発作を起こさなかったのだから、私の心臓が発作を起こすことは今後決してないだろう。私の体を駆け巡ったショックは、まるで雷に打たれたようだった。誰かに腹を思い切り蹴り上げられたような感じがした。私の人生には、最悪と呼ぶにふさわしい時期が何度かあったが、あの電話はそのような時期へ転げ落ちる第一歩だった。

私はシカゴのレイク・ショア・ドライブ沿いのホテルに戻り、窓の外に見えるミシガン湖をじっと見つめた。そして、何度も自分に問いかけた。「ぼくはなんと馬鹿だったのだろう。なぜそんな馬鹿でいられたのだろう?」

ジョンとスタンリーは姿をくらましていた。二人が会社に貸していたお金は清算されていた。私が友人や家族、投資家たちからかき集めたほぼ百万ドルの借入金は返済されずそのまま残っていた。私は貧乏くじを引いたのだ。ついには、職もなく、自分のビジネスもなく、住む家もなく、妻さえいなくなっていた。妻は私にお金がなくなるとさっさと出て行った。それは、クレジットカードの借金を返済してまた使えるようにするために、住んでいたコンドミニアムを売った時のことだった。

私は壁にぶつかっていた。先に進めなかった。「なぜそんな馬鹿でいられたのだろう?」と何度も何度も自分に聞きながら、自分の気力がどんどん失われていくのを感じていた。

金持ち父さんはジョンやスタンリーとビジネスをやることについて、繰り返し私に警告を発していた。彼はよく二人のことを「ピエロ」とか「詐欺師」とか呼んだ。問題は、私が金持ち父さんの言葉に耳を貸したくないと思っていたことだ。だから私は金持ち父さんの教えも、ジョンとスタンリーに関する警告も無視した。金持ち父さんはこう言った。「きみがただで何かほしいと思わない限り、詐欺師はきみをだますことはできない」

シカゴのホテルの小さな部屋で、一人きりで椅子に座った私は、金持ち父さんの言葉の意味をじっくりと考え始めた。そして、自分にこう聞いた。「ぼくはただで何がほしいと思ったのだろう?」それがわかったら、なぜ自分がだまされたか、その理由がわかるだろう……。

この問いに対して決定的な答えが見つかったと、みなさんに報告できたらどんなにいいかと思うが、すでに数十年たった今も、「ぼくは怠け者だ。だからだまされる」という答えしか見つかっていない。

怠け者であるせいでだまされる人にはどんな人がいるか、その例をいくつか挙げてみよう。

・雇用保障を信じている従業員
・有権者の利益を守ると約束する政治家に投票する有権者
・株式、債券、投資信託に長期に投資しろというファイナンシャルプランナーのアドバイスを信じる投資家
・学校でいい成績をとれば一生、雇用保障が得られると信じている人たち
・切羽詰まった気持ちになって、「私の本を買えば一夜にして百万長者になれます」とか「この薬を飲めばエクササイズなしで体重を減らせます」などという宣伝文句につられてしまう人たち
・次のような言葉が正しいと信じているすべての人たち
「お金は必要ない。愛があれば生きていける」（両親と一緒に住んでいる限りはそうかもしれない）
「宝くじをあてればいい」（確率は雷に打たれるのと同じ？）
「夫と私はたがいに最高の信頼関係にある」（私はそう信じていたせいで数百万ドルを失った）
「銀行に預けてあるのと同じくらい安全だ」（ということは、それほど安全ではないということだ）
「政府が問題を解決してくれる」（そう思っているあなたは大きな問題を抱えている）

今あなたはきっと、よく自分が頭に思い浮かべる「詐欺まがいの言葉」をいくつか右のリストに付け加えたいと思っているに違いない。

■自分が知らないものはわからない

金持ち父さんはジョンとスタンリーに関して警告することはしたが、私を止めようとはしなかった。止める代わりに、よくこんなふうに言った。「子供はストーブにさわってみるまで『熱い』という言葉の意味が

わからない」。だから私にストーブにさわらせたのだ。

金持ち父さんが本当に教えたかったのは、「自分が知らないものはわからない」ということだ。起業家は短期間で学ぶ。金持ち父さんに言わせるとこうだ――「会社を辞めて起業家になった瞬間、その人が何を知らないかがすぐに明らかになる」。

新設企業十社のうち九社までが最初の五年以内に失敗する理由は、起業家が自分の知らなかったことの多さに圧倒されてしまうからだ。その人が「知らなかったこと」がビジネスをつぶす。これはたとえその人が学校でいい成績を取っていたとしても同じだ。

■詐欺師はすばらしい教師

金持ち父さんはよくこう言っていた。「きみがビジネスを始めるとすぐに、詐欺師が姿を現す」彼は詐欺師が悪いとは言わなかった。彼の考えでは、詐欺師は人のためになることをしてくれる。つまり、あなたが学ぶべきことを教えてくれる。金持ち父さんが「詐欺師はすばらしい教師だ」とよく言っていたのはそのためだ。彼はそれによくこう付け加えた。「ただ、自分自身がそうならないようにすることだ」

金持ち父さんは私にこう教えた――「起業家にとって一番大事な仕事の一つは、従業員を実社会から守ることだ」。この言葉の意味は、ビジネスの世界はあなたが活躍の場として選択し得る環境の中でも、最も敵意に満ちていて、意地悪く、危険な環境の一つだということだ。起業家として成長するプロセスの中で私が学ばなければならなかった教えの一つは、実社会から従業員を守る方法だった。

私はこの教えを早く学びたかった。正直で働き者で、高学歴を収めた教師であり政府の行政官だった実の父が、学校システムという安全なかごの外に出たとたん、ハゲタカたちの餌食になってしまったのをこの目で見てきていたからだ。父はハワイ州の共和党副知事候補として立候補したが、選挙に負けて、五十歳を少し超えたばかりで失業の身となった。そして、一生かかって貯めたお金と退職金を使って、有名なアイスクリーム店のフランチャイズ権を買い、失敗してすべてを失った。要するに、父は五歳の時からずっとお世話になっていた学校システムの中で働いている限りは安全だったということだ。そして、五十代はじめにそのシステムの外に出て、現実のビジネスの世界に踏み出したとたん、恰好の餌食にされた。父は一年もたたないうちに、一生働いて手に入れたものすべてを失った。

■マーフィーの法則

「うまくいかない可能性のあることはすべてうまくいかない」というマーフィーの法則を耳にしたことのある人は多いだろう。たいていの起業家たちは、単に、自分が何を知らないかわかっていないという理由だけで失敗する。そして、失敗するのをできるだけ遅くしようとするから、知る必要のあることが何かなかなか発見できない。言い換えると、成功は正しい答えを記憶することによってではなく、失敗することによって得られる。

私の実の父のように、いわゆる頭のいい人、しっかりした教育を受けた人たちがビジネスの世界でうまくやっていけない例がこれほど多いのは、このせいだ。そういう人たちは教室という世界では頭がいいかもしれないが、ビジネスの世界ではそうではない。

■成功の定義は異なる

教室という世界では、成功は間違いを犯さないことを意味する。学校では、間違いがゼロならば最高の成績Aプラスがもらえるが、ビジネスの世界では逆だ。

たいていのMBA課程では、危険を減らし間違いを犯さないことに重点が置かれている。MBAを持っている人で起業家になる人がほとんどいないのはそのためだ。ほとんどの人は、高給のとれる従業員になりたいと思ってMBAを取得する。法科大学院の卒業生や、会計を専攻した卒業生についても同じことが言える。

彼らは間違いを犯さないようにする訓練を受けてきた。そして、それができた時に支払いを受ける。

起業家の世界で成功するため、特に初期の段階をうまく乗り切るためには、起業家は失敗し、間違いを正し、そこから学び、学んだことを応用し、また失敗するという過程を繰り返す方法を身に着けなければいけない。これはまた、ミダスタッチを開花させる道でもある。

ナイロン製の財布のビジネスにおける数々の失敗談を私が最初にしたのは、以上のような理由からだ。また、私がドナルド・トランプを尊敬するのも同じ理由からだ。私が最初に読んだ彼の著書は『トランプ自伝――不動産王にビジネスを学ぶ（The Art of the Deal）』だった。次に読んだのは『敗者復活：不動産王ドナルド・トランプの戦い（The Art of the Comeback）』で、これは一冊目よりまたさらにパワフルな本だった。なぜなら、この本の中で彼は自分が犯した間違い、そこから学んだこと、そして、どのようにしてそこからカムバックしたかを、包み隠すことなく世界へ向けて話しているからだ。私はこれこそ彼が人間的な強さを持っている証拠だと感じた。

■悪運を幸運に変える

起業家が自分で開発できるスキルのうちで最も重要なものは、おそらく悪運を幸運に変える能力だ。この能力を発揮するには、情緒的成熟と人間的強さが必要だ。

人間は誰でも間違いを犯す。間違いは大事だ。なぜなら、失敗した時、私たちは自分の情緒的成熟度の不足に気付き、それをもっと育てるチャンスと、人間的強さを高めるチャンスを与えられるからだ。

ジョンとスタンリーが苦い経験を踏み台にして成長することができなかった理由の一つは、状況が悪くなった時に自分たちの問題に正面から取り組もうとせず、嘘をつき、だまし、逃げ出したからだ。言い換えれば、状況が悪くなった時に、彼らの本性が現れたということだ。悪いことが起きた時、彼らは悪運をさらにひどい悪運に変えた。

私は自分が彼らより偉いと言っているわけではない。いくら頑張っても自分が聖人の足元にも及ばないことはよくわかっている。私が育ったのは本当にすばらしい家庭だったが、私は必ずしも常に両親の高い倫理的、道徳的価値観に値する人間ではなかった。ハイスクールでは酒も薬もやらない「いい子」だったが、家を出て一人で暮らすのが待ち遠しくてたまらなかった。そして、卒業して家を出たその瞬間から、私は父と母が私にやれと言っていたことと正反対のことをやるのにベストを尽くした。刑務所に送られてもしかたないようなことをやったこともある。

起業家になるプロセスの中で、私は父と母の価値観を取り戻さなければならなかった。つまり、もう嘘をついたり、だましたり、盗んだりはできなかった——状況が悪くなった時にはなおさらだ。次に挙げるのは、私が自分の情緒的成熟度と人間的強さを高めるために利用したチャンスのごく一部だ。

ナイロン製財布のビジネスで投資家たちのお金を失った時、金持ち父さんは私を励まし、投資家たちのところへ戻って謝るように言った。私は謝り、お金を返すことを約束した。その約束を果たすには六年近くかかった。

金持ち父さんは私に、困難な状況から逃げ出す代わりに、会社を立て直せとアドバイスしてくれた。私は弟のジョンと友人のデイブと共に、リッパーズの残骸をふるいにかけて使えそうなものを拾い上げ、ビジネスを立て直した。自分の間違いに正面から取り組み会社を再建することによって、私はビジネスについて多くを学んだ。逃げ出していたら、どんなことをしてもそれほど多くを学ぶことはできなかっただろう。

私はもっと速く学ぶ必要があることに気が付いた。怠け者だったので、学校ではいい成績はとれなかった。今でも、私は学生としては劣等生だし、読書家ではないが、それでも、ビジネスに関する本や雑誌を読み続け、常にいろいろなセミナーに出席するようにしている。私がこれまでに学んだことの一部を次に紹介する。

・どんな間違いの中にも大事な教えが隠されている

私が師と仰ぐ人たちの中でも特にすばらしい教師であるバックミンスター・フラー博士——今日では「世界で最も偉大な天才の一人」と考えられている人物——はこう言っている。「間違いが罪なのは、それを認めなかった場合だけだ」。私は何か間違いを見つけて自分が腹を立てているのに気付くと、他人のせいにしたいのはやまやまでも、自分で責任を取るようにする。それから、その間違いの中に隠されている大事な教えは何だろうかと探し始める。それを見つければ、先に進むエネルギーが手に入る。

・「人のせいにする（blame）」のは「だめ（be lame）」

成功できず不満だらけで、自分の間違いを人のせいにばかりしている起業家がよくいるが、そういう人は間違いから学ぶこともなければ、その経験を活かして成長することもない。彼らが気付かないでいるのは、そういった間違いの中に、もっと明るい未来のための大事な教えが隠されていることだ。人のせいにするのは最悪の罪だ。

・間違いに正面から向き合い、それを犯したことを認める

間違いを忘れずに、それを犯したことを後悔する人はたくさんいる。一方、自分は絶対に間違いなど犯さないというふりをして、同じ間違いを犯し続ける人も大勢いる。この二つのカテゴリーに入らない人たちは犯罪者になり、自分の間違いについて嘘をつく。これもジョンとスタンリーの場合と同じだ。そういう人は悪い経験をもっと悪いものに変えてしまう。実際のところ、間違いを犯し、それについて嘘をついたり、人のせいにしたり、正当化したり、間違いなど犯していないというふりをしたりすると、その人は後退する。先には進めない。そのいい例が、ホワイトハウスの実習生と性交渉を持ったことに関して、全世界に対して嘘をついたアメリカのビル・クリントン大統領だ。彼は最も偉大な大統領の一人になれたかもしれないのに、それどころか、道徳観念のない人間、妻を裏切った夫、テレビの前で嘘をついた大統領として人々の記憶に

残ることになった。間違いを真正面から見つめ、それを犯したと認めるには勇気がいる。嘘をつくには勇気はいらない。

■間違いはミダスタッチへ続く道

学校では間違いを犯すのは悪いことで、間違いの一番少ない生徒が「頭がいい」と言われる。でも、ビジネスの世界では、成功したかったら間違いを犯し、それを認め、悪運を幸運に変える方法を学ばなくてはだめだ。前にも言ったが、アインシュタインは「無限のものは二つしかない。それは宇宙と、人間の愚かさだ」と言っている。でも、私は人間の学ぶ能力もまた無限だと付け加えたい。

　起業家が犯した間違いは、会社に損害を与える可能性がある。また、従業員が犯した間違いが損害をもたらす可能性もある。従業員が間違いを犯したのに気が付いて、あなたがそれを指摘し、責任をとって間違いから何かを学ぶように言った場合、その従業員が会社を辞めて新しい仕事を探し、自分の間違いの尻拭いをあなたにさせることもよくある。起業家の大部分が、できるだけ従業員の数を少なくし、小規模のままでいるのはこのためだ。起業家がリーダーとしての資質に欠けていたり、人間関係のスキルを持っていない場合、従業員は「資産」ではなく「負債」になり得る。

　従業員に関してはもっとひどいことも起こり得る。状況が困難になったり、あなたが目を離したり、あなたが稼いだお金が自分たちのものだと勘違いしたりすると、従業員が犯罪者に姿を変えることもある。ビジネスの世界には詐欺師やペテン師がたくさんいる。犯罪の世界を大きく分けると、暴力犯罪と企業犯罪の二つに分けられる。暴力犯罪の場合、そこには被害者と凶器、つまり被害者を傷つける外からの力が関わってくる。企業犯罪の多くは罪に問われない。なぜなら、そこには凶器も外的な損傷もなくて、嘘をついたり、盗んだり、だましたり、不適任だったりという事実は証明するのがむずかしいからだ。言い換えれば、あなたが出会う極悪犯罪人は、正直で高い教育も受けているが、情緒的成熟と人間的強さに欠けた人間だという場合も往々にしてあるということだ。そういう人は、自分の思うようにことが運ばなくなると、犯罪者に変身する。

私はこれまで、暴力犯罪にあって何かを失ったことは一度もない。私がこれまでに失ったお金の大部分は、学校でいい成績を収めた人たちがとっていった。頭がよくて、地球上で自分たちが最も頭がいい人間だと信じていて、間違いを犯すことを自分に許すことも、間違いを犯したことを認めることもできない人たちだ。彼らが持っているのは知性ではない。傲慢さだ。これは悲劇的な人間的欠陥だ。傲慢な人たちは、速いスピードで変化するこの世界でフィードバックに耳を傾け、学び、自分を変化させる、あるいは修正することができない。そういう人たちは取り残される。

軍事学校で学んだことのうち、最もためになったことの一つは、フィードバックに耳を傾ける能力だ。軍事学校での初日、フィードバックは容赦なくあなたに向かって飛んでくる。この直接的なプレッシャーだけのせいで、どれほど多くの優秀な若者たちが耐え切れず、泣き出し、辞めていったか――実際のところ、その数は驚くべきものだ。

起業家は常にフィードバック――特に顧客、銀行、労働者、販売員たちからの――に耳を傾ける。率直なフィードバックがなければ、起業家は健全な決定が下せない。

起業家の周りに、何でもハイハイと返事をする人たちや、おべっか使いしかいなかったら、その会社はとても厄介な問題を抱えている。

■よき師にも違いがある

株式が公開され市場に名を連ねている会社は、どの会社も役員会を設ける必要がある。あなたもそうすべきだ。たとえ今あなたが持っているのがアイディアだけだとしても、いいアドバイザーを持つことはとても大事だ。最低でも、あなたには三人のアドバイザー、つまり公認会計士、弁護士、「よき師《メンター》」が必要だ。最後に挙げたよき師は、あなたがこれから参入しようと計画しているビジネス業界で、すでに成功している起業家でなければいけない。たとえば、レストランを始めたいと思っているのなら、自分でレストランを始めて、それを成功させている起業家と話をして、あなたのコーチ、あるいはよき師になってくれるように頼もう。

ドナルドと私は共に、いいコーチとよき師に恵まれた。私たち二人には、起業家の「金持ち父さん」がいた。

新米起業家の多くは、起業家として成功している人ではなく、従業員として成功している人にアドバイスを求めるという大きな間違いを犯しがちだ。この二種類の人間はまったく違う世界に住んでいる。

■最後に思うこと

マーフィーの法則に次のようなものがある。「うまくいかない可能性のあることはすべてうまくいかない」。これをピーターの法則「階層組織においては、どの従業員も、自分が役に立たなくなる『無能レベル』まで昇進する傾向がある」と組み合わせてみるといい。

多くのビジネスが大きく成長できない理由の一つは、起業家が自分の無能レベルに達してしまったからだ。起業家が成長するには、自分の無能レベルの壁を突き破る必要がある。つまり、もっと多くの間違いを犯し、もっと多くを学ぶことだ。そのためには、電球を発明する前に何度も失敗したことについてどう感じているかたずねられたエジソンが答えたように、あと「一万回の間違い」が必要かもしれない。

ゴルフにたとえてピーターの法則をもっとうまく説明してみよう。いつも大体七十二のスコアであがるゴルファーがいたとしよう。こういう人はよく「パーゴルファー」、「スクラッチゴルファー」と呼ばれる。ゴルフをやる人はほとんど誰でも知っているように、パーゴルファーとプロゴルファーのストローク数の違いはほんのわずかだが、両者にはとても大きな違いがある。たとえば、プロゴルファーがプロツアーで生き残るためには、常に七十でコースを回る必要があるとしよう。ゴルファーなら誰でも、常に七十で回る人と七十二で回る人の間にどれほど大きな違いがあるか知っている。

この二ストロークの違いがミダスタッチだ。

悪運のおかげ（ドナルド・トランプ）

ロバートが最後にゴルフを引き合いに出して、二ストロークの差こそがミダスタッチだと説明しているのは、とてもすばらしいたとえであるだけでなく、私にはとても身近に感じられる。多くの人がご存知のように、私はゴルフ——そしてゴルフ場の開発——に対して情熱を持っている。

今はスコットランドのアバディーンでゴルフ場開発を手がけている。私は五年かけてヨーロッパ中を回り、二百以上の場所を訪れたあと、理想的な立地条件を備えた場所を見つけた。私がこれほど辛抱強く探し続けたのは、百パーセント条件を満たした場所を見つけたかったからだ。私はとうとうそれを見つけた。現在開発中のトランプ・インターナショナル・ゴルフ・リンクス・スコットランドは、場所の選定に五年かかり、その後の度重なる交渉——特に、環境への影響に関する交渉——にさらに数年かかった。海岸沿いのこの敷地にある巨大な砂丘のおかげで、私は地形学（地形の変化に関する学問で、今、流行語になろうとしている専門用語だ）の専門家になりかけた。私が出した開発プランは、一部の人たちからは猛烈な反対を、そのほかの人たちからは熱狂的な歓迎を受けた。この状況は大河小説の絶好の題材と言えそうだった。実際に、あるスコットランド人ライターがその経緯について、一冊本を書いたほどだ。数百ページの本を埋める材料はいくらでもあった。ゴルフや読書に興味のある人のために付け加えておくが、この本のタイトルは『パラダイスを求めて（Chasing Paradise）』（デイヴィッド・イーウェン著／未訳）、サブタイトルは「ドナルド・トランプと世界一偉大なるゴルフコースのための戦い」だ。

私はビジネス界のリーダーや政府の政策の支持者、地元の人たちなどと交渉しなければならなかった。反対が多くて大変だった時には、今や「サー」の称号を持つショーン・コネリーまでもが行動を起こして私をサポートしてくれた。当時、一部の人は私がこの土地を保護せずにめちゃくちゃにしてしまうに違いないと思っていた。

この話は世界中で話題となり、賛否両論が巻き起こった。アメリカのある大衆雑誌は、自分の家を引き払いたくないという地元民の話をカバーストーリーに取り上げ、そのおかげでこの男性はこれまで経験したことのない名声を手に入れ、有名になった。実際のところ、この人の家は、彼が引き払おうととどまろうと、私たちのプロジェクトには大きな影響はなかったが、この雑誌の記事は、家のオーナーである彼とプロジェクト自体に世間の目を向けさせるいい宣伝になった。

この土地に関する環境供述書は五インチ（約十三センチ）の厚さのものが二冊になった。そこに書かれているのはすべて何らかの対処が必要なことだった――開発のビジネス面でのさまざまな問題とは別にだ。この場所はスコットランドにとって歴史的な意味を持つ場所で、十億ポンド（約十二億円）規模のこの開発プロジェクトは、最終的に私にとってとても高くつくものとなった。でも、この建築プロジェクトはおよそ六千二百三十の短期雇用を生み出し、開発自体は千四百四十の長期雇用を継続的に提供していくはずだった。

私たちがビジネスと環境の両面から行ったリサーチは非常に綿密だった。スコットランドの国家遺産関連組織と協力し、すべての詳細を明確にするために長い時間を費やした。このプロジェクトの規模がどれくらいか、みなさんにわかっていただくために付け加えると、トランプ・インターナショナル・ゴルフ・リンクス・スコットランドにはゴルフ学校、九百五十戸のコンドミニアム、五百戸の家、四百五十室のホテル、三十六戸の別荘《ヴィラ》、四百五十人を収容する従業員宿舎の建設が予定されている。これは大規模な開発で、それを進めるにあたって簡単に解決できることは何一つとしてなかった。

すべてをやり通す間、私は前向きな姿勢を維持し続けた。私はロバートがミダスタッチに関連してよく取り上げる「粘り強さ」を自分が持っていることを知っていた。また、目の前にいくつもの難題――何年もかかって取り組むことになる難題——が横たわっていることも知っていた。でも、それと同時に、忍耐を持って取り組めば、最後にはきっと、環境に悪い影響を与えることなく近隣地域の経済にテコ入れできるすばらしいゴルフコースを完成し、難題をすべて克服できるということも知っていた。私はすでにこのプロジェクトに情熱を燃やしていた。その価値を本当に信じていた。サー・ショーン・コネリーによる公の場での支持表明のおかげで、この開発がスコットランドの住民にとってなぜいいことなのか、その理由を多くの人が理解してくれるようになった。

この時期、私にはほかにも対処しなければいけないことがたくさんあったが、それを後回しにすることは決してなかった。これが幸運を呼ぶ鍵だ。もし高いレベルで飛び抜けて優秀になりたいと思ったら、どんなことも後回しにしてはいけない。すべてが大事だ。

世間では、私には自分の代わりにすべての仕事をやってくれる優秀な人たちがいると思われているかもしれない（確かに私の周りには優秀な人たちがいる）が、実際、私は多くのことに直接深く関わっている。たとえば、このプロジェクトに関して、私は細かいところまで知っている。スコットランドへも何度も行った。遊びで行ったわけではなく、現場に出かけて、建築業者や地元のコミュニティの責任者や、先にふれた国家遺産関連組織などの人たちと会うためだ。ゆっくりする暇などまったくない。このプロジェクトに関しては、「一夜にして成功」という言葉はまったくあたらない。でも、これにかかった時間のすべて、一瞬一瞬が苦労に値する。

■間違いは起こる——物事は変わる

無駄な時間はない。

起業家になりたいと思っている人、あるいはすでに起業したビジネスを、より大きなインパクトを世の中に与えられるビジネス、もっと大きくて、もっといいビジネスに成長させたいと思っている人たちにとって、このことはとても大事だ。

私が経験から学んだ大原則はこうだ――そのプロジェクトのために費やした時の長さが、両手の指で数えられるとしたら、あなたはまだ充分な時を費やしていない。「もうこれ以上できない」と思うところまで、一つのプロジェクトのために働かなくてはいけない。その間には、非難や反対意見、拒否の言葉を何度も聞かされることになるだろう。物事がよい方向に進む前に、ひどい状況を経験することもあるだろう。

でも、ミダスタッチの親指の意味――情緒的成熟と人間的強さ――を常に忘れずにいれば、いつか必ずゴールに到達できる。一九九〇年代初め、私の財政状況が百八十度ひっくり返ったことは、誰もがよく知っている。ただし、多くの人が思ったように私は破産したわけではなかった。破産はしなかったが、何十億ドルもの借金を抱えていた。当然ながら、これは私にとってあまり好ましい状況ではなかった。これを悪運ととらえるのは簡単かもしれないが、私はそうはとらえなかった。

景気と不動産市場が周期的に変動することは私も知っていたが、当時ニューヨークで起こったことは、多くの人にとって打撃的な出来事だった。不動産市場は一気に落ち込み、同市は何度も困難な時期を経験した。そして、私もその時期に巻き込まれた。破産に追い込まれた人もたくさんいる。私が犯した最大の間違いは、焦点を合わせられなくなり、はしゃぎすぎていたことだ。パリのファッションショーに出かけたりして、自分の本来のビジネスの面倒をしっかり見るのを忘れた。何もかもうまくいって、お金が流れ込み続けると思っていた。父は昔、私が触れたものはすべて黄金になると言ったことがあったが、私はその言葉を信じ始めていた。何でも簡単にうまくいき、かなり儲かった。私が注意を払う必要はないように思えて、実際に私は注意を払わなくなった。状況が「前進上昇」から「前進下降」へと変わった時、私は思い切り冷たい水を浴びせられて目を覚まさせられた。

幸いなことに、時間は多少かかったが、私は焦点を合わせ直し、財産を取り戻すことができた。実際のところ、この大きな損失のあと、私は前よりずっと多くの成功を手に入れた。そうできた理由の一つは、自分自身を「運のいい男だ」といつも思っていたから、そして今も思っているからだ。私は大きな損失を体験したからといって、そのために自分に対する見方を変えなかった。すべて、「一時的な落ち込み」以上の何物でもないと思っていた。私は、腕のいいゴルファーが、サンドトラップから抜け出してパーディーをとるためのテクニックを知っていて、そうなった時にそのテクニックを使うのと同じように、失敗から抜け出してゲームに戻るだけの力が自分にあることを知っていた。

私はまだ間違いを犯すだろうか？　もちろんだ。でも、財政的に落ち込んだあの時そうだったように、今も私は、どんな状況になろうと自分以外責めることのできる相手がいないことを知っている。自分が入り込んだ状況はどんな状況であれ自分のせいでそうなったのだから、私は百パーセント責任をとる。ロバートも言っているように、それこそがミダスタッチに近づく道だ。人はみんな間違いを犯す。でも、大事なのはそれにどう対処するか、そこから何を学ぶかだ。そして、そうすることこそが、情緒的成熟と人間的強さの育成につながる。

あなたが育てることのできる資質のうち、最もすばらしいものの一つは強い責任感だ。まず第一に、責任感はあなたに力を与えてくれる。そして、自分がやったことすべてに関して、いいことも悪いことも自分が引き起こしたと認めると、あなたの能力は大幅にあがる。ビジネスにおいてであれ、個人的な生活においてであれ、これは獲得のために努力してみるだけの価値のある資質だ。自分が触れたものすべてに関して責任をとると、その瞬間に、そのすべてをすばらしいものに変える力を手に入れる。私の場合、物事をコントロールする力をきちんと自分で維持することが、成功のための触媒の働きをしてくれてきた。

■ウエストサイドストーリー

みなさんは、私が成功するのはトランプというブランドがしっかり確立していて、そのおかげですべてが楽にできるからだと思っているかもしれないが、一つのブランド、一つの組織としての「トランプ」の運命を常に私がコントロールできるわけではない。私はそのことをよく知っている。何に関してもタイミングを考慮することが大事だ。プロジェクトをうまくスタートさせるために、あるいは何かことを起こさせるために、長い間、とても辛抱強く待たなければならなかったことも何度もある。たとえば、信じられないかもしれないが、私はハドソン河畔のトランプ・プレイスの建設を始めるのに二十年待った。みなさんの中に、これほど長く待つだけの忍耐力と集中力を持っている人が何人いるだろう？　この二十年の間、次々と襲ってきた艱難辛苦に耐えられるだけの大きな信念を、自分のプロジェクトに対して持てる人は何人いるだろう？二十年は長い。でもこの開発計画に対する私のビジョンはとてもはっきりしていて、私はその完成を見届けたいと思っていた。その希望は簡単にかなえられたか？　とんでもない。でも、この場合も同じだ。待つだけの価値はあったし、そのおかげで私自身がより強くなり、どんなことにも決意を揺るがされない人間になることができた。

ここで、もう少しくわしくいきさつを話そう。話は一九七四年、私がペン・セントラル鉄道会社からウエストサイドの操車場を買うオプション（一定期間中の買付権）を取り付けた時に始まる。その時ニューヨーク市はあまり財政状態がよくなかったので、川沿いの土地だったにもかかわらず、格安の値段で買えることになった。

当時、私はコモドール・ハイアットの改修やトランプタワーなど、ほかのプロジェクトで忙しかった。この河岸の土地の開発に関しては、トランプ・プレイスの建設を好まないウエストサイドのコミュニティーから猛烈な反対があった。さらに、このプロジェクトから収益を上げる助けになるはずだった政府助成金が、私が計画していたような種類の住宅に対してはあまり出してもらえないことになった。このことだけでも、かなり難しい状況に追い込まれた。私はこの取引がどうしてもうまくいきそうもないことを認め、一九七九年にオプションを放棄した。ニューヨーク市はその後ほかの人に操車場を売った。

私にとって幸いなことに、その時の買い手はニューヨークでの不動産開発の経験をあまり持っておらず、特に再ゾーニング（用途地域指定）についてはさらに経験が少なかった。ゾーニングはこの都市の不動産開発に伴う非常に複雑な側面だ。経験不足がわざわいして、この買い手は多くの間違いを犯し、結局この土地を売らざるを得なくなった。買い手が私に電話をしてきて、売ることを考えていると言ってきたのは一九八四年のことだった。私は一億ドルで買うことに同意した。つまり、マンハッタンのミッドタウン（商業地区と住宅地区との中間地区）の河岸の土地が一エーカーにつきおよそ百万ドルということだ。とてもいい取引だった。でも、まだ私はこの土地の開発に乗り出す段階にすら行き着いていなかった。

一九八四年から一九九六年まで、私の忍耐はかなりの試練に遭った。それと同時に、私の粘り強さも試練に遭った。私はニューヨーク市の「道化役者」たちと渡り合わなければならなかった。彼らは救いようのない人間たちで、おまけに数が多かった。ビジネスの手腕は経験を通して育つ。私はそれまでにすでに彼らより多くの経験を積んでいたので、市側に不利な点を自分の有利になるように利用することができた。

ニューヨークでは一九九〇年代初期になっても、まだ事態が完全に回復したというわけではなかったが、少しずつよくなりつつあった。まず、市のそのような状況のおかげで、私は必要なゾーニングを以前よりたやすく得ることができるようになった。それはとても助かった。なぜなら、景気がよくなり始めたところだったので、いいタイミングで建設を始めることになったからだ。絶好のタイミングだった。私に忍耐と辛抱強さがなかったら、このタイミングはつかめなかっただろう。この開発プロジェクトが、ニューヨーク都市開発委員会がそれまでに承認した中で最大のものだったことは、大事なことなのでぜひここで言っておきたい。このプロジェクトには、十六棟の高層ビルと、ハドソン河に面したユニークなデザインの住宅用ビルが含まれていた。私たちは一九九六年に着工した。そして、その結果は申し分なくすばらしいものとなった。

トランプ・プレイスは、かつてはさびれていたが今や繁栄を極めるウエストサイドで、人が集まる恰好の場所となった。開発地域のうち二十五エーカーは公園にして市に寄付した。そこにはコンドミニアムの住人や市民のための自転車道があり、みんなが集まれるピクニック場やスポーツのできる場所のほか、地域社会の大規模イベントのための広場もある。これは誰にとっても――市にとっても、住民、私の会社、私のブランドにとっても――得になる「ウィン・ウィン」の結果だった。ねばり強さは確かに報われた。

ロバートは「新米」起業家について、先にどんなに大変なことが待ち構えているか――特に始めたばかりの時に――わからないでいる人もいると書いているが、私自身、思い当たるところがある。私が一人で挑んだ最初の「冒険」は、どんどん複雑になっていって、ある時点で私はそれを放り投げてしまいたくなった。今はそうしなくてよかったと思っている。なぜなら、それこそが私にとって最初の大きな成功となり、マンハッタンの開発業者としての私の名を世間に知らしめてくれたからだ。

■グランド・ハイアット・ホテル

ニューヨーク市のグランド・ハイアット・ホテルについてはみなさんも話を聞いたことがあるかもしれない。これはグランド・セントラル駅のすぐ近くで、今はすっかりきれいになり繁栄を極めるマンハッタンのミッドタウンの一地区にあって、鏡張りの四つの外壁に包まれた美しいホテルだ。でも、一九七〇年代のこの地域の様子は、今とはまったく違っていた。すっかり荒廃していて、人々はこの町の内外に仕事で通うためにグランド・セントラル駅を通らなければならない場合以外は、できるだけ避けていた。駅の隣にはコモドール・ホテルという古いホテルがあったが、経営状態も見た目も悪く不評だった。おまけにこの地域全体が殺伐とした雰囲気で、そのせいで犯罪が増えていた。

私はこの地域に大きな変化が必要だと強く感じていた。そして、そのための第一歩がコモドール・ホテルを買収し、修復することだと思っていた。私が本気でそう思っているとは、私の父ですら信じていなかった。そのことは今でもよく覚えている。事実、父はこんなふうに言った。「クライスラー・ビルディングでさえ破産に追い込まれる今のご時世にコモドールを買うのは、タイタニック号の座席をとろうと必死になるのと同じようなものだ」。父も私も、これに危険が伴うことを知っていた。でも私は、この地域は活気のある地域になる可能性を持っているし、またそうあるべきだと信じていた。そして、ホテルの改修がこの地区を本来あるべき姿に戻してくれると確信していた。私にはその姿を頭にしっかりと描くことができた。だから、自分が正しいとわかっていた。このビジョンのおかげで私は大きな確信を持てた――のちに私は、この確信を大いに必要とすることとなる。

私がホテル買収の交渉を始める一年ほど前、持ち主のペン・セントラル鉄道会社は二百万ドルをかけて改修工事をしたが、何の効果もなかった。このホテルに更なる改修が必要なことは明らかだった。一方、持ち主には六百万ドルの税の滞納があったので、売る気は大いにあった。おかげで、ホテルを一千万ドルで買うオプションを取り付けることができた。でもそうなると、実際に買う前に、私の側で複雑な一連の取り決めの根回しをする必要があった。つまり、融資先の確保、ホテル会社からの協力の約束、それにニューヨーク市による滞納税の減額が必要だった。これらの根回しはどれも複雑で、交渉には数年かかった。

今言ったような交渉をする一方で、私はこの古いホテルを、人々をあっと言わせるようなランドマークに変身させることのできる才能あるデザイナーを探し続けた。そして、私のビジョンを理解できる、ダー・スカットという名の若い建築家を見つけた。私は、この地域全体に新しい外見を与えるために、ホテルの建物を何かキラキラするもので覆いたいと思っていた。この時点では取引が実現するかどうかすらわかっていなかったが、地域にとってそれがとてもプラスになり得ると強く確信していたので、時間をかけてダー・スカットと話し合い、万が一に備えて、話がまとまった時にすぐ取りかかれるように、彼を雇っていくつか案を出してもらうことにした。

それから、大きなホテルの経営に慣れたパートナーが必要になることも私にはわかっていた。なぜなら、客室数千四百、広さ百五十万平方フィート（約十四万平米）のホテルの経営は誰にでもできるものではないからだ。業界で最も経験豊富なホテル、一番業績のいいホテルをいくつか検討してみた結果、ハイアットが一番よさそうに思えた。

私はハイアットなら興味を持つかもしれないと思った。なぜなら、今では信じがたいことだが、当時ハイアットはニューヨーク市にホテルを持っていなかったからだ。私は正しかった。ハイアットは興味を示した。私たちは同等の権限を持つビジネスパートナーとして契約を結び、ハイアットはホテルの完成後、それを経営することに同意した。

この時までに、私は建築家と、パートナーとして実際の経営にあたるホテルを見つけ、大体のコストをはじき出していた。まだ手配できていなかったのは融資と、市からの六百万ドルの滞納税の減額措置だった。当時私はまだ二十七歳の若造だったので、もっと年上の経験豊富な不動産ブローカーを見つけるのが理にかなっていると思った。しっかりした大人を仲間に入れるのは、ビジネスのイメージアップの点からも効果がありそうだった。

数えきれないほどのハードルをクリアし、やっとすべてが順調に進み始めた時、私たちはまた新たな障害にぶつかった。今度は本物の、けた外れの大きさでとても乗り越えられそうにない障害だった。つまり、融資を受けられなければ市は減税を考慮してくれず、減税を受けられなければ銀行は融資など考えられないという堂々巡りの問題にぶつかったのだ。

私たちは考えられる限りの、あらゆる障害に行く手を阻まれた。嘘ではない。本当にありとあらゆる障害を乗り越えなければならなかった。そこでとうとう私たちは、自分たちの周りで音を立てて崩れつつある町に対して銀行が持っているはずの懸念に訴えかけることにした。もしかしたら、彼らは町が再び偉大な町になる手助けを積極的にしていないことに対して、罪の意識を感じているかもしれない……。でも、これもなかなかうまくいかなかった。

知恵を出し切ってこの訴えを用意して、これがこの町の銀行すべてではないかと思える数の銀行の責任者と話をしたあと、最後にやっと、興味を示す銀行が見つかった。私たちはとてつもなく長い時間を費やして交渉を重ね、やっと状況が多少いい方向に向かい始めた。ところが、突然、前触れもなしに、誰かが考えを変え、本来の取引にはまったく関係のない問題を持ち出した。そして、そのおかげで取引は流れてしまった。私たちはこの突然の心変わりにびっくりして、思いつく限りの理由をあげて説得に努めたが無駄だった。この男は頑として考えを変えず、私はもうたくさんだと思った。自分の不動産ブローカーのほうへ向き直り、「この取引の話はもうやめて、なかったことにしよう」と言ったのをよく覚えている。

これまでに私が「もうともかくやめてしまいたい」と思ったのはほんの数回だが、そのうちの一回がこの時だ。私は疲れ果てていた。私を何とか説得してやり続けさせてくれたのは私のブローカーであり、弁護士、そして、時折、テレビ番組『ジ・アプレンティス』のアドバイザーになってくれるジョージ・ロスだ。彼は賢明にも、私がこれまでにどれほどの時間と労力をこのプロジェクトにつぎ込んだかを思い出させてくれた。彼の言うことはもっともだった。「なぜ今やめるんだ?」と彼は聞いた。私は物事を途中で放り出す人間ではなかったから、すぐにやり抜く決心をした。それに私は、起業家「もどき」にはなりたくなかった。これは最悪な時期にたまたまぶつかったにすぎない。そう自分に言い聞かせた。あなたもこれから先、このような時期にきっと何度も遭うに違いない。

私は以前にもまして強くなって、この最悪な時期からカムバックした。そして、それを一つの転機として、このプロジェクトを絶対にやり抜くと、これまで以上に強く決心した。私の新しい戦略は、融資の見込みはないまま、市に状況を説明しようというものだった。ハイアット・ホテル・グループはニューヨークで開業することにはっきりと興味を示していた。でも、市が私たちに財産税の減税措置を取ってくれない限り、コストがかかりすぎてどうしようもなかった。

私の主張は効果を発揮し、市は私たちとビジネスパートナーの関係を結び、当事者全員のためになるような取り決めをすることに同意した。その取り決めとは次のようなものだ――私たちは財産税の減税措置を今後四十年間受ける。コモドールは私が一千万ドルで買い、そのうち六百万ドルは市に滞納税として収める。私はそのあとホテルを一ドルで市に売り、市はそれを私に九十九年契約で貸し出す。

今の説明が複雑に聞こえたとしたら、それは実際複雑だったからだ。でも、これは誰にとっても有利な解決策だった。最終的には私たちは二つの金融機関から融資を受けられることになり、グランド・ハイアット・ホテルは大成功を収めた。一九八〇年にオープンし、ミッドタウンとグランド・セントラルの再活性化の第一歩を印すことになったこのホテルは、今でも変わらぬ美しさを保っている。

読者のみなさんにもうなずいてもらえると思うが、このプロジェクトを実現するまでの間、私はいくつもの「悪運」に巡り合った。でも、いつも何とか問題を切り抜けて事態を収拾した。ロバートが言っているように、何か始める時、先にどんなに大変なことが待っているかわからない時がある。もしミダスタッチを手に入れたかったら、どんなことがあってもあきらめず、最後までやり遂げよう。時には私も「もっと楽だったらどんなにいいだろう……」と思うことがあるが、たいていの場合はそうはいかない。

ミス・ユニヴァースとミスＵＳＡのコンテストのことで、ＮＢＣとはじめて一緒に仕事をするようになった時、どちらのコンテストもうまくいっていなかった。どちらもゴールデンアワーに放映する番組としてはまったくおそまつだった。スポンサーも少ししかいなくて、視聴率も伸び悩んでいた。私がビジネスとして――美女たちに会えるという特典は別として――なぜこれらの大会に興味を持つのか、不思議に思った人もいた。でも、私にはそこに秘められた可能性が見えた。もっとうまいやり方でやれば、コンテストが多くの人の目を引く呼び物になることがわかっていた。二〇一一年のミスＵＳＡコンテストは、その夜の視聴率トップを飾った。今ではこの二つの大会は全国的、国際的な大イベントとなり、美人コンテストの最高の手本となっている。「あなたはラッキーだっただけだ」という人もいるが、実際はそれだけではなかった。私たちはいい「製品」を作るために一生懸命働いた。ショーの構成を新しくし、優秀なプロデューサーを雇い、あらゆる点で高品質な製品を作ることを目指した。私たちのアプローチの仕方、焦点の合わせ方はみんなによい結果をもたらした。成功がまぐれあたりであることはほとんどない。そして、成功を収めた時一番うれしいのは、息も絶え絶えになっている何かを見つけてそれを生き返らせた時の、あの充実感だ。

町の一部であれ、番組であれ、建物であれ、何かを変えることには特別なやりがいがある。ミダスタッチの中には、物事の今の姿ではなく、将来の可能性を見ることのできる力も含まれている。誰かがそれをやらなくてはいけない。私は常に、物事を改善するためのエネルギーと、何を改善したらいいかを見分ける目を持ち続けてきた。私にはそれがとてもはっきり見えることがある。私は突き付けられた難題を避ける人間だったことは一度もない。どのプロジェクトの場合も、感情をコントロールしつつ実務的にアプローチするが、やり遂げるのに必要な情熱は保ち続ける。何事を達成するにもこのバランスが重要だ。

■風の街シカゴ

トランプ・インターナショナル・ホテル・アンド・タワー・シカゴはトラベル・レジャー誌で、アメリカとカナダにおけるナンバーワンのホテルに選ばれた。これは、すばらしい外観を持つその建物に対する大きな栄誉でもあった。このホテルの場合も、建物を完成するまでには困難な時期——何か月にもわたる時期——が何度もあった。たとえば、基礎工事の開始から三か月後、建物の中にシカゴ川から水が浸み込んでいることがわかった。建設中の基礎は川の水位より低いところに築かれていたので、既存の古い防水壁に問題があることは明らかだった。防水壁は持ちこたえられるだろうか？　また、水が防水壁とワバッシュ・アベニュー橋とがぶつかっている角から浸み込んでいたことも問題を複雑にしていた。つまり、これは深刻な問題になりかねなかった。私たちは労を惜しまず、この問題の解決に取り組んだ。

次に、ビルの構造設計に問題があることがわかった。私たちがはじめに考えていたのは、基礎と十四階までは構造鋼材でフレームを作り、その上に強化コンクリートのビルを乗せるという案だった。この案をもとにした設計がだいぶ進んでから、世界の鉄鋼価格が大幅に急騰するという事態が起こった。中国における産業の急成長のおかげで、世界の鉄鋼の供給の大部分がそこに吸い取られたのだ。

これは設計を白紙に戻すことを意味していた。私たちはビルを全部コンクリート製にして、数百万ドルを節約すると同時に、建設のための資材のロジスティックス（物資の総合管理）を簡素化した。一見して後退のように見えるこの変更は、最終的には私たちのためになった。

このプロジェクトのスケジュールを振り返ると、ビルを完成させるのに必要だった忍耐がどれほど大きかったかよくわかる。私がこのビルの計画を立て始めたのは二〇〇〇年で、建設が始まったのは二〇〇五年だ。確かに、完成に至るまでに対処しなければならない問題がいくつか持ち上がったが、今あなたがこのビルを見るチャンスがあったとしたら、私たちが努力するだけの価値があったことがよくわかるだろう。私たちは悪運をどれも、自分たちのためになるように方向転換させた。

私は家族のおかげで、最初からとても恵まれていた。自分でもそれは認める。両親は私にとってすばらしい手本だったし、父はよき師だった。それに、すばらしい教育の恩恵も充分に受けた。私は自分に多くを求める。なぜなら、ほかの人と比べて有利な点をたくさん与えられてきたからだ。

私は自分が遭遇するどんな悪運をも幸運に変える方法を学んできた。それが可能であることを私が知っているのはそのためだ。

■やり遂げる

時には私は自分の悪運ではなく、他人の「悪運」の処理にあたる。時には他人の問題を理解することがチャンスを見つける鍵になることもある。

一九八〇年、ニューヨーク市はウォルマン・スケートリンクを改修すると発表した。この古いアイススケート場はセントラルパークの中にあって、かつてはいつも大勢の子供や家族連れ、老若男女を問わず多くの人でにぎわっていた。その後六年をかけて改修に千二百万ドルを費やしたあとも、このスケート場は開場の運びにならなかった。一九八六年、市はまた改修を始めると発表した。それまでは何も改善されてこなかった。私はこのスケート場が見える位置にあるアパートに住んでいたので、六年間、その進行（あるいは停滞）状況を見てきていた。

私はこの状況を打開するために何かしようと決めた。この美しいスケートリンクが、市民や市を訪れる人たちが利用できないままになっているのは、とてももったいなく思えた。私は当時の市長、コッホ氏に手紙を書き、市には何の負担もかけずに新しいリンクを完成させること、それを六か月でやり遂げることを申し出た。市と市民のためのプレゼントのつもりだった。

私の申し出も誠意も、市長によってはねつけられ、一笑に付された。そして、市長は私の手紙を悪い冗談としてニューヨークの新聞に公表した。でも、そんなことをしたおかげで、ジャーナリストや一般大衆が私を応援する側につき、市長にとって厄介なことになった。マスコミは大きな反応を示し、ある新聞はこう書いた。「市は自分たちが仕事をやり遂げられないことを証明してきただけだった」

その翌日、エド・コッホ市長は意見を翻し、市は突然、私に仕事をしてほしいと言ってきた。市の役人たちとの話し合いの結果、私が建設費を出し、六か月でリンクを完成させる、つまり一九八六年十二月半ばに完成させるということで合意に達した。そして、開業後、市は私が負担したコストのうち三百万ドルまでを返済する（スケート場がうまく機能すればということだが）、それより予算がオーバーした場合は私が超過分を負担するという取り決めだった。私はウォルマン・リンクに関して何かできるというだけで、とてもうれしかった。

これは大仕事だった。第一に、このスケート場は広さがとてつもなかった。一エーカー（約四千平米）以上あり、二十二マイル（約三十五キロメートル）のパイプと三万五千ポンド（約十五・九トン）の冷却装置が必要だった。そのほかにスケーター用のクラブハウスの屋根には、水による損傷と複数の穴があった。それに、これまでそこでやられてきた仕事には、リーダーシップの面で深刻な問題があった。この仕事の完成を見届けるためには、私自身が積極的に関わる必要があることがよくわかった。私は何人もの専門家と話をし、手が空いていたスケート場建築業者の中で最高の業者を見つけた。そして建設工事中、毎日、現場と私のアパートの窓の両方から、一日も欠かさず進行状況をチェックした。

プロジェクトが開始してから二か月ほどたった時、この壮大な計画がうまくいかなかったら、自分の名声に傷がつくかもしれないと思ったことが何度かあった。でも私は、完成した美しいリンクを心に描き、そのビジョンを持ち続けた。そして、それが実現したら関係者全員にすばらしい「幸運」をもたらすことになると強く信じた。市と市民はすでに六年間、「悪運」に見舞われていた。私はそれを幸運に変えたかった。

工事開始から五か月後、予定より一か月早く予算内でリンクは完成し、公開された。私はほっとすると同時に、とても誇らしかった。すばらしいスケート場ができあがり、クリスマス休暇に間に合うように再開できたことで、市はちょっとしたお祭り気分になっていた。私たちはこの特別な日を記念するために、ペギー・フレミング、ドロシー・ハミル、スコット・ハミルトンら大勢の人を招いて、オープニングの祝典を執り行った。

ウォルマン・スケートリンクがとうとう再開の運びになったのは、すばらしいことだった。すべての利益は慈善事業と市の公園課に寄付された。悪運を幸運に変える、しかも大きな規模で、誰にとってもいい形で、というのはこういうことだ。これこそミダスタッチだ。

（まとめ）人間的な強さについて

私たちがこの最初の章で紹介したさまざまな体験談は、人間的な強さがミダスタッチの基本であることを明らかにしていると言っていい。親指はこの強さを象徴している。なぜなら、私たちが物をつかみ、それを自由に使うことを可能にしてくれるのは親指だからだ。親指は物をつかめない動物の足を「手」に変えた。そこにほかの動物と人間との違いがある。象徴的に言うと、親指は、普通の人たちが逃げたり、隠れたり、途中でやめたり、自分の失敗を他人のせいにしたりしようとする時に、人間的強さを発揮できる起業家の能力を示している。これはまた、成功する起業家だけが持つ、困難を勝利に変える特別な能力も意味している。

もし勝利が約束されているとしたら、ほとんどの人が起業家になりたいと思い、事実そうなっているだろう。「自分のビジネスが持てれば、それはすばらしいに決まっているけれど……」とあきらめ顔で言う人は大勢いる。あなたもきっとそんな言葉を何度も聞いたことがあるだろう。勤務時間を自分で決めて、自分の好きなように働けるというのは確かによさそうな話に聞こえる。そういったことにあまり魅力を感じない人にとっては、ビジネスを築く――そして、もしかしたら大きな富と名声を手に入れられる――ことから得られる満足感自体が、起業を考える時の大きな魅力になるかもしれない。もちろんそれは、失敗することに対する恐怖などというものがなければの話だが！

この「失敗に対する恐怖」こそが、たいていの人が起業家にならない一番の原因だ。単純な話、たいていの人は、勝利を望む気持ちより失敗を恐れる気持ちのほうが強いから起業家になろうとしない。残念なことに、人生に浮き沈みはつきものだ。つまり、勝ちたいと思ったら負けることも受け入れなければいけない。その中間で生き続けるのは不可能だ。私たちが好むと好まざるとにかかわらず、人生はパンチを浴びせてくる。勝利だけを期待するのは非現実的だ。ミダスタッチを身に着けた起業家とそのほかの起業家を分けるものは、敗北に直面した時、前者はすぐに立ち上がり、自分の間違いから学び、先に進むことだ。成功する起業家は、失敗から学ぶことが次のチャレンジに役立つ賢明さと人間的強さを与えてくれることを知っている。多くの人は失敗するとそこに落ち込んで自分自身がだめになってしまうが、ミダスタッチを身に着けた起業家は失敗によってより賢くなる。

●教室 vs 実社会

逆説的な質問を一つ。「優等生は誰よりも頭がいい人間だとみなされている。それなら、なぜ彼らはみんな大金持ちの起業家にならないのか?」

答えは、たいていの優等生は教室での勝者にすぎないからだ。教室では、一番少なく間違いを犯し、一番少なく失敗する生徒が勝つ。優等生たちは間違いと失敗は悪いことだと学ぶ。だから、ほかの人よりその数を少なくすることに全力を尽くす。起業家の活動の場である実社会では反対に、一番多く間違いを犯した人――そしてそれらの間違いから一番速く学んだ人――が勝者となる。ビジネスはそうやって人に褒美を与える。

つまり、従来型の教育プログラムでは、間違いを犯す可能性のある難題は避けるか、慎重に、ためらいながら対処する。後者の場合も前者よりましというわけでもない。こういう状況に陥るとどうしていいかわからなくなって、何も決めることができなくなる人もいるし、大きな財産や自分自身のビジネスを手に入れるよりも、むしろ給料をもらったほうがいい、就職したほうがいいと思う人もいる。それがあなたの望みなら、それでいい。何も悪いことはない。

一方、起業家たち――その多くは優等生ではない――はチャレンジが大好きだ。彼らは間違いや、いらだち、後戻り、あるいは失敗が先に待っていることを知っている。間違いを克服するというチャレンジこそが、自分たちの学習の場であり、よりよい起業家になるためのプロセスだということを知っている。

だからと言って、彼らが失敗を望んでいるというわけではない。望んでなどいない。たいていの人の場合と違うのは、チャレンジを避けないことだ。その代わり、犯すかもしれない間違いや先に待っている危険が、自分たちが好むと好まざるとにかかわらず、自分たちをより賢く、より優秀な、そしてより金持ちの起業家にしてくれるだろうということを知っている。

たいていのビジネススクール（経営学大学院）は学生にリスクを最小限にすることを教える。たいていの優等生たちはリスクを「悪いもの」と考えるが、一方、たいていの起業家たちはリスクをチャレンジととらえる。それは、ほかのみんながやるのを避けていることを自分がやる「チャンス」だ。リスクは創造力を刺激し、より多くの自信を持つための試練を与えてくれる。勝つと、起業家は大きな達成感を得て、それがまた彼らの強さを倍増させる。それとは反対に間違いが起きた時——間違いは必ず起こる——には、起業家の本当の人間性が現れ、さらなる成長が実現する。

●個人的な質問

ミダスタッチを身に着けた起業家になる場合は言うまでもないが、単なる起業家になる場合にもある程度の人間的強さが必要だ。それを自分が持っているかどうか、今疑問に思っている人は、これまでの個人的な業績を振り返り、自分の内面を見つめ直す必要がある。そのためには、まず次のような質問を自分にしてみよう。

・負けた時、どのように対処するか？
・恐怖を感じた時、どのように対処するか？
・永遠に日の目を見ないかもしれないプロジェクトのために、何年も給料なしで働く気があるか？

・裏切られたことがあるか？
・その裏切りにどう対処したか？
・大きなプレッシャーがかかった状況でも信頼に値する人間でいられるか？　それとも、追い詰められたら、人を背中から刺すような人間になってしまうか？
・ほかの人が間違いを犯し、それに対してあなたが償いをしないといけないとしたらどう感じるか？友人や家族をクビにできるか？
・あなたは気前がいいか？　欲張りか？
・お金がない時、どう感じるか？
・お金がない時、どうするか？
母親に電話する？
父親に電話する？
政府からの援助をあてにする？
仕事を探す？
学校に戻る？
自分がお金に困っていることを他人のせいにする？

これらの質問に対する答えがわからない人、あるいは自分自身を客観的に見ることができないと思う人は、率直に何でも言ってくれる友人に聞いてみるのもいい。おわかりのように、成功する起業家になるためには、フィードバックをきちんと受け止められなければいけない。もし、歯に衣を着せない率直なフィードバックを適切に処理することができないのなら、昼間の仕事は辞めないほうがいい。人間的強さを持っていない人は、率直なフィードバックを受け止めることができない。

フィードバックはとても大事だ。なぜなら、ビジネスは一つの巨大なフィードバックメカニズムにほかならないからだ。あなたがどんなにすばらしい人間でも、フィードバックが常にすばらしいとは限らない。あなたはそれをうまく処理することができなくてはいけない。市場では、顧客は製品が気に入らなければ買わない。これもフィードバックだ。支出が多くて収入の少ない会社は、その数字がフィードバックだ。従業員に何かするように言って、彼らがまったく違うことをしたとしたら、それもフィードバック、信じていたパートナーにお金を盗まれたらそれもフィードバックだ。また、融資を申し込んだ時、銀行が「ノー」と言ったとしたら、その拒絶がフィードバックだ。

率直にフィードバックを返してくれる友人を探そう。それを聞いてとてもつらい思いをするかもしれないが、そのつらさを乗り越えよう。たとえ彼らの言葉が気に入らなくても、フィードバックをしっかり受け止めよう。人間的強さを強化するためのチャンスだと考えるようにしよう。これから先、あなたにはできるだけ多くのフィードバックが必要になる。私たちはいつも言っているが、フィードバックは市場から得るよりも友人から得るほうが簡単だし、出費も少なくてすむ。

本書を読み進めるうちに、成功する起業家になることが、単にすばらしい製品やお金、教育、あるいはしっかりしたビジネスプランを持つことだけに関わっているのではないことがわかってくるだろう。偉大な起業家になるためには知性が必要だ。でもそれは、私たちが一般に「知的な人間」と考える人が持っている知性とは違う。知性には七つの異なるタイプのものがある。特にそのうちある一つのタイプに秀でると、ミダスタッチの基礎を手に入れることができる。

●七つの知性とは何か

発達心理学者で、ハーバードの教育学部大学院の認知学、教育学の教授であるハワード・ガードナーは、知能は一つではなく、七つの異なる種類の知能があるという理論を提唱した。特にそのうちの一つが、ミダスタッチに不可欠な知能だ。この種類の知能を身に着けない限り、ミダスタッチを手に入れることはできない。

ガードナーは、人間は異なる種類の知能を複数持っていて、学んだり情報を処理する際にもそれぞれに異なる方法を使うと考えていた。あなたが彼の意見に賛成かどうかはともかく、誰でも、ガードナーが「多重知能」と呼んでいるこれらの異なる知能分野のうち一つ、あるいは複数の分野で秀でている人を一人や二人は思い浮かべることができるだろう。たとえば才能に恵まれた音楽家やスポーツ選手、数字にめったやたらに強い人、あるいは目を見張るような作品を生み出すデザイナーなどだ。

この七つの知能の中に、起業家としての成功に必要不可欠な知能が一つある。それを生まれつき身に着けている必要はないが、もし生来的に備わっていない場合は獲得しなければいけない。起業家が活動する世界全体を概観するために、まずすべての知能について、もっと詳しく見てみよう（図①）。起業家として成功するために一番大事な指標となるのはどの知能か、考えながら読んでほしい。

【言語的知能】

学校で成績のいい人、優等生は言語的知能に恵まれている場合が多い。彼らは読み書きが得意だ。有名な作家の言葉を引用するのはお手の物だし、作文の試験ではいい成績を取る。ビジネスの世界では、言語的知能が高い人は弁護士になったりする。

【論理数学的知能】

このタイプの人は数字と、数学的問題を解決するのが大好きだ。あなたが携帯電話の計算機を使って計算するより速く、暗算で分数を小数に換えることができる人はこのタイプだ。

彼らはだいたい優等生で、そのうち多くが大学院に進んで修士や博士の学位を取る。また、

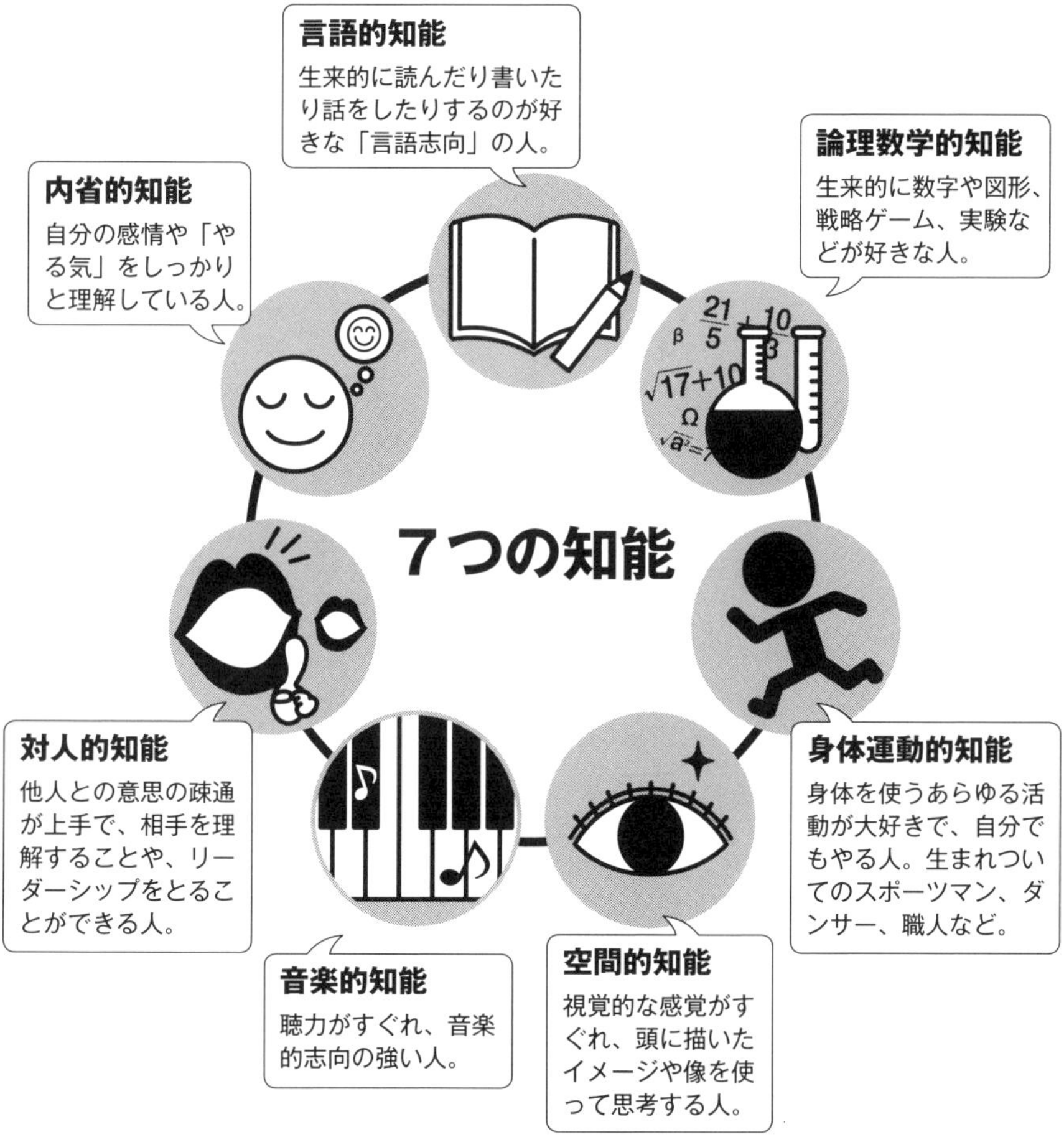

7つの知能
言語的知能
生来的に読んだり書いたり話をしたりするのが好きな「言語志向」の人。
論理数学的知能
生来的に数字や図形、戦略ゲーム、実験などが好きな人。
身体運動的知能
身体を使うあらゆる活動が大好きで、自分でもやる人。生まれついてのスポーツマン、ダンサー、職人など。
空間的知能
視覚的な感覚がすぐれ、頭に描いたイメージや像を使って思考する人。
音楽的知能
聴力がすぐれ、音楽的志向の強い人。
対人的知能
他人との意思の疎通が上手で、相手を理解することや、リーダーシップをとることができる人。
内省的知能
自分の感情や「やる気」をしっかりと理解している人。

①ハワード・ガードナーによる七つの知能
(許可を得て転載。禁無断転載。)

多くの人が学問の世界にとどまり、教師や教授、研究員になる。大学や企業、政府などに勤める場合もあるが、数学が得意な学生の多くは会計やコンピュータープログラミング、工学などの分野に進む傾向がある。

【身体運動的知能】

運動選手の大部分はこの知能に恵まれている。中でも特に才能に恵まれ、エリート集団に属する少数の人間は、プロの運動選手やダンサーになることもある。また、健康、レクリエーション関連のビジネスに進む人もいる。

【空間的知能】

この知能に恵まれた人は芸術を好む傾向があり、芸術学校に進み、中には芸術家として大きな成功を収める人もいる。空間的知能を持っている人は、建築家、インテリアデザイナー、グラフィックアーチスト、ウェブサイトデザイナーなどになることが多い。

【音楽的知能】

この知能に恵まれた学生は、ロック・スターやバンドのリード・シンガーになることをよく夢見る。中には、交響楽団の一員として楽器を演奏したいと夢見る学生もいる。そういう人は楽器を手にすると、かなり短期間でそれにマスターする。音楽を聞き分けることができ、まるで魔法のように、耳にした音を正しく言い当てることができる。この種の知能を持った人は、演奏をしている時が一番幸せに感じる。そして、音楽に関連した公演などのパフォーミングアートの世界で仕事を見つける。

【対人的知能】

この知能は、人との意思の疎通を図ることが仕事の一部であるプロ、たとえば政治家、説教師、販売や広告の専門家などにとって重要な意味を持っている。この才能に恵まれている人は、ごく自然に人と知り合い、会ったばかりの人と意思の疎通ができ、人間関係を築いて友人になれる。彼らは「人間志向の人間」だと言える。

【内省的知能】

対人的知能が他人とのコミュニケーション能力であるとすると、内省的知能は自分自身とのコミュニケーション能力だ。このタイプの知能を持っている人は、自分の思考をコントロールする力を持っている。

最後の項目についてもう少し詳しく説明しよう。内省的知能はよく「心の知能、感情知性（emotional intelligence)」などと呼ばれる。これは恐怖、欲望、怒り、悲しみ、愛情といった感情をコントロールする能力だ。たとえば、恐怖を感じた時、それに反応して逃げるか、それとも自分自身に静かに語りかけ、とっさに「反応する」のではなく、「対応する」か？　あるいは、怒りを感じた時、その怒りをコントロールするか、それともそれを爆発させて、あとで後悔するようなことを言ってしまうか？　そういった時に、内省的知能が発揮される。

内省的知能はまた、「成功知能」とも呼ばれる。なぜなら、成功のためには、ほかの知能と共にこの知能が必ず必要だからだ。たとえば、言語的知能の天才でも、内省的知能、つまり心の知能が不足していたら決して学ぶことはできず、言語的知能の低い学生とまったく同じように失敗する。また、身体運動的知能に恵まれたスポーツ選手でも、自分の言葉に耳を傾け、それをコントロールすることができなければ、プロレベルのスポーツ選手には決してなれない。

同じことが音楽的知能やそのほかの知能についても言える。ゴルフ番組のアナウンサーが、「この選手はメンタルな戦いに勝った」などと言うのを、聞いたことがないだろうか？　アナウンサーが言いたいのは、そのゴルファーが高い内省的知能を持っているということだ。この知能がよく成功知能と呼ばれるのはこのためだ。

本書では、この内省的知能が「親指」にたとえられている。これこそが、起業家をビジネス界で優位な位置に立たせてくれる「強み」だ。内省的知能は起業家に力を与え、たいていの人が怖くてできないこと、やりたいと思わないようなことをできるようにしてくれる。あなたの知り合いにも、学校でとてもいい成績を取っていたのに、実世界ではうまくやっていけない人が何人かいるのではないだろうか？　その理由の一つは、彼らが言語的知能や論理数学的知能には恵まれていても、実世界でぶつかるチャレンジに対応するのに必要な感情のコントロール力、つまり内省的知能に恵まれていないからだ。

たいていの依存症——麻薬、食べ物、セックス、たばこなどに対する依存症——は内省的知能の不足と関係がある。言い換えれば、依存症や悪癖を克服するには高い内省的知能が必要だということだ。

内省的知能はまた、「遅効性の満足」、つまり満足を得るまでに時間がかかることをよしとする姿勢にも大きくかかわっている。内省的知能が低い人は、意志の力が大きく欠けている。こういう人は「即効性の満足」を求める。だから、気が滅入った時には買い物に行き、退屈するとカップケーキを食べ、いらいらした時にはお酒を飲み、じっと我慢すべき時に怒りを爆発させる、あるいは間違いを他人のせいにする。

もしかすると、まだよくわかっていない読者がいるかもしれないので、ここでもう一度言っておくが、感情知性、成功知能などとも呼ばれる内省的知能は、どんな起業家にとっても最も大事な知能だ。

●内省的知能は育てることができるか?

答えは「イエス」だ。もちろん育てられる。でも、これにはジレンマがある。それは、内省的知能を育てるには内省的知能が必要だということだ。つまり、起業家として直面するチャレンジが多ければ多いほど、あなたの内省的知能は強くなり、そのようにして内省的知能が強くなれば強くなるほど、あなたはよりよい起業家になるということだ。起業家になることが、一生をかけた人間的成長の教育のプロセスだという理由がここにある。あなたの親指を見てほしい。そして次回、チャレンジにぶつかった時も同じように親指を見て、そのチャレンジが人間的強さを手に入れ、ミダスタッチを育てるためのチャンスだということを思い出してほしい。

●覚えておくべきこと/やるべきこと

親指は力を象徴する指だ。起業家になるためには人間的強さが必要だ。学校で頭がいいことと、実社会で頭がいいこととは違う。

・知能には七つの異なるタイプのものがある。起業家に最も必要なのは内省的知能だ。高い内省的スキルを持っていれば、あなたの足を引っ張り、成功を妨げるような、ネガティブな自分との会話をコントロールすることができる。

・あなたが望もうが望むまいがフィードバックは返ってくる。だから、それに耳を傾け、そこから学ぶ方法を身に着けよう。成功する起業家はフィードバックを歓迎し、それを自分のプラスになるように利用する。

・起業家になるのは、「てっとり早く金持ちになる」こととは違う。その旅の過程に犠牲はつきものだ。先へ進み続けるには人間的強さが必要だ。

・学校で頭がいいことと、実社会で頭がいいこととは違う。起業家になるためには実社会の体験を通して得られる強さと不屈さが必要だ。

・強くなることは、傲慢な態度をとったり、意地悪をしたり、他人に不快な思いをさせたり、高圧的な態度をとったりすることとは違う。人間的強さはその人の心構えや、自制心、決意、やる気などに現れる。

・市場はいわば起業家であるあなたの「雇い主」で、毎日、あなたを雇ったり、クビにしたりする。ミダスタッチを身に着けた起業家は、倒されてもまた立ち上がり、体についたほこりを払って、再び挑戦する。

第二章

人差し指…フォーカス

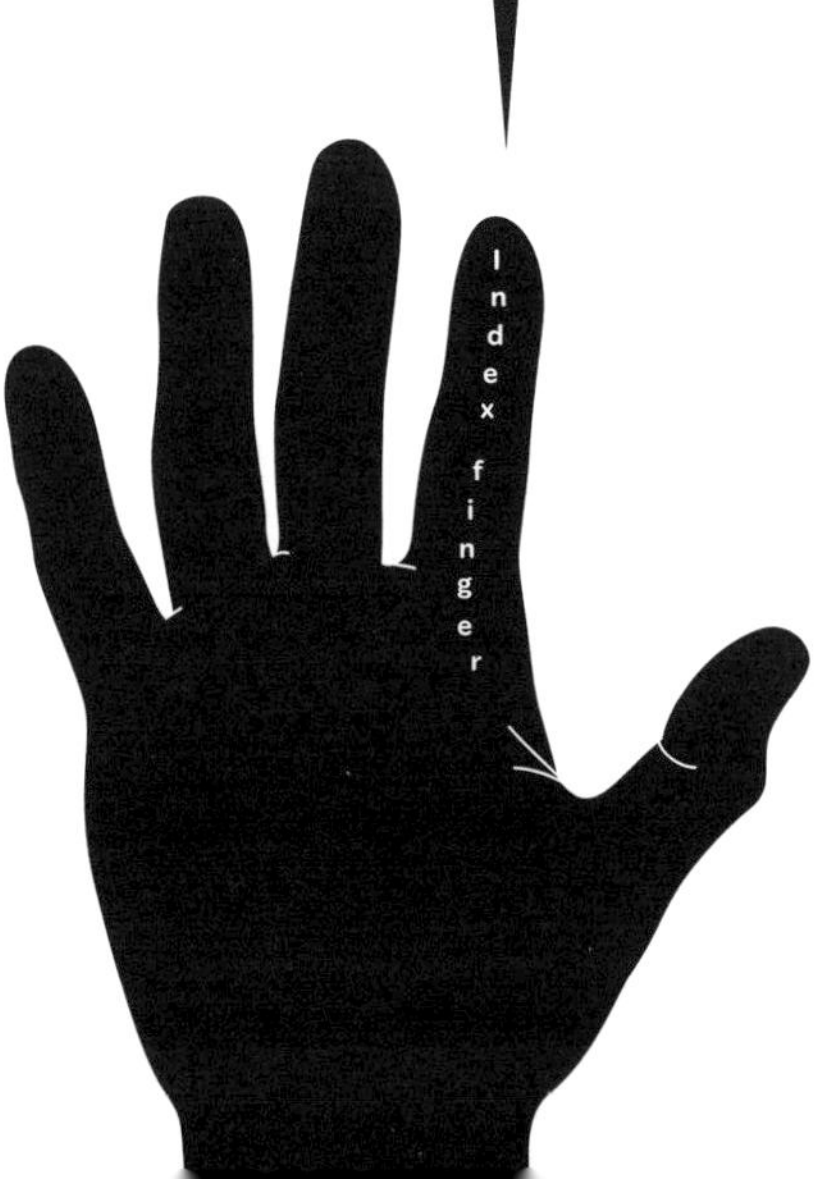

「今やっている仕事にすべての思考を集中させよう。焦点が合うまで太陽の光は何も焦がさない」

——アレクサンダー・ベル

戦場でもビジネスでも人生でも、大事なのはフォーカス（ロバート・キヨサキ）

一九七一年六月、私は自分が乗るヘリコプターが待つフライトラインに向かって歩いていた。今回、乗るヘリコプターには今までとはまったく異なる点があった。つまり、それまで二年間、訓練のために乗っていたものとは違っていた。その日、私が乗るヘリコプターには、ロケット弾を発射するロケットポッド二基、側面取付式パイロット用機関銃四基、ドアガン二基が備えつけてあった。パイロットとしてそれまで私が訓練を受けてきた「本当の理由」が現実のものになりつつあった。私のヘリコプターはすでに変身していた。それは私自身も変化しなければならないことを意味していた。

その日まで、私は副操縦士一人とクルーチーフ一人の三人だけで、武器は積まずに飛んでいた。二基のロケットポッド、六基の機関銃、何缶もの弾薬、そして五人のクルーと共に飛ぶのは、まったく異なるヘリコプターを飛ばすのも同じだった。重量がずっと大きくなり、飛行中の感覚がまったく異なっただけでなく、機体の反応が遅かった。それは、パイロットの私が機体よりもずっと早く反応しなければいけないことを意味していた。何をすべきか、以前より早く判断しなければいけなかった。旋回や急降下から機首を戻すタイミングを早く予測しなければいけなかった。そのような状態での飛行は、とても恐ろしく感じられた。私のヘリコプターはもう訓練用の航空機ではなかった。あの日、私のヘリコプター、ガンシップは訓練用の乗物から戦争の道具に変わった。そして、それと同時に私自身も変化しなければいけなかった。私にはそのことがよくわかった。

■戦争の物語

私はフロリダ州ペンサコラにあるアメリカ海軍航空基地で厳しい訓練を二年間受け、ヘリコプターのパイロットになった。そして、一九七一年、海軍・海兵隊の正式な飛行士と認められ、「黄金の翼」を授与された。あの日は人生で最も自分を誇らしく感じた日だった。卒業式のあと、私は西海岸のカリフォルニア州まで車でアメリカを横断し、サンディエゴの北方五十マイルほどのところにある巨大な海兵隊基地、キャンプ・ペンドルトンで上級トレーニングを受け始めた。

ペンサコラの飛行学校を卒業後、クラスメートの大部分は輸送ヘリコプター・トランジション中隊に配属された。輸送ヘリコプターのパイロットと、私のような戦闘用ガンシップのパイロットとは飛び方が違った。輸送機のパイロットたちはもっとずっと大型のヘリコプター、つまりタンデムローター型ヘリコプター、CH－46シー・ナイトやCH－53シー・スタリオン（これはよく「ジョリー・グリーン・ジャイアント」と呼ばれていた）といったヘリコプターを飛ばした。ガンシップの飛行学校に配属され、ヒューイ・ガンやヒューイ・コブラといった武装ヘリコプターを飛ばす訓練を受けたのはごく少数の卒業生だけだった。

キャンプ・ペンドルトンで私が最初に出会ったパイロットたちは、ベトナムから帰ってきたばかりだった。彼らはフロリダのパイロット訓練所のインストラクターたちとは違っていた。ここのガンシップのインストラクターたちはもっと真剣で、口数が少なく、丁寧さもなく、以前のインストラクターほど寛大でもなかった。私は技術的には確かに海兵隊の飛行士としての資格を与えられていたが、戦闘経験のあるインストラクターたちはそんな私を、まるで何も知らない人間のように扱った。四月から六月まで、私は力を試された。危険を冒すことを要求され、自分には絶対不可能だと思っていたような飛び方をさせられた。新米パイロットが目標を達成すると、インストラクターたちは銃やロケット弾を加えて、さらに上の段階のトレーニングを開始した。一方、目標を達成できなかったパイロットたちはヘリコプターの代わりに「机」を操縦した。つまり、オフィスワークに回された。

トム・クルーズ主演の映画『トップ・ガン』は、同じくサンディエゴ北方、キャンプ・ペンドルトンから道路を少し下ったところにあるミラマール海軍飛行場で撮影された。この映画には確かに「ハリウッド的」に脚色されたところがあるにはあるが、空中戦の訓練――パイロットとして優秀であることだけでは充分ではない環境での訓練――の厳しさが実にうまく描写されている。

キャンプ・ペンドルトンでは、私たちは空対地戦のためのトレーニングを受けた。つまり、非常に高度の低いところを飛ぶ訓練を受けた。空を飛ぶ航空機と戦うのではなく、地上にいる人間と戦う訓練だ。まもなく私は、ベトナムでのガンシップのパイロットの寿命は統計的に言うと三十一日で、この数字は敵が経験を積み、より近代的な装備を手に入れるにつれて、どんどん小さくなっていることを知った。当然ながら、トレーニングはかなり真剣にならざるを得なかった――しかもかなり短期間のうちに。

■目覚ましコール

自分が乗るヘリコプターにはじめて機関銃とロケット弾が装備されたあの日は、目覚まし時計のベルでいきなり現実に目を覚まされた日でもあった。その時まで、私はいつも、可もなく不可もない平均的な学生だった。小学校からハイスクール、軍事学校、飛行学校まで、私は常に平均的だった。

今はなぜ自分がそうだったか、その理由がよくわかる。怠け者で、退屈していたからだ。でも、それも当然だ。私は学校がベルカーブ（釣鐘形の曲線グラフ）に従って生徒を成績別に等級付けしているのを知っていた。つまり、どのクラスにも優等生、平均的な学生、劣等生のレッテルを張られた生徒がいた。曲線グラフの一方の側に少数の優等生、もう一方の側に少数の劣等生、そして、その間の大部分の学生は「平均的」というわけだ。

中間にいることで満足していた私は、ほとんど勉強しなかった。そして、中間にとどまっているためには次の二つのことをしなければいけないと、すぐに気が付いた。

1．自分より劣る学生が誰か知ること。自分より下に何人かそういう学生がいれば、自分は安全だということが私にはわかっていた。

2．先生が大事だと思っていることは何かを見極めて、それらの要点を暗記して試験に臨む。

たいていの場合、このようなやり方の観察と学習をしていれば、常に中間にいて、平均的学生の地位を維持できた。当時やっていたことを誇りに思っているわけではないが、私が勉強もろくにせずに学校を卒業できたのは、そういうやり方をしたからだ。一九七一年六月、機関銃とロケット弾を新たに装備した自分のヘリコプターへ向かって歩いていたあの時、私の平均的学生の日々は突然に終わりを告げた。この時以来、平均的な学生であることは、自分と自分のヘリコプターの乗組員が殺されることを意味するようになった。

六か月余りたった一九七二年一月、私はベトナム沖に停泊する航空母艦に配属された。数週間後、ダナンの北方に任務を帯びて飛んだ時、最初に敵から何度か連続的な攻撃を受けた。それは丘の上からこちらのヘリコプターに向けての攻撃だった。ベトナムは三回目という乗組員隊長は、私のヘルメットをコツコツと叩き、フェースマスクをつかんで頭の向きを変え、顔を見合わせて話せるようにしてからこう言った。「この仕事で一番いやなことは何だかわかるか？」

「いいえ」私は頭を振ってそう答えた。

隊長はにこりともせず、こう叫んだ。「今日家に帰れるのは、おれたちのどちらかだけだ。つまり、あいつらが家に帰るか、おれたちが家に帰るかだ。あいつらとおれたち、両方が家に帰ることはない」

■起業家としての覚悟

起業家たちが自分の力を信じて思い切って行動を起こし、ビジネスを始めるのは、ガンシップのパイロットが機関銃とロケット弾を装備し、戦場に向けて飛び立つのによく似ている。起業の世界でも戦場でも、起業家として、あるいはパイロットとして優秀なだけでは充分ではない。新設企業十社のうち九社までが起業後五年以内に失敗するのはそれだからだ。もし私が平均的学生のままだったら、ドナルド・トランプと共にこの本を書くことはなかっただろう。第一、それでは戦争を生き延びられなかっただろうし、たとえ今生きていたとしても、ドナルドは「平均的」な人間を大目に見るような人間ではない。

私は何も、起業家になるためには海兵隊員になって戦争に行く準備をしなければいけないと言っているわけではない。私のヘリコプターと私自身の「変化」についてここでお話ししたのは、ただそれが、今まで従業員、会社員として暮らしてきた人が起業家になろうとする際に通り抜けなければならない変化の現実的なたとえとして適切だと思ったからだ。雇用保障、安定した給料、各種給付金、年金プランといったものに囲まれた世界を去る時、その人はあの時の私と同じように、これまでとは違うヘリコプターの操縦席に自分をベルトでくくりつけ、これまでとは違う世界――生き延びる人はごく少ししかいなくて、成功する人となったらさらに少ない世界――へ飛び込む覚悟をする。

■フォーカスにフォーカスしよう

私が学校でいい成績をとれなかった理由は、怠け者だったことのほかに集中できなかったこと、つまりフォーカスできなかったことにある。ADD（注意欠陥障害）の定義を辞書で探してみてほしい。そこに書かれていること、それがまさに私だと思ってもらっていい。私が何かに集中できる時間は、時として、ゴキブリが集中できるくらいの時間しかなかった。ともかく私は自分に興味のないことにはフォーカスできなかった。学校は退屈で、そこにいることが、いやでたまらなかった。いい波が来たと聞くと、サーフボードを抱えてさっさとサーフィンに出かけた。少なくとも海の波は、私の注意を惹きつけるだけの力を持っていた。

単なるパイロットからガンシップのパイロットへと変化しなければならなかったのは、私にとっていいことだった。なぜなら、「本当の学生」にならなければならなかったからだ。私は学ばなければならなかった。神経を集中させなければならなかった。それは私自身の生命を守るためだけでなく、乗組員とその家族の生命、生活を守るためでもあった。サーフィンで大きな波に乗る時、私はフォーカスすることを余儀なくされた。戦闘もそれとまったく同じだった。戦っている時、そこには「二番」はなかった。変な話だが、戦争は私の一番いいところを引き出してくれた。起業も同じことを私に対してしてくれる。

■フォーカスは力

「フォーカス」は単純な言葉だ。その単純さのせいで、正当な敬意を持って扱われず乱用されることがよくある。この言葉は誤解されがちだ。たいていの人が見過ごしているのは、フォーカスが力だという点だ。物事にフォーカスできる人は、自分の持てるすべての能力を一つにまとめ、今自分に与えられている仕事、あるいは目指す目標に精神を集中させる能力を持っている。成功にはフォーカスの力が欠かせない。成功する人はフォーカスできる人だ。

私たちの周りには、人生に方向性を持っていない人が一人や二人、必ずいる。そういう人たちはフォーカス力が欠けている。また、状況が困難になるとすぐにやめてしまう人もよくいる。そういう人たちは、お金が足りなくなるといったちょっとした障害に負けてやめてしまう。実際のところ、たいていの人は何かを始めることすらしない。失敗することに対する恐怖に負けて、最初の第一歩すら踏み出せないのだ。

私たちは誰でも、「ダイエットする」と言いながら、チョコレートケーキが切り分けられた途端にそれをやめてしまう人を知っている。「エクササイズする」と言い続けながらそれと同じようなことをする人もいる。そういう人たちは一週間ぐらいは運動するが、筋肉痛がすると言ってやめてしまい、その痛みを和らげるためだとか言い訳して酒を飲みに行く。

それから、金持ちになりたいと言いながら、「お金がないから」などと言い訳をして目標達成のための努力をやめてしまう人も私たちの周りによくいる。また、今の仕事が大嫌いで、やめられたらどんなにいいかしれないと言いながら、請求書の支払いがあることを言い訳に、一日八時間の地獄に耐えている人もよくいる。健康と富と幸福の程度は、その人がフォーカスできる能力をそのまま反映する。それは、人生で求めるものを手に入れるために、自分が持つ力をフォーカスする能力だ。

■フォーカス力を得ることにフォーカスする

フォーカス力を持っていない人も努力すればそれを開発することができるし、すでに持っている人はさらに強化することが可能だ。私がそのいい例だ。飛行学校を卒業してパイロットになるにはフォーカスが必要だった。次にガンシップのパイロットになるには、自分が持っているとは思ってもいなかった異なる種類のフォーカス力が必要だった。馬力がものすごくあるヘリコプターをジャングルの上すれすれに飛ばす能力、敵をやっつけると同時に、私たちをやっつけようと地上から機関銃を撃ってくる敵に神経を集中させる能力は、さらに大きな、最大限のフォーカス力を必要とした。敵のフォーカス力のほうが私のフォーカス力より強ければ、敵が家に帰り、私も乗組員も家に帰れない。一言で言えばそういうことだ。今、私はビジネスやダイエットをする時、あるいはジムに出かけて運動をする時に、ベトナムで発揮したのと同じフォーカスの力を使う。私が何かを「するつもりだ」と言った場合、それをやり遂げさせてくれるのはフォーカスの力だ。

私たちはみんな、フォーカスする対象が違う。人間が一人一人異なっているのはそのためだ。中には、人生で一番フォーカスしているのが安全と安心だという人もいる。そして、多くの起業家が、ただそれだけの理由で成功できないでいる。「優等生」の多くは、雇用保障を得たいというただそれだけの理由で、いい成績を取ることにフォーカスする。たいていの従業員は、決められた労働時間、決められた給料、決められた給付金、確実にとれる週末の休み、年金プランなどといったものを求める。そして、そのようなものが得られる安全第一の世界が、彼らの一番いいところを引き出す。一方、不確実性に満ちた世界は、彼らとは異なる種類の人間の一番いいところを引き出す。

一九七三年一月、ベトナムでの任務を終えて戦場から母国へ戻った私は、次に何をすべきか父にアドバイスを求めた。父は学校へ戻り、修士号を取って――できれば博士号まで取って――政府関係の仕事に就くことを勧めた。言い換えれば、父のアドバイスは雇用保障と年金保障にフォーカスしろということだった。それに対して私は即座に「ノー」と言った。そんな環境では自分の魂が死んでしまうことがわかっていたからだ。そんなことをしたら一生、学校にしばられて終業ベルを待つのと同じ状態になるに違いない。何年もかけ、戦争にまで行ってその状態から抜け出したばかりだというのに!

私が最初の提案に頭を振ると、父は次に、海兵隊の仲間の多くと同じように、航空会社のパイロットになってはどうかと言った。私が次のように答えると、今度は父が頭を振った。「父さん、ぼくにとってそれは後戻りするようなものだ。ぼくはもう飛び方は知っている。戦うのはすごく性に合っていた。戦争という状況の中で、ぼくはやっと活躍の場を見つけたんだ。航空会社のパイロットになるなんて、バスを運転するために家に戻ってきたようなものだ」。私には父の二つ目の提案も自分に向いていないことがわかっていた。私の貧乏父さんは安全であることに常にフォーカスしてきた。先ほども言ったように、人はそれぞれフォーカスする対象が違う。父のフォーカスの対象が私と同じでないことは明らかだった。

二〇〇九年、映画『ハート・ロッカー』がアカデミー賞を受賞した。この映画には、イラクでEOD(爆弾処理班)の技術者として活躍し帰還した若い兵士が登場する。IED(即席爆発装置)を解体する任務は、戦争で最も危険な任務の一つだ。この兵士が帰国し、いわゆる「文明化された」世界で二、三か月を過ごしたのち、映画の最後のシーンでは、彼がイラクに戻り、爆破防御服を来て再び通りを歩いている姿が映し出される。

「文明世界」に戻った時、私もまた戦争に戻ることを考えた。アフリカで戦う傭兵になろうか、アジアでCIAのためにヘリコプターを飛ばそうかとも考えた。雇用保障を一番に考える文明社会が私の魂を殺すのではないか、そして、いずれは私自身をも殺すのではないかという考えが頭から離れなかった。私が起業家になった大きな理由はそこにある。

■フォーカスの定義

私はフォーカス（ＦＯＣＵＳ）という言葉を、次のような単語の頭文字だと考えるのが好きだ――「成功するまで一つの道を歩み続ける（Follow One Course Until Successful）」。

頭文字に含まれる単語の中で私が一番好きなのは、Until Successful（成功するまで）という二つの単語だ。私たちが人差し指にたとえた「フォーカス」は、あなたのミダスタッチを発見、育成するために必要不可欠な力だ。そして、そのフォーカスの対象は、あなたの中の一番いいところを引き出してくれるものであるべきだ。

フォーカスはまた、「長期にわたって測定される力」でもある。たとえば私の場合、朝食から昼食までの間ダイエットするのは簡単だ。でも、何年もの間ダイエットし続けるには、本当のフォーカス力が必要だ。私はこれまでに何度もダイエットし、体重を落としてはまた太り、減量しなければならなくなるというサイクルを繰り返してきた。これは、長期にわたるフォーカスの欠如を意味する。

お金の世界でも同じことが起こる。人は金持ちになる。そして、次にすべてを失う。宝くじに当たった人や花形スポーツ選手が、一度手にした大金をすぐになくしてしまったという話はよく聞くが、これは長期にわたるフォーカスの欠如のいい例だ。何年も苦しい練習を続け、プロスポーツの世界で成功して大金を手に入れたのに、引退して五年後には一文無しになってしまったというスポーツ選手は多い。彼らはスポーツにはフォーカスしたが、ファイナンシャル・インテリジェンス（お金に関する知性）にはフォーカスしなかったのだ。

本書の第一章、親指の持つ力についての章で、私は自分がこれまでに経験した多くの失敗のうちいくつかについてお話しした。フォーカスの力がなかったら、私は途中でやめていたに違いない。言い換えれば、たいていの起業家が失敗するのは、親指に象徴される人間的強さと共に、フォーカスの力、成功するまで一つの道にとどまる能力がないからということだ。

フォーカスはまた、「目標を達成したあとも」成功を維持することを意味する。つまり、お金を手に入れたあともそれを維持する、体重を減らしたあともその体重を維持するということだ。

ベトナム時代、私たちパイロットは、敵が自分たちを撃ち落とそうと必死になっているのを知りながら、目標にフォーカスし続けなければならなかった。フォーカスすることで、冷静さを保ち、はっきりした頭で考え、決意を持って行動する力が生まれた。ヘリコプターと乗組員が無事に空母に戻るまで、私たちはフォーカスを失うことは決してなかった。ビジネスでも同じフォーカスの力が必要だ。ビジネスが利益を生み出しているだけでは、そのビジネスが安全だということにはならない。

世の中には、フォーカス力を持っていないという、ただそれだけの理由で成功に見放されている人たちが大勢いる。フォーカスしている状態にある時、「私にはできない」「やってみるよ」「明日やる」などという言葉は私たちの頭の中から締め出されている。多くの点から見て、フォーカスしている状態は、「死ぬ気でやる」「必要な限りやり続ける」ということを意味すると言っていい。状況が困難になると、多くの人がフォーカスを失い、途中でやめて、もっと簡単にできることを探す。でも、最悪なのは、たいていの人が「やってみる」とか「明日」とかいう言葉に思考を支配させてしまって、何かを始めることすらしないことだ。

あなたがすでに気が付いているかどうかはわからないが、フォーカス力に欠けている人たちは人生の方向性も持っていないことが多い。そういう人たちは次々と違うことに手を出し、うろうろするだけだ。投資の世界ではフォーカスの欠如がもっと「悪さ」をする。つまり、多くのいわゆる金融の専門家が、利益効率のいい資産にフォーカスするのではなく、投資ポートフォリオを多様化するように人々に勧める。多くの投資家がハイリターンを実現できない理由、あるいは市場の暴落によってすべてを失ってしまうのはそのためだ。

ここでも同じことだ。フォーカスが足りない。

■人生は楽ではない

多くの人が成功できないもう一つの理由は、「人生は楽だ」という間違った考え方を信じ、それにフォーカスしているからだ。そのために、彼らはいつも楽な道を選ぶ。楽なアドバイスに従い、小さくて、楽に達成できる目標にフォーカスする。だから、彼らはいつまでたっても小さいままでいる。金持ち父さんはよく言っていた。「成功する人間は自分より大きな目標にフォーカスする。十ドルにフォーカスしていた人は、次は百ドルにフォーカスする。そして、その百ドルを手に入れたら、次は千ドルにフォーカスする。より大きな目標にフォーカスすることがより大きな人間を生む」

でもその一方で、金持ち父さんは愚かな夢想家《ドリーマー》になることも戒めた。彼が言いたかったのは、この世の中には、馬鹿げた目標を掲げる人、自分の大きさをはるかに超えた途方もない目標を持つ人が大勢いるということだ。たとえば、お金に関する感覚をまったく持っていないのに、大金持ちになることを夢見ている人や、知識も計画もなく、奇跡的に何かの拍子にそれが実現することをただ夢見ている人たちだ。金持ち父さんはこう言っていた。「教育や計画、よき指導者、そして行動といったものが伴わない夢は、思い違いにとらわれた人間――ドリーマーとも呼ばれる人間――を生む」

最初に始めたビジネスで何もかも失った時、私は投資家からの百万ドル近い借金を返すことにフォーカスした。投資額が一番小さな投資家から始めて、段々と大きな額の投資家に返済していった。それが私たちの計画の最初の段階だった。穴からはい出るのに数年かかったが、それはやるだけの価値のある「旅」だった。なぜなら、返済する額が大きくなればなるほど、私たちはどんどん頭がよくなっていったからだ。あの時の経験から、キムと私は、私たちのやり方に従ってやってみたいと思う人たちのために、『私たちはどうやって悪い借金から抜け出したか（How We Got Out of Bad Debt)』（未訳）というタイトルのCDとワークブックを作った。

一九八六年に結婚した時、私とキムは大金持ちになることにフォーカスはしていなかった。大金持ちになる「夢」は持っていたが、私たちがまずフォーカスしたのは、投資から毎月百ドルのプラスのキャッシュフローを得ることだった。その目標を達成すると、次は千ドル、そして次は一万ドルという具合に額をだんだん上げた。最初の段階の目標は小さく見えるかもしれない——これまで私が言ってきたこととは正反対だ。でも、百万ドル近い借金を抱えている状態で、毎月百ドルの黒字を出すのは私たちにとっては随分と大きな目標だった。

私がここで言いたいのは、キムと私は夢は持っていたが、フォーカスを失わなかったということだ。そして、自分たちの成長と共に目標をどんどん大きくしていった。言い換えれば、フォーカスが私たちを成長させてくれた。フォーカス力の欠如は、今の状態で快適で、そのままの状態にとどまっていたい、あるいは小さくなりたいと思っている人たちが抱える問題だ。

■フォーカスには教育が必要

次の行き先がベトナムであると知った時、私は人生ではじめて、「本当の学生」になった。私は学びたかった。なぜなら、学ばなければならなかったからだ。私の学習には、自分の命だけでなく、乗組員の命もかかっていた。今、私は起業家として同じように感じる。私にとって一番大事な仕事は、従業員の仕事を守ることだ。私がそれを守れないと——これまでに何回かそういうことがあったが——私の一部が死ぬ。

前にも言ったように、学校では私は可も不可もない平均的な学生だった。勉強はほとんどせず、いつもいいかげんにやっていた。でもビジネスでは、平均的な学生でいる余裕はない。常に学び、本を読み、セミナーに出席し、新しいアイディアを探さなければいけない。中でも一番重要なのは賢明な人たち、つまり教師となってくれる人たちを探すことだ。

キャンプ・ペンドルトンで、私はインストラクターといっても誰もが同じではないことに気が付いた。インストラクターにもいろいろな種類がある。フロリダの飛行学校のインストラクターたちは飛び方を教えてくれた。キャンプ・ペンドルトンのインストラクターたちは殺し方、あるいは殺され方を教えてくれた。私は単なる飛行技術をはるかに超えたレベルのことを学ばなければならなかった。

キャンプ・ペンドルトンで学んだその教えを、私は今でも大事にしている。つまり、教師を注意深く選ぶ。ハイスクールでは教師に関する選択権は私にはなかった。悪い教師や、尊敬できない教師にあたった時は、とても面倒なことになった。時間の無駄を生むばかりでなく、悪い教師、無能な教師は私の頭脳、思考、そして行動を混乱させた。今はそんなことはさせない。起業家として、私は自分の教師を慎重に選ぶ――非常に慎重に。私は一緒に多くの時を過ごす相手、話に耳を傾ける相手を選ぶ時、とても注意深く選ぶ。

ドナルド・トランプは私が尊敬するタイプの教師、この人から学びたい、この人のようになりたいと思う教師だ。彼と一緒にいる時間を私がとても楽しく感じる理由の一つはそこにある。学生時代の教師の大部分は、今私が挙げたような条件には当てはまらなかった。そういう教師が悪い人間だったと言っているわけではない。ただ、彼らのようになりたいとは思わなかったということだ。

自分がこれからベトナム――「殺すか殺されるか」の世界――に行くことを知った時、私は海兵隊のインストラクターたちがなぜ戦闘経験のある人たち、自分が教えることを実践している人たちなのか、その理由がわかった。彼らは文字通り、戦争を生き延び、それについて語るために戻ってきた人たちだった。

今振り返ってみると、ペンサコラのインストラクターたちは、大学の教授のようなものだったと思う。インストラクターたちは学生をパイロットにするために教え、教授たちは従業員にするために教える。キャンプ・ペンドルトンのインストラクターたちは、戦うことと殺すこと――航空機を飛ばすことをはるかに超えたスキル――を私たちに教えた。私が今、実際に起業や投資の世界を生き延びてきた人たちをインストラクターとして選ぶ理由はここにある。

人生のさまざまな目標にフォーカスを定めたら、次はあなたの人生のインストラクターにフォーカスする必要がある。それは、あなたの知りたいことを教えてくれる資格が彼らにあることを確かめるためだ。「教師」はあなたが行きたいところにすでに行ったことがあり、そこを生き延びてきた人、だからこそ、それについて話せる人でなければいけない。今、私の会社リッチダッド・カンパニーでは、実際のビジネスの世界で成功している人間をインストラクター、コーチ、よき師とするように心がけている。彼らはビジネスの世界を生き、これからも生き続ける人たちだ。

■最後に一言

私はガンシップのパイロットになったおかげで、フォーカスすること、自信の不足や恐怖、能力の限度といったものをはるかに超えたところまで行くことを学んだ。私は自分が戦闘の中で学んだ教えを、今、起業家として活用している。「恐れ知らず」になったわけではない。私もみんなと同じようにとても怖い。勇気というのは恐怖がないことを意味するわけではない。勇気とは、恐怖があってもそれに負けずに効果的に行動する能力だ。勇気はすべての人が持っている魂の力だ。私たちの人生に制限を加える、恐怖という感情に打ち勝つ力だ。勇気に裏付けされたフォーカスは、私たちが自分の限界を超えて先に進む力、自分が「達成する」と言ったことを達成する力、そして、そのプロセスの間に自分がなりたい自分になる力を与えてくれる。

私はＭＢＡ課程の卒業生で偉大な起業家になった人にはあまりお目にかかったことがない（ドナルドは例外だ）。大学の卒業生の大部分は仕事の安定にフォーカスしている。だから、たいていＣＥＯやＣＦＯになることにフォーカスして、大きな企業で仕事を見つけようとする。もし彼らが自ら進んでフォーカスの対象としてその道を選ぶのなら、ＭＢＡを取得するのもおそらく選択肢として間違ってはいない。

みなさんもすでにご存じかもしれないが、現代の偉大なる起業家の大部分はＭＢＡなど持っていないし、大学すら卒業していない人がたくさんいる。そのような起業家のごく一部を挙げると、マイクロソフトの創業者ビル・ゲイツ、アップルの創業者スティーブ・ジョブズ、ゼネラル・エレクトリックの創業者トーマス・エジソン、ヴァージンの創業者リチャード・ブランソン、ディズニー・スタジオとディズニーランドの創業者のウォルト・ディズニーなどだ。

今、多くの単科大学、総合大学には起業家のための課程がある。でも、実際のところ、ドナルド・トランプのようにビジネススクール（経営学大学院）を卒業して起業家になる人は非常に少ない。なぜなら、大学の教師たちはペンサコラで私を教えた教師たちと同じだからだ。彼らはユナイテッド航空やブリティッシュ航空といった大企業に勤め、航空機を飛ばす未来の定期旅客機のパイロットを育てている。

キャンプ・ペンドルトンのインストラクターたちは、新米パイロットにただ航空機を飛ばすことを教えるのではなく、その先にまでつれて行ってくれた。彼らは私たちに戦いとは何かを教え、世界で最も敵意に満ちた環境に立ち向かう準備をさせてくれた。私の考えでは、単科大学や総合大学に設けられた起業家のためのプログラムの多くは充分な効果を発揮し得ない。なぜなら、そういう大学は「バスの運転手」を雇って、「戦闘機用のパイロット」になるための教育を学生に施そうと試みているようなものだからだ。どちらのインストラクターも「航空機の飛ばし方」は知っている。問題は、両者のうち、ミダスタッチを身に着けた起業家を育てるために必要な種類のフォーカスの力を持っているのは、一方だけだということだ。

フォーカスの力（ドナルド・トランプ）

ロバートは戦闘と軍隊での訓練を引き合いに出して話をしているが、私も軍事学校に通ったことがあるので、海兵隊の飛行士になるために何が必要か、いくらか自分なりの考えを持っている。でも、軍隊経験のあるなしにかかわらず、彼が言わんとしていることは誰にでもあてはまる。サバイバルと成功の両方にとって、フォーカスは一番重要な要素の一つだ。

今でもよく覚えているが、ある時、トランプ・オーガニゼーションのオフィスを訪れたレポーターが、私たちが猛烈な勢いでせわしなくで仕事をしているのを見て、それを「ドナルド・トランプとの塹壕での一日」と表現した。私は時々ビジネスの世界を戦闘にたとえる。それは実際にそれと同じような状況になることがあるからだ。つまり、そこに参加する人は全神経を研ぎ澄まして、フォーカス力を百パーセント全開にしておいたほうがいいということだ。

一九九〇年代の初め、私が途方もなく大きな経済的苦境に立たされた理由が、フォーカスを失ったからだったという話はすでにした。あなたは、成功のためにフォーカスがどんなに大切か、私のように痛い目に遭って学ぶはめにならないようにしてほしい。フォーカスすることに関しては、一つ逆説的な話がある。それは、成功のためには、一つのところにフォーカスすると同時に、「大きく考える」ことができるように、フォーカスする範囲を広く保つ必要があるということだ。そうすることにどんな効果があるか、この章を読むとわかると思う。

今ではたいていの人がトランプタワーの名前を耳にしたことがあるだろう。ニューヨークで指折りの観光名所だ。この建物はまた、フォーカスの力を示すいい例でもある。開業したのは一九八三年で、それに至るまでにはかなりおもしろい話がある。私がやること全部に共通することだが、この時もすべてをきちんとやりたいとこだわったので、ブレッチア・ペルニスという名の、とても美しく、模様が不規則で珍しい大理石の板を見つけるために、自らイタリアまで出かけたほどだった。そして、自分が一番いいと思った石板に黒いテープで目印をつけ、残りはほかに売り払った。

■トランプタワー物語　第一部

大理石探しの話は、この物語のもっと先、トランプタワーのプロジェクトが進行し始めてからの話だ。このプロジェクトは始めるまでが一仕事だった。私が買いたかった土地に関する決定権を持つ人物から返事をもらうまで、三年近くかかった。その間、私が出した手紙、かけた電話の数は一通や二通、一本や二本ではなく、数知れない。結局は私の粘り勝ちになったが、実に長い三年だった。ロバートは、自分の力を信じて思い切った跳躍をすることが起業家には必要だと書いているが、この時の私に必要だったのはそのような大それた「跳躍」ではなく、ただ「そこに踏み止まる」ことだった。

私はティファニー宝石店に隣接する土地にトランプタワーを建てたいと思っていた。そのためには、ティファニーが建っている土地の空中権、つまりこの店の上に高層ビルを建てる権利を買わせてくれるようティファニーを説得しなければならなかった。値段は五百万ドル。この権利を手に入れれば、誰かがティファニーの建物を壊して高層ビルを建てて、トランプタワーからの視界を遮ることもできなくなる。

そのほかにゾーニング（用途地域指定）の適用除外措置を市から受けなければいけなかったが、その前に、空中権を手に入れられるかどうかを知る必要があった。ところが、その決定権を握る男、ウォルター・ホーヴィングは一か月の休暇に出るという話だった。彼は休暇から戻ったら連絡すると言った。その一か月の間にかなり多くの仕事を片づけることができたはずだったが、空中権が得られるかどうかわからない状態ではそれは叶わなかった。幸いなことにホーヴィングは私の考えを気に入ってくれた。そして空中権を売る約束をしてくれて、約束は守ると言った。その約束は守られた。

ニューヨーク市にはまた別のゾーニングに関する規則があって、開発業者はすべてのビルの裏に最低三十フィート幅の空きスペースをとらなければならなかった。それは、私たちがすでに設計したビルから裏庭の分を削り取らなければいけないことを意味したが、ティファニーの隣の小さな土地を手に入れられれば話は別だった。この土地の所有者のレナード・カンデルは、売却にはまったく興味がなかった。

でも、私はティファニーとの契約のために集めた書類の中に、隣接地であるという理由から、ある一定の期間内にカンデルの土地を買い取るオプションをティファニーに与えている項目を見つけた。そこで私はティファニーのホーヴィングのところへ戻り、契約の一部として、カンデルの土地に関するオプションも買わせてくれないかと聞いた。ホーヴィングは同意した。でも、カンデルは、そのオプションはティファニーに属するものだから譲渡は不可能だと言った。彼の言い分のほうが正しい可能性も大いにあった。

私はこの点に関して私の側から訴訟を起こせることに気が付いた。そして、実際に訴訟を起こすかもしれないとカンデルに説明した。私たちはどちらもそれは望んでいなかった。そこで、何とか両者が納得するような取り決めを考え出した。カンデルは私との賃貸契約の期間を二十年から百年に延長することに同意した。それによって、このプロジェクトを資金調達可能にすると同時に、再ゾーニングの規則に違反する可能性を排除するのに充分な時間が与えられることになった。ホーヴィングとカンデルは二人とも紳士だった。彼らのような人物と取引できたのは本当に幸運だった。

実際にカンデルとの取引をまとめるのにかかったのは、ほんの三十分ほどだった。この部分は確かにスムーズに運んだ。でも、思い出してほしい。初めの段階で、何通もの私の問い合わせの手紙に返事がくるまでに三年かかっていた。その間、私は頭の中でトランプタワーを建設していた。自分がやりたいことはよくわかっていた。それに対するフォーカスを失ったことは一度もない。私の計画は緻密であるばかりでなく、実にはっきりしていた。

トランプタワー建設に必要なすべてのパズルのピースを探し出し、それらをつなぎ合わせるという長い旅を続ける間、私はよく、ニューヨーク市の歴史上有名な人物ロバート・モーゼスと彼の言葉を思い出した。彼はこう言った。「卵を割らなくてはオムレツは作れない」あともう少し、割らなければならない卵があることを私は知っていた。

■トランプタワー物語：第二部

私がトランプタワーを建てたいと思った土地自体はジェネスコの所有で、有名なデパート、ボンウィット・テラーが建っていた。私は交渉人として腕がいい。この点で私はとても恵まれている。なぜなら、この時の取引を成立させるためには、交渉面で多くの経験を必要としたからだ。ジェネスコと私はしばらくの間この取引を内緒にしておき、数か月以内に契約書の署名を済ませるつもりだった。そんな矢先、このニュースがリークされてしまった。ジェネスコは突然、多くの買い手の注目を集めるようになった。買い手の中には、石油で大金持ちになったアラブの富豪投資家たちも含まれていた。また、同じように突然に、ジェネスコはこの取引から手を引きたがった。

読者のみなさんは、三年間私が多くの手紙を書き続けたことを覚えていらっしゃるだろう。それらの手紙はジェネスコに勤めるジャック・ハニガンという人物に宛てられたもので、幸いなことに私は一枚の仮合意書を彼から取り付けていた。私はジェネスコに、もし私との約束を守らなかったら訴訟を起こすことができるし、必ずそうする、そうしたらボンウィットの敷地の売却を実質的に阻止することもできると告げた。この時点では、私はハニガンからもらった合意書が法律的に拘束力を持つのかどうか確信がなかった。でも、前のカンデルとの場合と同様、彼らにとって私が大きな頭痛の種になる可能性があるのは確かだった。この時も、「もしこうなったら……」という仮定に、多くのことの成り行きがかかっているように見えた。

ロバートはよく、起業家であることに伴う「危険因子」について話をするが、次に起きたことはそのいい例だ。ある日私はニューヨーク・タイムズ紙から電話を受けた。ボンウィットの建物に関するジェネスコと私との取引について聞きつけたのだ。それまで私とジェネスコは秘密を守ってきたが、私はその時、行動を起こす時が来たと感じた。なぜなら、ジェネスコが前言を翻しそうな気配だったからだ。私は新聞記者に、その件はすでに合意に達していること、私がボンウィットの敷地に高層ビルを建てる計画であることを告げ、同店が数か月のうちに閉鎖されるだろうと話した。このような話をすれば、ジェネスコにプレッシャーをかけられると思ったのだ。事態は確かに急展開した。翌朝、その記事が載るとすぐに、ボンウィットの社員がこぞってほかの高級小売店に職探しに出かけた。その結果、ボンウィットは営業を続けるのがむずかしくなった。五日後、私はジェネスコとの契約を署名にまで持ち込んだ。前に言ったように、ビジネスは戦闘に限りなく近くなり得る。私は時間を無駄にはしなかった。たくさんの卵を割る覚悟ができていたし、その準備もできていた。

私たちはすでにかなり大きな戦いをいくつか戦ってきていたが、それでもまだトランプタワーは着工にさえ至っていなかった！　このような裏話は、物事をスタートさせるためにどんな種類のフォーカスが必要か、どんな戦いに勝たなければいけないか、それを示すいい例になると思う。ロバートが言っているように、人生は楽ではない。人生が楽だなどという考えにフォーカスしていると、どこへも到達できず、ただみじめになるだけだ。

どんな起業家でも、自分が今やっていること、自分が達成したいことに真剣にフォーカスしていれば、ビジネスという名の戦場で勝利するためには何が必要か、しっかりと学んでいく。だから、最後までがんばってそれをやり続け、必要な時にはリスクもとろう。今トランプタワーを見上げる人は、そこに美を感じる。そのことは私に喜びを与える。私もみんなと同じようにそこに美を見るが、それと同時に、このプロジェクトをスタートさせるために、どんな戦場を自分が潜り抜けてきたか、はっきりと思い出すことができる。ほかのプロジェクトと同様、この時もそうするだけの価値は充分あった。

■ニューヨークからの生放送

フォーカスはいろいろな形で姿を現す。リスクもそうだ。数年前バラエティ番組『サタデー・ナイト・ライブ』のホスト役をやった時のことは今もよく覚えている。私は自分がプロのエンタテイナーではないことをよく知っていた。でも、この話はなかなかおもしろそうだった。それに、新しいチャレンジであることは確かだったし、リスクがあることも確実だった。『ジ・アプレンティス』をやることを最初に考えた時と同じように、テレビ番組の新米ホストになるのは、私にプラスになるかもしれないが、それと同時に、問題を生じる恐れがあることもわかっていた。あの時の私は、それでもともかくやってみることにした。そして、同じように『サタデー・ナイト・ライブ』もやってみることにした。私がフォーカスしていたのは、ただひたすらいい番組を作り、自分自身それを楽しむことだった。全力を尽くすつもりでいたのは言うまでもない。

番組出演に同意するのは、ある意味簡単だった。あとになってだんだん実感を伴ってわかってきたのは、この番組が編集なしの生放送だということだった。私が失敗すれば、何百万という人にその醜態をそのままさらすことになる。そこにはやり直すチャンスも、墜落を防ぐセイフティネットもない。おまけに、番組の中にはたくさんのスキットがあって、私はその内容を覚え、演じなければならなかった。つまり、フォーカスカを百パーセント発揮する必要があったばかりでなく、アドレナリンも必要だった。私は不特定多数の人を相手に、自分が考えたことを自分のやり方で話すのに慣れていた。『ジ・アプレンティス』には台本はなかったから、今回の仕事はまったく未知の領域だった。

この番組の放映日は土曜日だった。その週の火曜日に、私はローン・マイケルズの脚本ライターチーム（まとめ役はティナ・フェイ）と一時間の打ち合わせをした。彼らは私にいろいろな質問をし、コンセプトを説明し、いくつかのスキットのアイディアをまとめた。そして、木曜日までには、彼らが作ったスキットすべてに私たち出演者全員が目を通していた。この番組に関わる人たちが仕事をスピーディーに、実に効率的にこなすのがよくわかった。

ライターたちは異なるスキットの中で、私にいろいろな役を割り当てた。中にはキーボードプレーヤー、ヒッピー、弁護士、『王子と乞食』（これはダレル・ハモンドとの共演だった）の登場人物の一人、そのほかに、鶏料理を売り物とする有名レストランをもじったトランプハウス・オブ・ウィングズのスポークスマン（相手役は踊ったり歌ったりする鶏たち）という役柄もあった。この役のための私の衣装は派手な黄色のポリエステル製のスーツだった。それはそれでよかったが、問題はスキットの冒頭に私の独白の台詞があったことだ。その日のスキットの雰囲気を左右する大事な台詞で、おまけにそれを言うためには一人芝居をするコメディアンのようなおもしろおかしさが要求された。それが簡単なことではないのは誰でも知っている。私がおもしろおかしくできなかったら一体どうなる？　この期に及んで私は、どんでもないことに巻き込まれたものだと思い始めた。問題はまだあった。スキットの長々とした台詞にフォーカスすると同時に、何度もある衣装替え、セットや相手役のめまぐるしい変化にもフォーカスしなければならなかった。

番組放映の前日の金曜日、私はステージの裏方や大道具の人たちが忙しく働くセットに行って、彼らに向かって、「一体ぼくは何をしているんだ？　本来ならきみたちと同じように物を作っているべきなのに。きみたちのやっていることのほうがよっぽどぼくには理解できる」と言った。自分で自分をのっぴきならない状況に押し込んでしまったと痛感し、翌日の土曜日の夜に起こることに対して、自分なりにしっかりした「ゲームプラン」を立てておいたほうがいいと思った。

毎週土曜日に何が起こるかというと、それは関係者全員でやる「マラソン」だ。日中は観客なしのリハーサルを重ね、夕方の早い時間に、三百人の観客を前に最初から最後まで通してリハーサルをやる。つまり、本番さながらのドレスリハーサルだ。この最後のリハーサルは、どのスキットを本番で使うかを決める場でもあった。観客が最も喜んだものが常に本番で使われた。このようなプロセスは、生放送のこの番組で実際にどのスキットが使われるか、どの順番で使われるか、オープニングのクレジットが放映されるおよそ三十分前まで、私にはわからないということを意味した。

　ある時など、気に入っていたスキットの一つ、私が恋愛小説家の役をやったスキットはボツにされ、気が付くと、直前に付け加えられた新しい歌の歌詞を五分以内に覚えなければならない羽目になっていた。でも、私にとって最大のチャレンジは、スキットが変更されても、そのための準備をする時間がほとんどなかったことだ。アドレナリンが体中を駆け巡っているのがわかった。そして、そのおかげで大きなフォーカス力を発揮することができた。土壇場でのがんばりどころだった。

　一つ助かったのは、ライターから裏方、衣装係から出演者まで、番組に関わるすべての人が一流のプロだったことだ。彼らはとても協力的で頼りになり、陽気で、私がセットに出入りするタイミングを見計らって、いつも私を必要な場所に連れて行ってくれた。いよいよ番組が始まる時間になると、私はとてもワクワクした。楽屋のテレビをつけてしばらくゴルフを見てから、細部ではなく大きな全体像を心に描くように心がけた。きっとすべてうまくいく……。私はフォーカスしていた。みんなが楽しんでくれることを心から願っていた。

　そして、その通りになった！　黄色いポリエステルのスーツを着て、歌い踊る鶏たちと演技することさえ、私は気にならなかった。実際のところ、最終的にはこれは私の一番のお気に入りのスキットになった。そして番組のある土曜の夜は、いい勉強になると共にすばらしい思い出となった。この番組に関しては、確かにフォーカス力が効果的に発揮された。それに、「リスクをとってよかったと思っているか？」と聞かれれば、百パーセントよかったと思っていると答える。そのおかげでフォーカスの力が証明され、この番組自体、あるいは生放送のテレビ番組のために働くすべての人に、私は大きな尊敬の気持ちを持つようになった。

　リスクにチャレンジする精神は、私の血の中に流れているのだと思う。少なくとも大きなチャレンジを自分から求める気持ちは、確かに私の血の中に流れている。子供の頃から、私は高層ビルを建てたいと思っていた。実際に、私はよく積み木で高層ビルを作った。そして、さらにそれを高くするために弟の積み木を借りた。問題は、その積み木もみんな接着剤でくっつけてしまったので、弟は自分の積み木を取り戻せなくなったことだ。高層ビルを建てることは確かに幼い頃からの私の目標の一つだった。

■トランプ・インターナショナル・ホテル・アンド・タワー

ニューヨークで名高いビルの一つに、トランプ・インターナショナル・ホテル・アンド・タワーがある。このビルは、業界の羨望の的である「モービル・ファイブスター賞」をはじめ多くの賞を受けている。このホテルがニューヨークでナンバーワンの名声を誇っていることはよく知られているが、この建物の歴史を知る人はほとんどいない。このビルにまつわる話もまたいろいろあっておもしろく、フォーカスに関する教えを象徴する話でもある。なぜなら、いつも通り、それは決して楽な道のりではなかったからだ。ある時など、私はもう少しでこのビルに対するやる気を失うところまで追いつめられた。しかもそれは、ビルを獲得するためにすでに長い間、厳しい試練の時を過ごしたあとの話だった。

このビルは以前はガルフ・アンド・ウエスタン・ビルディング（のちにパラマウント・ビルディングと改名）と呼ばれていた。当時はオフィスビルでゼネラル・エレクトリック社が所有していた。一九九五年に私が購入した時、それはウエストサイドにある数少ない高層ビルの一つだった。ゾーニング規則により、そこにその大きさのビルを建てることが禁止される前の一九六〇年代初期に建てられた建物だった。

このビルにいくつか問題があることは、買う前からすでにわかっていた。大きな問題の一つは、風で建物が揺れ、最上階が「しなる」ことだった。それも強い風の時だけでなく、たった時速十五マイルの風でもそうなった。だから風の強い日にはエレベーターは止まり、ビルで働く人たちは乗物酔いすると文句を言っていた。ビルはどれも、外力に対してたわみで適応する柔軟性をいくらか持っているというのは本当だ。でも、このビルの場合は極端だった。それに、ビルのあちこちに、発癌性物質として知られるアスベストがたくさん使われていて、それを取り除く必要があった。そのうえ、建物の外側を囲む幕壁がガラスと安物のアルミニウムでできていた。

この建物が売りに出ていることを聞いた時、私はすぐにオーナーの一人、デイル・フレイに電話をかけた。これほど多くの決定的な欠陥を抱えたビルに、なぜ私が興味を持ったのか不思議に思った読者もいるかもしれない。私が興味を持った理由は、ビルの構造が古典的で、天井がとても高かったからだ。それに、もし建物が取り壊されたら、現在のゾーニング規則では今のような五十二階建ての高層ビルは建てられず、十九階までしか建てられないことを知っていたからだ。

このビルにはほかに何社も大手の開発業者が興味を示していた。そこで、私はフレイに会ってくれるように頼んだ。それと同時に、既存のビルから何を救い出せるか調査を始めた。そして、優秀な人材を投入した結果、鉄骨構造を強化できることが分かった。これは、高い天井など、居住空間として最適と思われるこのビルの長所をそのまま活かせることを意味した。コロンブス・サークルに面し、セントラル・パークを眼下に見下ろす立地は、豪華な居住用ビルにぴったりだった。

私たちはどうやら充分な量の調査をやっていたようだった。おかげでゼネラル・エレクトリックは私の提案すべてにとてもいい反応を示した。ところが、しばらくして私は不意打ちをくらった。デイル・フレイが電話をしてきて、ビルの売却を入札方式にすると言ったのだ。私が完璧なプレゼンテーションをしたにもかかわらず、彼らは全国で最大級の不動産業者たちに声をかけていた。もしそうしたければ、私もその一員に加わることはできたが、それではゼロからまた始めなければならない！　私は落胆し、腹が立った。でも、自分に残された選択肢は何だろうと考えた。私は間違いなくこのビルの購入に興味を持っていた。だから、プライドは忘れ、また全力を上げてビルの獲得に乗り出した。

私はさらに多くの時間を費やした。なぜなら、今度はさらに詳細まで、完璧に調査の行き届いたプレゼンテーションをしなければいけなかったからだ。すべての問題、すべてのアングルを幅広くカバーすることを目指した。前のプレゼンテーションの時に「自分たちは一生懸命働いた」と私が思っていたとしたら、それは間違いだった。今回はさらにがんばった。自分たちが持てるすべての力、そしてさらにそれ以上の力をプラスして目標に立ち向かった。数えきれないほどの細かい点に加えて、このビルの持つ収益性も充分考慮に入れた。たとえば先ほどふれたアスベストの問題だが、この問題の改善にはかなりのコストがかかると思われた。自分が相手に対してよい第一印象を与えていることはわかっていたが、それによるひいき目や特別扱いはあてにしていなかった。

ロバートが戦闘について話している箇所で、さらに多くを求めて戦場に戻る人たちのことを取り上げているが、私には彼らの気持ちがわかる。私はあの時、さらに多く――それもかなり多く――を求めて戦場に戻った。私のフォーカス力はさらに強まっていた。

プレゼンテーションを終えてから、一体どれくらい時間がかかったか思い出せないが、ともかくゼネラル・エレクトリックがやっと私に連絡してきた。ジャック・ウェルチ、デイル・フレイ、ジョン・マイヤーズといった人物を含む、会社の大物グループからの返事で、私の提案を受け入れる決定を下したという話だった。私は大喜びした。フォーカスがまた功を奏した。

私たちの計画では、ビルの修復を開始したら鉄骨構造だけを残してあとは壊すことになっていた。一九九五年のことだった。フィリップ・ジョンソンが設計グループの中心となり、コスタス・コンディリス・アンド・アソシエイツが協力することになっていたから、出来上がりがエレガントで、かつ現代的なものになることが私にはわかっていた。私たちはまた、このビルを「ホテル兼コンドミニアム」に作り変えることに決めていた。当時はこのような複合用途型ビルは革新的だったが、私は革新的だとは思わず、むしろ常識的、合理的だと思った。私たちのビルの成功によって、この形式は大きな成功をもたらすことが立証され、それ以来、世界中で使われるようになった。これは常識を用いることの利点をすべての起業家に教えるいい例だ。常識を使えば、実際に多くの時間を節約できる可能性があるし、しっかりと地に足がついた新しいアイディアが生まれる。

この話はまた、一度試したことは、あきらめずにもう一度試すべきだということを証明する「生きた証拠」だと言える。フォーカスすべきところに、つまり勝つことにフォーカスし続けよう。かつてのガルフ・アンド・ウエスタン・パラマウント・ビルディングがニューヨークでナンバーワンのホテル、セントラル・パーク・イースト一番に建つトランプ・インターナショナル・ホテル・アンド・タワーになったのは、私たちが勝つことにフォーカスし続けたからだ。

■トランプ・ナショナル・ゴルフ・クラブ

私は今、いくつもゴルフコースを持っているが、トランプ・ナショナル・ゴルフクラブ・ロサンゼルスには、開発にまつわる特別な話がある。その話は目標とフォーカス、そしてビジョン（将来の展望）に深く関係しているので、本章で取り上げるのにふさわしいと思う。

このゴルフコースは美しさの点で、世界的に有名なペブル・ビーチに引けを取らない。大西洋に面していて、それは実に壮大だ。でも、私が買収した時、このコースが抱えていた問題もまたかなり「壮大」だった。十八番ホールが地すべりを起こし海に落ち込んでいて、隣り合わせた三つのホールにかなりのダメージを与えていたのだ。おかげで全部で十八ホールあるはずのコースが十五ホールのコースになっていて、途方もない規模の修復が必要だった。オーナーはすでに破産していた。大仕事になることはわかっていたが、私はこのコースの可能性を活かして本来の姿にしてやりたかった。そこに潜む可能性が私にははっきり見えた。そして、その過程で何度も苦い経験をすることになるかもしれないこともわかっていたが、それでも、何もせずにそこから立ち去ることはできなかった。

私は土地、クラブハウス、コース、すべて込みで二千七百万ドル払った。この取引について取り上げたフェアウェイズ・アンド・グリーン誌は、十八番ホールについて「『グラウンド・ゼロ』プラス六千百万ドル」と書いた。六千百万ドルというのは、十七エーカー近い敷地を巻き込んだ、あの大規模な「地すべり」によるダメージの修復にかかったコストだ。このコースの場合、地すべりのほかにフェアウェイの下を通る水道管の劣化の問題があり、さらに状況をひどくしていた。

コースの再建には、岸壁を下り海岸まで達する「構造地層」を設計・施工する必要があった。この地層は、コースが位置するパロス・ベルデス半島の岩でできた一連の壁と、十フィートおきに設けられた補強用のスチール製基盤からなるものだった。この施工には複雑な過程が必要で、六千百万ドルというのは一つのホールを救うためとしてはかなりの金額だった。でも私はそれを実現したかった、そして、いつものように、やるからにはきちんとやりたかった。この強い意志のおかげで、私はこの長く困難なプロセスの間に頭に浮かんだいかなる疑いをも乗り切ることができた。

コース自体はすばらしいコースだったので、十八番ホールだけを修復して、ほかには手を入れないという選択肢もあった。もう一つの選択肢は完全にやり直して、ただすばらしいだけではなく、飛び抜けてすばらしいものにすることだった。そしてお察しの通り、私は飛び抜けてすばらしいものにするほうを選んだ。地盤沈下したホールの再建も含めて、二億六千五百万ドルほどかかりそうだったが、それだけのお金をかければこのコースが可能な限り美しいコースになる、本来そうあるべき姿になると私は確信していた。

私はこのコースに、滝とゴルフ練習場、そして細かく砕いた花崗岩を敷き詰めたバンカーがほしかった。伝説的なゴルフコース・デザイナーの一人ピート・ダイが魔法の杖を持ってやってきた。彼がやることはすべてが一流で、すべてが高価だった。最高のものはいつだってそうだ。そうでなかったら、私たちのブランドにふさわしくないものになってしまう。今あなたが見るトランプ・ナショナル・ゴルフ・クラブ・ロサンゼルスは、息を飲むほど美しく、大成功している。それはなぜか？　それこそが私がこのゴルフコースに対して描いていたビジョンだったからだ。私はそれをやり遂げる過程で、ずっとそのビジョンにフォーカスしてきた。

何かに対してビジョンを持つことは、達成のための大きな力になり得る。ビジョンを失わないようにしよう。勝利した自分を心に描くことはとても大切な第一歩で、その後すべての段階で、そのビジョンを持ち続けることが大事だ。頑張り通せる人、リスクをとれる人には、ミダスタッチを手に入れる真のチャンスが与えられる。一番大事なことは決してあきらめないことだ。そして、学習曲線が急カーブを描いて上昇していくことを忘れないようにしよう。毎日何かを学ぼう。私はそうしている。

（まとめ）フォーカスについて

成功するまで一つの道を歩み続けられるか？——これはすべての起業家に与えられた試練だ。あなたはたとえ状況が困難になっても（私たち二人の場合、明らかにそうなったことが何度かあった。）、フォーカスすべきところにフォーカスし続けられるだろうか？　うまくいかないからといって、次々にほかのことにフォーカスの対象を移してしまう、意志の弱い起業家がなんと多いことか！　ミダスタッチを持っていないとそういうことになる。

リーダーはビジョンを持っている。ビジョンとは要するに未来を見通す能力で、それ以外の何物でもない。でも、起業家の場合はリーダーの場合とは少し違う。彼らにはビジョン以上のものが必要だ。つまり、起業家にはビジョンに加えてフォーカス力が必要だ。ここで私たちが言いたいのは、起業家は未来を見通すことができると同時に、それによって得たビジョンを「採算の合う」現実に変えることができなければいけないということだ。あなたにもいずれわかるだろうが、起業家たちの多く、十人のうち九人までが、たとえすばらしいビジョンを持っていても失敗する。その理由は、自分に見えている未来、つまりビジョンを、お金を生むビジネスに変える力を持っていないからだ。今日、無料のソフトウェア（アプリケーション、アプリ）を作っている、無数といっていいほど数多くの会社のことを考えてみるといい。彼らは自分の製品の持つ潜在的な可能性を見ることはできても、そのビジョンを収益性のあるビジネスへ変える方法を知らない。中にはその厳しい道を乗り切って成功する人もいるが、たいていはそうならない。

この章の私たちの話を読んだ起業家は、誰もがきっとこう自問していることだろう——私はどれくらいフォーカス（成功するまで一つの道を歩み続ける）能力を持っているか？　ここで少し時間をとり次の質問に答えて、自己評価をしてみよう。

・状況が困難になった時、どれくらいの期間、我慢してやり続けられるか？
・簡単に気が散ってしまうタイプの人間か？　どんなことで気が散るか？
・自分のアイディアをうまく他人に売り込めるか？
・単なるビジョン、つまり、まだ存在しないものに時間とお金を投資するように他人を説得できるか？
・これまでにあなたがゼロから考え出したプロジェクトにはどんなものがあるか？
・起業家の世界に入るのに、あなたはどれくらい準備ができているか？
・自分の力、信念に疑いを持った時でも、前に進み続けられるか？

フォーカスできなかったら、ほぼ何でも成功は不可能だ。ゴルフを例にとってみよう。あなたの周りに、七十を少し超えるくらいのスコア、あるいはたまには六十台後半で回ることもあるというアマチュアのゴルファーが何人いるだろうか？　そうたくさんはいないだろうが、一人や二人はいるだろう。おそらくそういう人たちは、才能もあるだろうがそれに加え、週に何度もコースに出ているに違いない。そういう人たちとプロのゴルファーの違いはフォーカスだ。プロゴルファーとして成功する人のフォーカス力はものすごい。ボールを打つ準備をしている時、彼らはすでにボールの飛ぶコースを心の目で見ている。パットの時は、ボールとホールの間のグリーン上の「ライン」——彼らの頭の中にしか存在しないラインだが——がよく見える。アマチュアとプロのゴルファーの違いは、ボールを飛ばす時でも、ホールに向けて転がす時でも、ボールがどうなるか、先のビジョンを抱くことができ、実際にボールをそのビジョンに従わせる能力を持っている点だ。起業家も、ビジネスという名のゲームにおいて、これと同じフォーカス力を育てる必要がある。

人差し指が親指の一番近くにあるのにはちゃんとした理由がある。人差し指がその威力を最大限に発揮するためには、親指に象徴される心の強さが必要だ。親指は起業家に先に進み続けるための強さを与える。人差し指は起業家にビジョンを達成することに対するフォーカスを維持させる。ビジョンは持っているが親指の力に欠ける人は、ビジョンを持っているだけにすぎない。親指の力を伴わないビジョンは、夢や妄想、幻想に発展していくだけだ。おそらくあなたの周りにも、そんなビジョンを持っている人が何人かいるのではないだろうか？

●どこにフォーカスしているか？

学校は従業員として実社会に足を踏み入れる方法を教える場所としては理想的だ。実際のところ、たいていの子供は、学校へ通い、ハイスクール、あるいは大学を卒業したら就職することにフォーカスするよう、学校システムによって「プログラムされる」。子供に「高い給料が取れる仕事に就くために学校へ行きなさい」と言う親がこれほど多いのはこのためだ。あるいは、教師たちは学生に向かってこんなふうに言う――「いい成績を取らないと、いい仕事につけない」。マスコミまでもがそう言ったり、書いたりする。これほど多くの人が看護師や警察官、会社の重役といった「従業員」になることにフォーカスする理由はここにある。優等生の一部は医者や弁護士、エンジニアあるいは会計士といった、高給が稼げる「専門家」になることにフォーカスする。別の道があるなどという考えは、彼らの頭には浮かびもしない。なぜなら、親や親戚が起業家でない限り、その道が存在することすらほとんどの人は知らないからだ。だから思いつきもしない。

ロバートが二冊目の本で紹介しているキャッシュフロー・クワドラント（図②）は、ビジネスとのつながりにおいて、人間のフォーカスの対象を分類し、新たな定義を加えたものだ。

ロバートの貧乏父さんは学校の教師で、いい会社に就職する（E、つまり従業員になる）か、いい成績を取り専門技術を身に着けて自営できるようにする（たくさん稼ぐS、つまり自営業者あるいは専門家になる）ことにフォーカスするよう息子に繰り返し言って聞かせた。

一方、ロバートの金持ち父さんは、ビジネスのオーナーシップ（B）と投資（I）にフォーカスするようアドバイスした。ドナルドの父親もそれと同じようなことをするように息子を励ました。ドナルドは他人のもとで働きたいと思ったことは一度もない。それは選択肢の一つにすらならなかった。彼のフォーカスは最初から、とても大きなスケールでのビジネス（B）と投資（I）に向けられていた。

では、今紹介した二人の話は、起業家になることとどんな関係があるのだろう？　これはつまり、これほど多くの起業家が失敗するのは、驚くべきことでもなんでもないということを意味している。なぜなら、多くの人は学校で従業員になるための訓練を受け、そう育てられてきているからだ。あるいは、「頭がいい」というレッテルを張られた学生たちは、専門技術を身に着けてスペシャリストになるべく訓練を受ける。よく考えてみてほしい。私たちの大部分はEとSになるように育てられてきた。BやIになる準備はまったく受けていないのだ。

キャッシュフロー・クワドラントの中のE、S、B、Iの区別をもう少し詳しく見てみよう。そうすれば、

②ビジネスにかかわる人は四つに分類できる

E…従業員（employee）
S…自営業者（self-employed）
スモールビジネスオーナー
（small business owner）
専門家（specialist）
B…ビッグビジネスオーナー
（big business owner）
（従業員500人以上）
I…投資家（investor）

ある種のクワドラントに属する人が起業家として成功するのがとてもむずかしい理由、特にミダスタッチを身に着けた起業家として成功するのがかなり厳しい理由がわかるだろう。

●Eは従業員（Employee）を意味する

従業員は雇われている人すべてを意味し、ビル管理人から受付係、部長、CEO（最高経営責任者）まで、さまざまな人が含まれる。従業員はたいてい「給付金システム、年金プランなどがしっかりした、安定した職」を探している。これが「従業員の思考パターン」だと言っていい。このような思考パターンを持っているから、彼らは雇用保障、固定給、有給休暇、給付金、昇進といったにものにフォーカスする。

・Eクワドラントの問題点

思考パターンが固定給と安全にフォーカスされたままだと、強いフォーカス力を持った起業家になるのはむずかしい。最近の景気後退や様々な経済危機から学んだことを思い出してみるとわかるが、安定した給料が実際にどれくらい安心で安全だというのだろう？　それは単なる幻想ではないだろうか？

●Sは自営業者（Self-employed）、スモールビジネス（Small business）、スペシャリスト（Specialist）を意味する

たいていの人は、仕事を辞めて自分のビジネスを持つと、だいたいSクワドラントに移動する。そういう人は自分のフォーカスの対象を、安定した給料や安心、給付金といったEクワドラントのフォーカスの対象から、自分自身のボスになることや、自分のやり方で物事をやるといったことにうまく移せた人だ。Sクワドラントの人が大好きなモットーは「きちんとやりたかったら、自分でやること」だ。

ロバートはいつも、キャッシュフロー・クワドラントのSはsmart（あたまがいい）のSだと言っている。

多くの医者や弁護士、会計士たちが典型的な高収入のSクワドラントの住人であるのはそのせいだ。Sクワドラントで生活し働くそのほかの専門職の人間としては、フリーの不動産ブローカー、ビジネス・コンサルタント、レストランや美容院のオーナー、それに、自宅をオフィスとしてビジネスをしている人たちの大部分などが挙げられる。Eクワドラントの多くの住人がSクワドラントにめったに移動しようとしない理由の一つは、Sクワドラントでは固定給や給付金が保障されないからだ。

・Sクワドラントの問題点

Sクワドラントでは、本人が仕事をするのをやめると、お金が入ってこなくなる。Eには有給休暇や病気による休みに対する手当、会社からの補助付きの休暇旅行などの恩典があるが、たいていのSにはそんな贅沢は許されない。少なくともSになりたての時はそうだ。ビジネスをスタートさせるには、朝から晩まで、休みなしにフォーカスし続けなければならない。その上、そこにはなんの保障もない。起業家になりたての多くの人は、何年も休みなしで働く。もう一つの問題は、Sはほかの三つのクワドラントの住人と比べて、最も多く税金を払うことになりがちなことだ。収入に占める税金の割合が二番目に大きいのはEだ。

●Bは従業員五百人以上のビジネスのオーナー（Business owner）を意味する

Bクワドラントの住人は税金をまったく払わないでいる場合もあるし、もし払っているとしてもたいていの場合、四つのクワドラントの中で払う税金が一番少ない。自分で何でもやりたがるSと違って、Bの起業家は自分の代わりにやってくれる優秀な人間、一番腕のいい人を探す。Bは自分が最高の人材だとは思っていない。自分ではできないことをやってくれる人を探す。できるだけ他人の才能と他人の時間（Other People's Time：OPT）を利用する。たいていの場合、Bクワドラントの起業家は自分のビジネスを稼働させるために、自分で探せる範囲で最高のEやSを見つける努力をする。

・Bクワドラントの問題点

Sクワドラントでビジネスを起こし、それをBクワドラントのビジネスにまで育てることができる人はごくまれだ。なぜなら、Bクワドラントのビジネスには、異なるスキルと、フォーカスの仕方大きな変化が必要だからだ。でも、その変化は楽ではないが、うまく成功すれば、限りのない富の世界が目の前に開ける。この富の誘惑に誘われて、多くの人がEクワドラントから直接BやIのクワドラントに移ろうと試みる。彼らはSクワドラントは通らないですむと思っている。私たちは二人共、このような大きすぎる跳躍には反対だ。私たちにはすばらしい「よき師」、人生の手本となってくれる金持ち父さんがいた。それでも、私たちは小さく始め、経験を積み、徐々にBやIのクワドラントに移動した。希望に燃える新米起業家たちに私たちはいつも次のように言う。「Eクワドラントの昼間の仕事は続けなさい。そしてSクワドラントでパートタイムのビジネスを始めなさい」。私たちは、質の高いネットワーク・マーケティング会社を探すよう人に勧めることがよくある。その理由は、質のいい会社はあなたの対人的知能と内省的知能――起業家として成功するために最も重要な二つの知能――を試し、磨く機会を与えてくれるからだ。

●Iは投資家（Investor）を意味する

Eクワドラントに属している多くの従業員の場合、給付金プランの中に年金プランも含まれている。アメリカで最もよく使われているのは401kと呼ばれる年金プランだ。一方、Sクワドラントの自営業者の大部分は、個人年金勘定（IRA）か、スモールビジネスオーナーのために用意されたそのほかの年金プランに入っている。これらの年金プランに入っていれば、建前上はそのEやSの住人は投資をしていることになるが、ロバートの定義によれば、だからといって彼らが「投資家」だというわけではない。ミダスタッチを育てるために必要な投資家のスキルは、年金プランとして401kやIRAを選び、そこにお金を注ぎ込むのに必要なスキルとはまったく異なる。401kやIRAのような投資手段を使った場合、あなたは「自分のお金を使って」投資し、利益が出るよう期待する。ミダスタッチを使った投資は「他人のお金（OPM）を使って」お金を稼ぐ。ここが大きな相違点で、金持ちと中流の人とを分けているのもこれだ。私たちが二人共、小さな不動産物件から買い始めた理由の一つは、投資のためにOPM——銀行のお金——を使う方法を実際に経験するためだった。より多くのお金を作り出すために借金する方法を知ること、そのプロセスに慣れて不安なくできるようになることは、BとIのクワドラントの起業家のミダスタッチを育てるために絶対必要なことだ。実践と失敗、そしてそこから学んだ教訓を通して、私たちは資金を集めるスキルを身に着けた。今私たちは、人々が投資したいと思うような取引を見つける方法を知っているし、会社の株式を公開をしたこともある。私たちはOPMを使って、自分と他人のためにお金を稼いできた。多くの起業家たちがいつか手に入れたいと夢に見ているのがこの能力だ。

・Iクワドラントの問題点

残念なことに、Sクワドラントでビジネスを始めた人は、資本を集めるのがとてもむずかしいことに気付かされる。そういう人の多くは、そのために必要な「言葉」を話せない。あるいは、たとえ話せたとしても、Iクワドラントの投資家たちは、Bクワドラントのビジネスへ拡張する準備が充分整っていないSクワドラントのビジネスへは投資しない。反対にその準備が整っていれば、大喜びでお金を貸してくれたり、パートナーとして株式を買ってくれたりする。でも、これが最もありがちなケースだが、まだBクワドラントに移動する準備ができていなければ、Sクワドラントの新米起業家は友人や家族、小企業を支援する政府や民間組織などからお金を借りる以外に選択肢はない。そうなると、彼らが本当に成長するための能力は大きく制限されてしまう。

一方、401kやIRAの投資マネージャーは、年金プランを通してEやSのクワドラントの人たちから集めた何十億ドルものお金をどこに投資しているか、考えてみてほしい。その通り！　BとIのクワドラントのビジネスやプロジェクトだ。言い換えれば、EとSが銀行や証券会社の口座にお金を貯める一方、BとIはその銀行や証券会社を通して、自分をさらに金持ちにするためのお金をEやSから借りるということだ。従来型の年金ファンドについても同じことが言える。Eの年金ファンドがBとIのための多くのプロジェクトに資金を出している。

キャッシュフロー・クワドラントの裏に隠された意味がわかると、BとIのクワドラントへの跳躍が、すべての起業家が目指すべき目標である理由がすぐに見えてくる。これは学校教育で私たちが信じ込まされてきたこととまったく正反対だ。

●資本主義にフォーカスする

アメリカは資本主義経済を実践していることに誇りを持っている。資本主義経済は長期にわたりこの国の役に立ってきた。BとIのクワドラントで成功するためのスキルにフォーカスするのは、資本家に必要なスキルを獲得することにフォーカスするのと同じだ。真の資本家はお金のためには働かない。その代り、より多くのお金を儲けるために、OPT（他人の時間）とOPM（他人のお金）を使うことにフォーカスする。税法はEやSに税金を課す一方、OPTとOPMを使う資本家たちに優遇措置を与える。つまり、EとSはお金のために一生懸命に働けば働くほど、より多くの税金を払い、BとIはお金を儲けるためにOPTとOPMを使えば使うほど、より少なく税金を払うということだ。これは「税法の抜け穴」ではない。雇用を生み出すビジネスを作り出す人間に政府が「ご褒美《ほうび》」を与える一つのやり方だ。

「ちょっと待ってくれ。私は会社に雇われてとても高い給料をもらっている人を知っているし、通りの先の整形美容外科医はボロ儲けをしている」あなたは今、そんなふうに思ったかもしれない。そう思うのももっともだ。ＥやＳがそれぞれのクワドラントでたくさんのお金を儲けることはもちろん可能だ。でも、私たち二人が身をもって立証しているように、巨額のお金を生み出している、つまり真の金儲けのマジック、真の資本主義の錬金術を自由自在に操っているのは、ＢとＩのクワドラントでスキルを磨くことにフォーカスしている起業家たちだ。真の資本主義の錬金術師たち――たとえば、スティーブ・ジョブズ、ビル・ゲイツ、リチャード・ブランソン、セルゲイ・ブリン、マーク・ザッカーバーグといった人たち――のことを思い浮かべるとわかるが、彼らの大部分はＢとＩのクワドラントで名声と富を実現した。彼らはＢクワドラントで巨大なビジネスを築き、Ｉクワドラントがその彼らの努力に対し、富を惜しみなく与えた。

●フォーカスの対象が狭すぎる？

学校で過ごす時間が長ければ長いほど、フォーカスの対象範囲は狭くなる。なぜなら、ある特定のテーマについて多くを知れば知るほど、より専門化されていくからだ。ちょっと考えてみてほしい。ハイスクールを卒業して大学に進み、卒業する。一つの課程を修了するたびに、あなたはどんどん専門化されていく。数学が得意ならば、会計士になる道に進むかもしれない。読み書きが得意ならば、法科大学院に進んで弁護士になるか、ジャーナリズムを専攻して記者やブロガーになるかもしれない。あるいは、科学の達人だったら、医学部を選ぶかもしれない。その場合は、将来さらに専門化されたトレーニングが続くことを意味し、最終的には十年以上の道のりになる。また、ビジネスに興味がある人は、今日の世界では企業内のいかなるレベルを目指すにしてもＭＢＡを取る必要があると考えるのが自然だ。

ＪＤ（法務博士号）だろうが、ＭＤ（医学博士号）だろうが、あるいはＰｈＤ（法・医・神学を除く博士号）だろうが、ともかく何らかの最高学位を取得した時、あなたはこの世界で、「一番限られたこと」に関して「一番よく知っている」人間の仲間入りをする。つまり、万能選手のゼネラリストではなくスペシャリストになる。

私たちは二人共、それとはまったく正反対の道を歩んでいる。私たちは「多くのこと」に関して「いくらか知っている」。そのおかげで、異なるいくつもの世界でうまく活動することができる。スペシャリストの深い知識ではなく、ゼネラリストの知恵を持っているからだ。

●大きな全体像を見逃していないか？

ゼネラリストとスペシャリストを比較してここで取り上げた理由は、あまりに専門化しすぎるとビジネスの全体像を見逃しがちになるからだ。今の世界では多くの人が高度な専門化の道を選び、それを「いい職に就け」という、学校教育による「刷り込み」と結びつける。その結果、ビジネスを築くとか投資家になるといった考え方自体が、たいていの人のレーダーの画面上に現れることすらなくなったとしても、それは当然だ。そういう人たちはEとSの人間として生きることや働くことに忙しすぎて、BやIの存在に考えを巡らせることすらない。大きな全体像を見逃している。

もし、今言ったようなことがあなたに当てはまるとしても、がっかりすることはない。確かに今はまだ、世の中の大部分の人と同じところにいるかもしれないが、少なくとも目を覚まそうとしているのだから。

●起業家はゼネラリストであるべき

私たちが自分の経験を通して今ここで言いたいのは、ミダスタッチを身に着けた起業家は、できる限り最高のスペシャリストを見つけて雇い、彼らに仕事をやらせるゼネラリストだということだ。ゼネラリストである起業家はその次に、自分のビジネスとスペシャリストたちを成功に導く手助けをする。

「B－Iトライアングル」はビジネスに関わる八つの「インテグリティ（完全体であるための要素）」を示したものだ。この図の中の八つの部分が、それぞれ一つのインテグリティを表している。ミダスタッチを身に着けた起業家、ゼネラリストの起業家は、三角形の周りを囲む三つの要素を自分で満たす努力をしなければならない（図③）。そして、三角形の内部で働くスペシャリストを雇う（図④）。

　私たちがここで言おうとしていることを、飛び切りおいしいチョコチップクッキーの作り方を知っている人を例に説明してみよう。その人が作ったクッキーは評判がよく、いつもみんなが買いたいと言ってくる。そこで、この女性はビジネスを始めることにした。ところが、クッキーを焼くことにかけてはすばらしい腕を持っているが、経理やセールス、マーケティング、法律など、どんな種類のビジネスにとっても大事なさまざまな側面についてはまったく知識がなく、自分の仕事を楽しめなくなる。彼女がやりたいのはクッキーを焼くことだ。でもビジネスを始めた途端に、クッキーを焼くだけの人間ではいられなくなる。帳簿係でもあり法務担当者でもマーケット担当者でもあるのに、そのどれもうまくこなせない。会計士が自分で事務所を経営するようになって、マーケットやセールスの担当者の役もこなさなければならなくなった場合も、同じことが起こり得る。あるいは、弁護士が自分の事務所の法律面ばかりにフォーカスしすぎて、自分自身の成功を妨げてしまう場合もある。

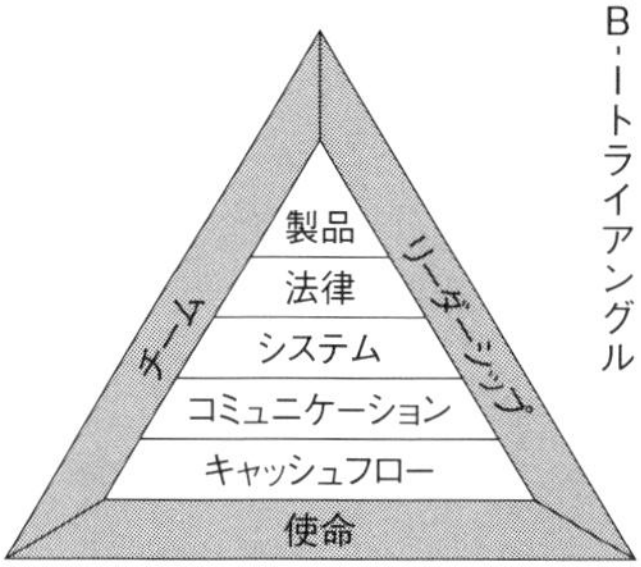

③ゼネラリストのB-Iトライアングル

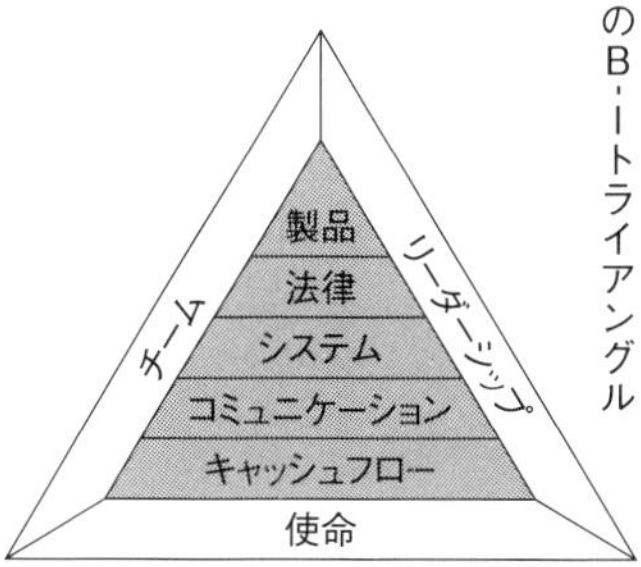

④スペシャリストのB-Iトライアングル

私たちが言いたいことはもうわかってもらえたと思う。どんなに頭がよくても、どんなに学校の成績がよかったとしても、「すべてをやる」のは不可能に近い。だから、それをしようとしたらビジネスは失敗する。

私たちは二人共、軍隊式の学校に通うことによって、この三角形の周りを囲む部分で生き、仕事をするやり方を学んだ。リーダーシップを学んだのもそこでだった。軍事学校でのトレーニングは起業の世界に入ろうとする人にぴったりだ。ビジネスの世界での起業家の最大の仕事は、使命を明確にすること、チームを作り、そのメンバーにやる気を起こさせること、そして先頭に立ってリードすることだ。軍事学校はB－Iトライアングルの外側の三つのインテグリティを手に入れるために努力することを教えてくれる（図⑤）。一方、従来型の学校は内側の五つのインテグリティを頼りに生計を立て、そのスキルを伸ばす方法を教えてくれる（図⑥）。

この図を見ると、十の新設会社のうち九社が五年以内に失敗する理由がさらにはっきりとわかる。九割の会社が失敗する理由は、BとIのクワドラントに移ろうとしているEとSの住人が、この八つのインテグリティを扱い切れず、それらにつぶされてしまうからだ。

●ビジネスに基本構造を与える三つの要素

では、私たちが軍事学校で学んだのは具体的にどんなスキルだったのだろうか?

次にお話しするのは、三角形の外側の三つのインテグリティに関する、経験に基づいた定義のようなものだが、これを読むともう少しよくわかってもらえると思う。一つ一つ詳しく見ていこう。

・使命
これはビジネスの存在理由のうち、スピリチュアルな部分だ。軍事学校で教官が最初に教えるのは使命の大切さだ。考えてみれば当然の話だ。宗教の世界では、宣教師《ミッショナリー》は宣教するという使命《ミッション》を持ち、それにフォーカスする。世の中には、使命の重要性を認識していない会社が多すぎる。こういう会社は、退屈で何の感動も呼び起こさない「社命」を掲げていたりする。彼らは、自分たちのビジネスのスピリチュアルな目的を明らかにする大きなチャンスを完全に逃している。

・チーム

世の中には、軍事学校は他人に従う人間になる方法、規則に従う方法、そして命令に従う方法を教えるところだと思っている人もいる。私たちは二人共、指図に従う能力がフォーカスの能力と強く結びついていることをよく理解している。フォーカスする方法をみんなが習得していれば、すばらしいチームを作る基礎はできたも同然だ。軍事学校では、チームワークは単なる一つの「学習科目」ではない。それは毎日、どの瞬間にも常に実践されるべき「生き方」そのものだ。

これとは対照的に、従来型の学校はチームワークとはまったく縁遠い。学校のスポーツチームには多少チ

⑤軍隊式の学校で学ぶこと

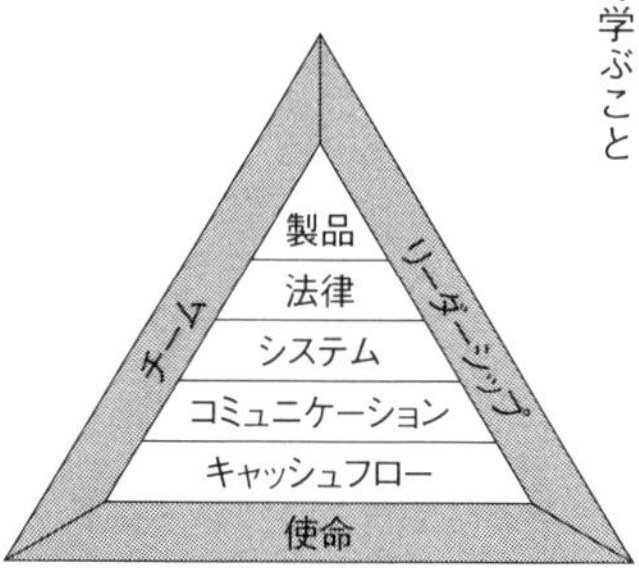

⑥従来型の学校で学ぶこと

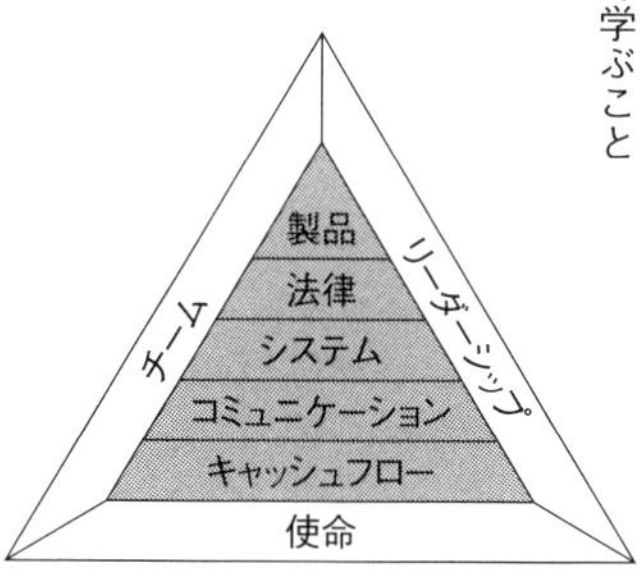

ームワークの要素が入っているかもしれないが、誰もが成績を競い合う教室にその要素がないことは確かだ。教室で大事なのは自分自身だけだ。そこにあるのは勝者と敗者からなる「システム」だ。一番いい成績、Aばかりとる学生と、Bをとる学生の一部が、CやD、成績不可のFをとる学生たちをいたぶる環境だ。学生がグループを作って協力して学習する機会があったとしても、いざ試験となると、チームは解体されて再び競争が始まる。テストの最中に「協力」などしたら、カンニングのレッテルを貼られてしまう！

軍事学校におけるチームの場合、協力は生き残るために必要不可欠だ。ビジネスでは、協力は成功に不可欠だ。この世界では、自分一人の力だけでは大したことは達成できない。目的が生き残ることでも、成功することでも同じだ。だから、学校教育が、協力する精神ではなく競争する精神を学生たちの中に育てているのは、皮肉なことと言わざるを得ない。学校を卒業した「従業員」は、チームワークではなく競争を基礎とした思考パターンを持って仕事の世界に足を踏み入れる。彼らは昇進、より高い給料、より大きな自分用の個室、より聞こえのいい肩書きなどを巡って競争する。起業家が立ち向かわなければいけない最大の課題の一つは、従業員が持っている競争的なものの考え方、勝つか負けるかしか考えられないその思考パターンを打破し、チーム精神に置き換えることだ。使命を完全に果たすには長い道のりが必要だ。強いリーダーシップを培うのも同じことだ。

●リーダーシップ

軍事学校で、私たちは命令を受けたり与えたりすることによってリーダーシップを学んだ。あの世界では、それが生き方の一部だった。命令を受けたり与えたりすることができない人間は誰でも、すぐにふるい落とされた。そこは規律がすべての環境だった。例外はなかった。

おそらくあなたもこんな言葉を聞いたことがあるだろう。「悪い兵隊というものは存在しない。存在するのは悪いリーダーだけだ」この考え方は、将来兵隊の上に立つ将校たち全員の頭の中に叩きこまれる。ビジネスでも同じことだ。悪い従業員はいない。いるのは悪いリーダーだけだ。

あなたがこれまで勤めてきた会社のことを考えてみてほしい。社員の意気が上がらず、生産性が下がり、売上げも減り、経費がかさんだ状態で、会社が経済的苦境にあるとしたら、それはおそまつなリーダーシップのせいだ。リーダーたち――真のリーダーたち――はチームの成功の責任を担っていることはもちろん、それと同時に、失敗の責任も取らなければいけないことを理解している。一般に、起業家は業績の悪さを、従業員や景気の悪さ、競合会社などのせいにしすぎる。でも、すぐれた起業家たちは、誰よりも先に自分自身の間違いを見つけ、そこから学ぶ。

では、今私たち二人は、起業家として成功したい人は仕事を辞め、あるいはすでに始めた会社を閉じ、リーダーシップを学ぶために軍事学校へ行く必要があると言っているのだろうか? もちろん答えは「ノー」だ。リーダーシップの強化、チーム作り、意気を高める使命作りなどは、人生の様々な場面で学ぶことができる。スポーツの例はもうすでに取り上げたが、たとえば地域のソフトボールチームやバスケットリーグでキャプテンになることは、今述べたようなスキルを高めるのに役立つ。教会の組織のリーダーになったり、同業者団体の委員会のメンバーになったり、自分がこれだと思った慈善事業のイベントの責任者を務めるといったことも、同じような役に立つ。リーダーシップを必要とする位置に自分自身をおけば、自分に必要なスキルを得ることができるし、ネットワークを広げる役にも立つ。これらはどんな時にもビジネスにとってプラスになる。

私たちは二人共、リーダーシップを学ぶためのトレーニングを受けるそのほかの方法として、パートタイムでネットワークマーケティングビジネスをやることを勧めている。そこで与えられるさまざまな状況の中で、あなたはいやでも多くの人と会い、コミュニケーションをとらなければならない。たいていの人にとって、これはかなり厳しい試練になる。でも、起業家として成功するためには絶対に必要なことだ。少し頑張って何か新しいことを試してみるなら、生活がかかっている状態ではなく、まだそこにかかっているものが少ない時にやった方がいい。やってみて、起業家になるのは自分に向いていないと思うかもしれないが、それはそれでいい。起業家にとって対人的なスキルはオプションとして追加してもしなくてもいいというものではない。BやIのクワドラントで成功するためには必要不可欠だ。

命令を受ける方法を習得することがリーダーシップに不可欠である理由は、いいリーダーになる前に、命令に従うことのできる「いい部下」になることを学ばなければいけないからだ。それができてはじめて、自分に従ってほしいと思う相手と、効果的にコミュニケーションをとることができるようになる。Sクワドラントには、頭はとてもいいのに、他人とうまくコミュニケーションがとれないという理由から、BやIのクワドラントの住人になれないでいる人がたくさんいる。そういう人は友達を作ったり、人間関係を築くことがうまくできない。自分と同じような人間を十人、二十人と相手にすることはできるかもしれないが、自分とは異なるスキルや経験を持つ、もっと大勢の人たちを相手にすることはできない。一対一の人間関係は得意かもしれないが、百人、千人、あるいは百万人を相手にするのは苦手だ。私たち二人の場合は、軍事学校で叩き込まれたリーダーシップのおかげで、世界中の何百万人という人の心に何らかの影響を与えることができるようになった。

●ビジネスの運営にかかわる五つの要素

B-Iトライアングルの外側の三辺にあたる三つのインテグリティは、一般に従来型の教育システムによって教えられる内側の五つのインテグリティに力を与える。使命、チーム、リーダーシップの三つのインテグリティのうち、どれか一つでも弱かったら、内側の五つのインテグリティはその形を維持することができない。つまり、必然的に問題が起こり、ビジネスは立ち往生するか、だんだんに弱っていくか、その場で死に絶えるかする。ビジネスに問題が出てきたら、このトライアングルをチェックしてほしい。ほとんどの場合、これらの八つのインテグリティの中に、その問題の源を見つけ出すことができるだろう。

次に、三角形の内部の五つの要素を詳しく見ていこう。

・製品

たいていの新米起業家はこんなふうに言う——「すばらしい新製品のアイディアがあるんだ」。B－Iトライアングルの図を見るとわかるように、三角形の中で製品が占める面積は一番小さい。製品は確かに重要だが、インテグリティとしては一番重要性が低い。そう聞いて驚く人もいるかもしれないが、考えてみてほしい。この世の中には「すばらしい製品」があふれているが、その多くは市場に出ることすらないか、あるいは出たとしてもすぐに死に絶える。世界はすばらしい製品のアイディアには事欠かない。あなただって、いくつもそんなアイディアを持っているかもしれない。世界に足りないのは、すばらしい製品に命を吹き込むことのできるすばらしい起業家だ。

たいていの新米起業家は製品だけにフォーカスしている。彼らはそのアイディアに磨きをかけることにすべての時間を費やす。そして、アドバイスをしたり、試作品を開発すると約束する会社と契約を結ぶこともある。それには多くのお金と時間がかかるからだ。でも結局は、そうやって作った試作品は店頭には並べられず、箱に詰め込まれ、どこかにしまわれて忘れ去られる。優秀な起業家は、B－Iトライアングル全体の構築にフォーカスすることで、すばらしい製品のアイディアを実際にすばらしい製品へ変える方法を知っている。B－Iトライアングルは単なるコンセプトではない。それは、成功を収めた多くの起業家たちがそれを中心に自分の会社を作り上げてきた道具だ。

繰り返しになるが、もう一度「フォーカス」という言葉と、何にフォーカスするのかが大事なことを思い出してほしい。

・法律

ロバートは、法的な保護がないと、製品が自分のものではなくすべての人のものになってしまうことを、早い時期に知った。彼が考え出した、ベルクロを使ったサーファー用の財布のアイディアは、あちこちで勝手にコピーされた。法的な取り決めが大事なのは、それが所有権を生み出すからだ。財布ビジネスの場合、法律的な取り決めがあれば、「知的」財産権が生まれていたはずだ。ドナルドの活躍する不動産の世界では、法的取り決めは「物的」財産の所有権、その権利と有効期限を定める。

ビジネスの世界では、法的な取り決めなしに仕事をすることはできない。それは製品に関わる権利を明確にし、その製品を生み出すために不可欠だ。特許や商標、ライセンス、あるいは形のないサービスが製品である場合はそのサービスに関する取り決めなどを通して、会社は自分たちの「財産」を築く。そして、それが会社に価値と保護を与える。法律の専門家を集めた強力なチームと、しっかりした法的取り決めがない限り、必ず混乱や無秩序、ひどい場合は犯罪——これらはどれもお金がかかり、会社の力を弱める——に巻き込まれることになる。

・システム

ビジネスは複数のシステムからできているシステムだ。これはそうあるべきであり、そうでないビジネスは、おそらく、創業者と中心的な役割を果たす二、三の人間の能力以上に発展することは決してない。システムがしっかりしていない状態で大きくなると、大きくなればなるほどビジネスは弱体化する。人間の肉体、あるいは自動車も、共にシステムが集まってできたシステムだ。私たちの肉体は骨格、神経系、消化器系、内分泌系といった複数のシステムからなっている。車の場合は、ブレーキ、燃料、電気、排気といったシステムからなっている。それぞれのシステムは独自の機能を持ち、それらが協力して働いているのが理想的な状態だ。

一つの会社の場合、そこには経理、コミュニケーション、法律、納入、製造、流通、そのほか多くのシステムが関わっている。大事なのは、会社だろうが人間の体だろうが車だろうが、個々のシステムが効果的に働くことにそのすべてがかかっているということだ。システムが一か所でもスムーズに動かなかったり故障したりすれば、身体や車、会社全体の活動が妨げられたり、完全にシャットダウンさせられたりする。運転していて急にブレーキが故障したらどうなるか、想像してみてほしい。あるいは、一日煙草を二箱も吸っている人が一マイル走ったらどうなるか、考えてみてほしい。ビジネスの場合、お金を節約するためだと言って、広告部門にお金を使わせない会計士たちが会社を牛耳っていたとしたら、その会社を成長させるのはむずかしい。今挙げたどの例の場合も、一つのシステムの故障、あるいはそれがスムーズに動かないことが大きな被害を引き起こす可能性がある。

・コミュニケーション

起業家は偉大なコミュニケーター（意思の伝達者）で、多くの言語を話すことができなければいけない。これはフランス語、スペイン語、ドイツ語、中国語といった外国語のことを必ずしも意味しているわけではない。ここで言っているのは、ビジネスに関わるさまざまな言語のことだ。起業家は法律に関する言語を話すことができなければいけない。それだけでなく、会計や不動産、マーケティング、インターネット、そのほか自分の会社に関わるすべての分野について話せなければならない。また、顧客たちの言語も理解し、習得しなければいけない。リーダーはそれができてはじめて、意味のある会話をし、しっかりした決定を下せるようになる。

あなたはリーダーたちがただ「蚊帳の外」にいて、あなたが何をしているかまったくわかっていない会社で働いた経験はないだろうか？　リーダーがあなたの専門分野の言語を学ぶ努力をしていない会社はそうなる。ビジネスにおいてこれは大きな間違いだ。

ビジネスに関わるさまざまな言語を学ぶのも、外国語を学ぶのとそう変わらない。時間と実地訓練が必要だ。外国語を習得する最善の方法は、外国に行き、その文化にどっぷり自分自身を浸すことだが、ビジネスの言語を習得する場合も同じだ。飛び込んで、まずその言語を体感し、耳に入れ、それから言葉を学んでいく。起業家はまた、リーダーとして、チームのメンバーが会社の内と外の両方で、コミュニケーションと理解に努めるように励ます必要がある。

・キャッシュフロー

これはよく「ボトムライン（収益報告の最終行、最終損益）」と呼ばれるものだ。B－Iトライアングルの内側の三角形の中でも一番下に位置している。キャッシュフローは肉体で言うなら血流、車で言うなら燃料の流れにあたる。キャッシュ（お金）や血液、燃料が流れなければ、ビジネスも肉体も車も機能しなくなる。肉体からは出血することがあるし、車は燃料漏れを起こす。そして、ビジネスも現金が外に流れ出してしまうことがある。リーダーとしての仕事だけでも手一杯なのに、それではまだ不足とばかりに、起業家にはもう一つ大事な役目がある。それは、八つのインテグリティ（これは八つの「支出」でもある）のすべてに現金が充分行きわたるように、そしてそれに加えて会社に利益があるようにするという役目だ。

起業家が以上のような重要かつ複雑な役割をすべて担わなければならないとしたら、ミダスタッチを手に入れ自分の会社を大きくしたいと思っている起業家が、なぜ内側の五つのインテグリティのうち一つにかかりきりになってはいられないのか、その理由がもうみなさんにもおわかりだろう。たとえ、その中のどれかに関して専門知識を持っていて、そのためだけに働くほうが楽だとしても、起業家はリーダーとして、内側の五つのインテグリティの専門家たちをうまく一つにまとめて働かせるという役目を果たさなければいけない。高い教育を受けた多くの人が、この点を見落とし、起業家として失敗する。あるいは、本当に自分が持っている力を完全に活かすところまで到達できない。そういう人は八つのインテグリティに関わるそれぞれの言語を学ぼうとせず、自分が得意な分野こそが一番重要だと信じている。八つのインテグリティが共に協力して機能しなければいけないということがわかっていないのだ。これらのインテグリティはすべて、ビジネスが成長し、収益を上げるために必要不可欠だ。

読者の中には、なぜこの八つが「部門」あるいは「専門分野」といった言葉ではなく「インテグリティ」という言葉で呼ばれているのか、疑問に思った人がいるかもしれない。その答えはこうだ。「インテグリティ」という言葉には「全体的かつ完全」といった意味がある。つまり、起業家は自分の専門分野だけではなく、八つのインテグリティすべてを含むビジネス全体にフォーカスしなければならないということだ。

●どのようにして準備するか

起業家になるのは大仕事だ。簡単ではない。では、その準備のためにあなたにできることは何だろう？まず一番初めにすることは、フォーカスの範囲を広げることだ。この章の前の方で、もしクッキーの会社をやりたかったら、クッキーを焼くことだけでなく、そのほかのことにもフォーカスの範囲を広げなければならないという話をした。たいていの起業家は小さくフォーカスしすぎる。自分のビジネスとビジネス全般とに情熱を持って取り組み、八つのインテグリティのそれぞれの分野で話される言語を学び、習得するよう努力しよう。その過程で、あなたは現実の世界でのビジネスを学ぶ。これが一番いい方法だ。

私たちはまた、自分のビジネスを始める前に充分経験を積むことをお勧めする。八つのインテグリティについて認識を新たにしたら、Eクワドラントで職を見つけ、その会社でB－Iトライアングルがどのように機能しているか観察しよう。やってみるとわかるが、B－Iトライアングルがうまく機能している会社から何かを学べるのはもちろんだが、うまく機能していない会社からもそれと同じか、それ以上のことが学べる。

とてもおかしな話に聞こえるかもしれないが、マクドナルドでハンバーガーをひっくり返す仕事は、B－Iトライアングルの機能の仕方を観察するのに最適の仕事だ。マクドナルドはビジネスの八つのインテグリティの「達人」だ。世界で最高のビジネスシステムを持っている。マクドナルドに限らず、どこかの会社で働き始めたら、Bｰｌトライアングルの図を仕事場に持って行って、八つのインテグリティが一致協力してどのように機能しているか、注意して見てみよう。また、ビジネスに関することで何か問題を見つけたら、Bｰｌトライアングルを指針として利用し、うまく機能していないインテグリティを見つけて修理しよう。これを一年間続けたら、たとえパートタイムで働いただけでも、夢を見るばかりで実社会での経験を積まない新米起業家たちと比べて、はるかに有利なスタートを切れるようになる。トレーニングの場所として最適な仕事場を探そう。お金を稼ぐために働くのではなく、学ぶために働こう。

マクドナルドで働かなくても、客として店に行ってビッグマックと飲み物、フライドポテトを注文して、品物が出てくるまでに、つまり、あなたのお金があなたの手から必要な場所へと次々に渡されていくまでに、どれくらい時間がかかるか注意して観察しよう。それから、席に着きハンバーガーを食べながら、自分をその店に来させるためにどのような仕組みが機能したのか、また、製品を手元に届けるまでにどのような仕組みが働いたのか、それら全体について考えてみてほしい。どんな業種であれ、もしマクドナルドと同じような効率のよさで機能する——肉やバンズ、フライドポテト、ドリンク類、ナプキン、ストロー、そのほか数多くの品物を世界中から調達し、店で働く平均的なハイスクール卒の店員がうまく仕事をこなせるようにそれらすべてをまとめあげる——ビジネスを築くことができたら、その時にはあなたはミダスタッチを手に入れ、Bクワドラントの仲間入りをしている。それはごく少数の起業家しか成し遂げられないことだ！

●あなたに一番合っているクワドラントはどれか？

どのクワドラントでもミダスタッチは見つかる。従業員で、昇進のハシゴを登り続けて、大きな成功と満足を得る人もたくさんいる。Sクワドラントでも同じだ。専門技術を要する職業の場合でも、弁護士や医師、コンサルタント、そのほかさまざまなスモールビジネスを営む自営業の人で、たくさん稼いでいる人は大勢いる。今あなたがやらなくてはいけないのは、どのクワドラントが一番自分に合っているか見極めることにフォーカスすることだ。あなたの夢を実現させてくれるのはどのクワドラントだろうか？　BとIのクワドラントに心引かれるという人は、私たちが関わっている番組やトレーニング・プログラムに参加してみるのもいい。

たとえば、ドナルドが関わっている大ヒット番組『ジ・アプレンティス』がその一例だ。この番組はB－Iトライアングルに関する短期集中コースのようなもので、この番組に出演して勝てば、ビジネス史上、最もすばらしい起業家の一人である彼のために働くチャンスを与えられる。

一方ロバートの作った組織、リッチダッド・カンパニーは、GEOと名付けられた、かなり大がかりなプログラムを開発中だ。GEOとはGlobal Entrepreneurs Organization（世界起業家団体）の頭文字をとった名称だ。これは、起業することを真剣に考えていて、BとIのクワドラントに足を踏み入れるのに必要なスキルを獲得したいと願っている人たちに向けた、一年から三年にわたるトレーニング・プログラムだ。一年目にはSクワドラントでビジネスを築く方法を学ぶ。二年目――あるいはあなたの準備が整えさえすればいつでも――、そのビジネスをBクワドラントのビジネスへと広げる方法を学ぶ。そして、三年目――あるいは準備が整った時――には、次の段階としてIクワドラントについて学ぶ。

リッチダッドのGEOプログラムが万人向けでないことは明らかだ。自分の能力が大いに試されるし、多くの時間とお金を投資することになる――高度なトレーニング・プログラムは、どんな種類のものでもそうだ。GEOは教師、教材、トレーニング、宿題を与えてくれる。それをどう使うかはあなた次第だ。もしあなたがMBAを持っているとしたら、その学位が取締役会の席を自動的に約束してくれるものではないことを知っているに違いない。その席は自分の力で獲得しなければならない。ミダスタッチも同じだ。自分で獲得しなければいけない。成功への道には近道もないし、必ず目的地に到達するという保証もない。

●最後に思うこと

人生において価値のあるものは何でも、自分の力で獲得しなければいけない。ロバートが海軍の飛行学校に入学するのは並大抵のことではなかった。統計によれば、海軍は三千人の出願者の中から一人しか採用しない。そして、そこでの全課程を終えて卒業するまでの二年の間に、多くの学生が海軍あるいは海兵隊の隊員の資格を与えられる前にふるい落とされる。彼らがそうなるのは正しくフォーカスができていなかったからだ。

ロバートが単なるパイロットから戦闘機のパイロットへ変身した時の話を読むとわかるが、この変化にはより強力なフォーカス力が必要だった。機関銃とロケット弾が備え付けられた自分の機にロバートが乗り込んだ日は、彼が自分も変化しなければいけないと気が付いた日でもあった。この頃のことをもう少し彼に語ってもらおう。

実弾入りの武器がフル装備されたガンシップを飛ばすことに私が慣れると、担当インストラクターはハードルを高くした。最後から一つ前の訓練飛行の時、インストラクターは子供用のプラスチックの野球バットをコックピットにこっそり持ち込んだ。私が砂漠に置かれた目標に向かってヘリコプターを旋回降下させている時、インストラクターがプラスチックのバットで私のヘルメットや腕、足、顔をめったやたらに殴り始めた。彼のほうを向いて私は叫んだ。「一体何をやっているんです⁉」

「お前はもう死んだ」インストラクターはあざ笑うようにそう言った。「おまえは俺たち全員を殺した」

「一体何を言っているんですか?」私は地上に向けて一切発砲することなく、降下中の機体をもとに戻した。

「お前は集中力を失った」インストラクターはそう言った。「砂漠の目標に向けて機関銃やロケット弾を発射することは誰にだってできる。一か月後、ベトナムに行ったら、お前の目標は撃ち返してくる。このプラスチックのバットは、機体を突き抜けて飛び込んでくる弾丸の代わりだ。俺がお前のヘルメットと顔面シールドをバットで叩いた時、お前は集中力を失った。俺たち全員を殺したんだ」

彼が言いたいことはよくわかった。同じインストラクターとの最後の訓練飛行の時、私は彼がプラスチックのバットでどんなに強く殴ろうと、目標に達するまで全神経を集中させ、ロケット弾四発と機関銃の掃射によって目標を破壊し、降下姿勢から機体をもとに戻した。

ゲームのやり方はすでに変わっていた。EやSからBやIへとクワドラントを移動することが、起業家のゲームのやり方を変えるのとまったく同じだ。それは楽なことではない。快適なことでもない。それぞれのクワドラントに必要なスキルやチームも異なるし、より多くの経験、より多くのフォーカスが必要になる。安心と安全が第一のEのクワドラントをあとにしたら、どんなものが自分に向かって飛んで来ようと、フォーカスを失わないようにしよう。もしBとIのクワドラントで生き延びることができ、フォーカスを維持し、最終的にそこで成長することができれば、あなたは、ごく少数の起業家だけが到達できる、富と成功と力に満ちた世界に足を踏み入れることになる。それには時間が必要だ。簡単なことではないし、すべての人が達成できることではない。でも、あなたが真の起業家だったら、人生でこれ以外にやりたいことはないはずだ。

●覚えておくべきこと／やるべきこと

・「専門化」はあなたのためにはならない。あなたはすでに専門化しすぎているかもしれないが、もしそうだとしたら、ビジネスや人生の別のさまざまな側面を経験するように努力しよう。そのような側面に関してすべてを知る必要はない。ただそれらに自分自身でふれ、いくらかでも経験してみよう。自分にとって楽な「快適ゾーン」にとどまりたいと思うのは自然なことだが、その傾向を克服することが大事だ。細部に埋もれていてはいけない。

・学校にとどまる時間が長ければ長いほど、多くの場合あなたは専門化される。知識はどんどん深まるが対象はどんどん狭まる。まったく種類の違うプロジェクトに取り組んだり、ボランティア活動をしたり、何でもいいから地平線を広げるために自分にできることを始めて、その状況を打ち破ろう。

・起業家にはゼネラリストのほうが向いている。より多くのものを読んだり、見たり、聞いたり、やったりすれば、それだけ人生経験が増える。多くのことについて少しずつ知ることはいいことなのだと信じて、人生を生きよう。

・個々の業務や専門分野の仕事はスペシャリストを雇ってやってもらおう。起業家としてのあなたの仕事は彼らをリードすることだ。会社組織を作り、リーダーシップを発揮する時には、B－Iトライアングルを指針として使おう。リーダーとしてのあなたの仕事は使命とチームを導くことだ。その責任を果たせるようになるためには、三角形の内側に含まれるすべての業務を委任し、それを取りまとめる「団長」になる必要がある。

・照準を定め、高いところを狙おう。それを達成することにフォーカスするまで、自分が本当に何を達成できるか決してわからない。正直に自分にこう聞いてみよう。何も邪魔をするものがないとしたら、どこまで大きくなりたいか？　それがわかったら、自分を安売りするのはやめよう。高度にネットワークの発達した今の世界では、自分にそれをやる許可を与え、そのことにフォーカスすれば、どんなことでも可能だ。

・自分の会社を始める前に経験を積もう。稼ぐためではなく学ぶために働き、B－Iトライアングルをうまく機能させている会社について詳しく調べよう。物事がうまくいっている理由、うまくいっていない理由を分析しよう。

・マルチリンガル（多言語使用者）になろう。頭からそこに飛び込んで、ビジネスの言語を知ろう。どっぷりつかれば、より早く堪能になれるし、会社のどのレベル、どの分野においても、他人にアドバイスや指導を与えられる、よりよいリーダーになれる。

第三章

中指…ブランド

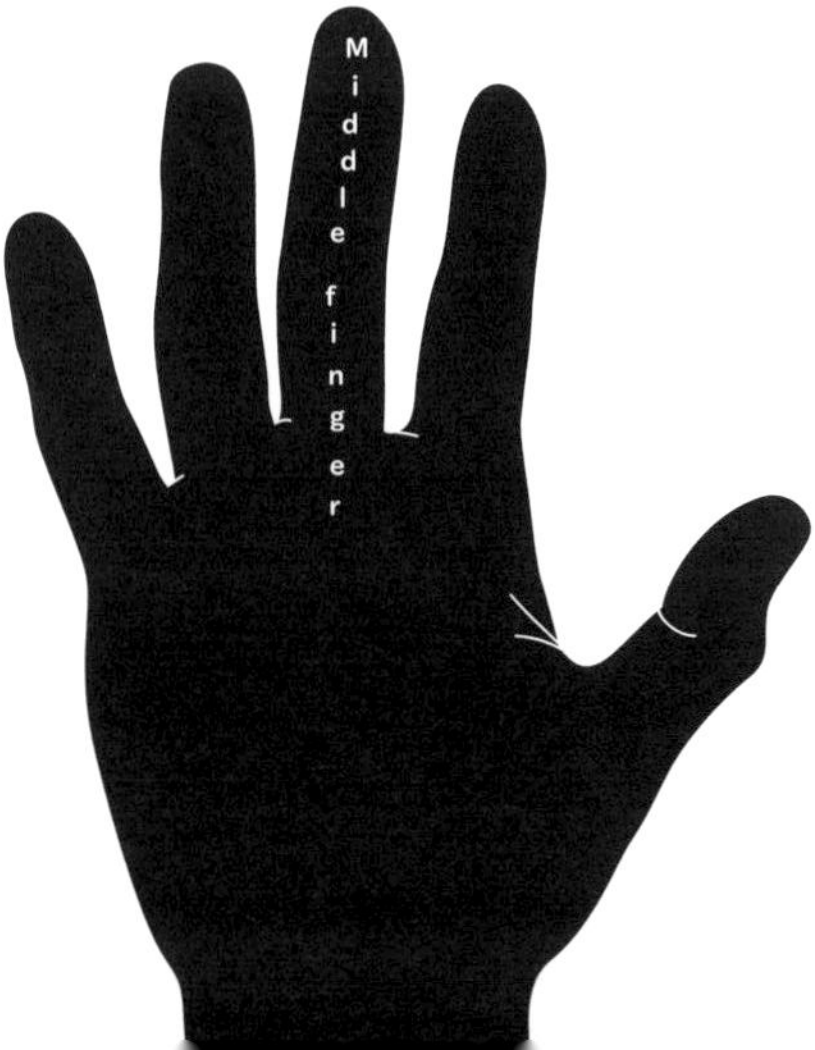

「会社にとってのブランドは、人間にとっての評判のようなものだ。むずかしいことをうまくやろうと努力することによって、人間は評判を獲得する」

——ジェフ・ベゾス

本物のロレックスか？　それとも偽物か？（ロバート・キヨサキ）

「そのロレックスはいつ買ったんだ？」金持ち父さんがそう聞いた。

「先週、香港で買ったんです」私は誇らしげに答えた。

「本物か？」

「ええと……そうです」私はためらいがちに答えた。「本物です」

金持ち父さんは薄ら笑いを浮かべながら私の手首をつかみ、時計を自分の顔の前に持っていって、じっくりながめまわした。「で、いくらだった？」

「それは、その……とてもお買い得だったんです」

「いくらだったんだ？」

「五ドルです」私は思わず本当のことを言った。「偽物です」

「そうだと思ったよ」金持ち父さんは静かにそう言った。そのあと長い沈黙があった。金持ち父さんが何をどう言おうか、頭の中で考えをまとめているのがわかった。

「なぜ偽のロレックスなんて買ったんだ？」金持ち父さんがやっと口を開いた。「なぜ本物を買わなかったんだ？」

「本物は高いからです」

「偽物を売る人間が、なぜ高い時計を真似して安い偽物を作るか知っているか？」

「値段のせいでしょう？　みんな安い値段で買いたいと思うからでしょう？」

金持ち父さんは頭を振りながらまた聞いた。「ロレックスというブランドにどれくらい価値があるか知っているか?」

「いいえ」今度は私が頭を振った。

「ロレックスというブランドがどんなことを意味するか知っているか?」

「成功を意味します。何かを成し遂げたことの象徴、トップに上りつめたことの象徴です。少なくともぼくにとってはそういう意味を持っています。だから偽のロレックスを買ったんです。外見だけでも、もっと成功しているように見せたかったんです」

「で、偽のロレックスはきみについてどんなことを言っていると思うかい?」私の目をまっすぐに見ながら金持ち父さんが聞いた。

「ぼくが成功したいと思っていることを意味しています。いつか本物のロレックスを持つようになるってことです」

「もう一度よく考えてみるんだな」金持ち父さんはまた薄ら笑いを浮かべた。「偽物のロレックスはきみ自身が偽物だということを意味している。偽物を身に着けるのは偽物の人間だけだ。偽物ロレックスが意味するのはそれだよ」

「でも、本物のロレックスは高いんですよ」私は反論した。「ぼくはただ、ロレックスをつけたかっただけです。でも時計にそんな大金はかけたくなかった。だから五ドルのロレックスを買ったんです。誰に違いがわかるっていうんですか?」

「きみ自身さ。きみには違いがわかっている。心の奥底では、ロレックスというブランドにどんな価値があるか知っている。そのブランドにどんな意味があるか知っている。それだからこそ、自ら進んで『偽物の人間』になり、偽物を身に着けているんだ」

「ぼくはそうは思いません。誰にも違いはわかりません。それは確かです。買う前によく調べました。本物そっくりです」

「でもきみはそれが本物ではないことを知っている」金持ち父さんは厳しい口調で言った。「きみはたいていの人はこれでだませると思っているかもしれない。でも、自分はだませない。大事なのは、きみ自身が自分についてどう言っているかだ。今、きみは自分についてこう言っている。『ぼくは貧乏だ。成功していないし、ロレックスも買えない。だから偽物を買おう。なぜなら、ぼくは偽物なんだから』とね」

「なぜそんな厳しいことを言うんですか？　ただの安物の時計じゃないですか」

「ただの安物の時計なんかじゃない」金持ち父さんは少しいらいらした調子で言った。「偽物の時計、模造品、盗んだ財産だ。自ら進んで盗品を買ったとしたら、そのことはきみがどんな人間だということを意味すると思うかい？」

　私はまだ、金持ち父さんがなぜたかが時計一つのことでそんな大騒ぎをするのか、その理由がわからなかった。その時計が偽物だということは知っていた。もぐり業者が作ったコピー商品だということは承知の上だった。それだからどうだと言うんだ？　どこがいけないんだ？　ぼくのしたことで誰が傷つくというんだ？

　金持ち父さんはさらに続けてこう言った。「起業家として成功したいなら、ブランドとは何かを知り、それを重んじることを学ばなければいけない。運がよければ、自分のブランドを持つ日が来るかもしれないんだから。もしかしたら、いつかきみの会社がゼネラル・エレクトリックやコカコーラ、あるいはマクドナルドのような会社になるかもしれない。でも、もしきみ自身がまがいものだったら、きみの会社もまがいものでしかない。決してブランドに成長することはない」

　私は金持ち父さんに賛成できなかったし、彼の話の内容も気に食わなかった。でも、何も言わずに黙って話を聞いているのが得策だということがわかるだけの年齢には達していたし、そうするだけの賢さも備えていた。ともかく、それ以上厳しいことを言われるのはごめんだった。でも、金持ち父さんはまだ教えを垂れるのをやめなかった。

「ブランドでないものは、ただの商品だ。どのメーカーのものでも同じ汎用品だ。世界のどこにでもころがっている無名の商品の一つにすぎない」

「ただの商品のどこがいけないんですか?」

「どこも悪くないさ。もしきみがそれで満足ならね。汎用品とブランドの違いは、近所にあるほとんど無名の店のハンバーガーとマクドナルドのハンバーガーの違いだ。マクドナルドというブランドには何十億ドルもの価値があるが、近所の店には何の価値もない。ビジネスを築くのに一生をかけ、ブランドを作れないまま終わるのでは意味がない」

　金持ち父さんはそこで一息ついた。あるいは、言葉の弾丸を新たに込め直していたのかもしれない。ともかく、ブランド品と汎用品との違いについて、教えを垂れるのを少しの間やめた。私にはよくわかっていた。彼は私に、ブランドとそれが象徴するものを尊重するように教えたかったのだ。いつか私に、自分の会社をブランドに成長させられるような起業家になってほしいと思っていることもよくわかった。金持ち父さんは私に、ごく普通の、並みの起業家にはなってほしくないと思っていたのだ。

「きみは『コカコーラ』という名前だけで、あの会社全体よりも多くの価値があるのを知っているかい?つまり、コカコーラ社が持つ設備や不動産、ビジネスシステム、そのすべてを合わせたものより価値があるんだ」金持ち父さんは、ブランドに関する大切な教えを私に叩き込もうとしていた。「世界中どこに行っても、コカコーラは誰にでも知られているブランドだ」

「だから、ぼくが偽物のロレックスをしているのは、ロレックスから何か価値のあるものを盗んでいるのと同じだということですか?　あなたが言いたいのはそういうことなんですか?」

　金持ち父さんはうなずきながらこう付け加えた。「そうさ。ロレックスから盗んでいる人間から物を買うのは、『私は盗品を買っている。誰かが築き上げたいい評判を盗んでいる』と言っているのと同じことだ。

不正直で下劣、ずるがしこく、心が曲がったいかさま師とビジネスをしたいと、誰が望むと思うかい？」

「同じように不正直で下劣、ずるがしこく、心が曲がったいかさま師たちだけです」私はしかたなくそう答えた。

「いい車を何台も持っていて、小さな船まで持っている隣人が本当は犯罪者だとわかったら、きみはその人のことをどう思うかい？」

「よくは思いません。その人のことは避けます」

「ビジネスの世界でも、今きみが下したのと同じような判断が毎日下されているんだ。正直な人たちは不正直な人たちとは取引をしない。きみの評判は、きみが作るブランドの基礎になる。評判は死ぬ気で守らなくてはいけない。ビジネスの世界では、評判は会社自体より大事だ」金持ち父さんはそう言うと、手の平を上に向けて私のほうに差し出した。

私は時計を外して、その手の上に落とした。金持ち父さんは時計を床に置き、足で踏みつぶした。五ドルの時計だけあってそれはすぐ簡単につぶれた。私には彼の言いたいことがよくわかった。

これは何年も前の話だ。最近、世の中にはブランド製品の模造品、コピー製品、海賊版があふれている。それは何十億ドルものお金が関わる巨大ビジネスだ。中には薬の模造品まであって、実際のところ有毒な薬もある！　本物だと信じて偽の処方薬を摂取していたせいで、自分の愛する人が亡くなったとしたらどんなにつらいことだろう……。

世界中どの主要都市にも、ブランド品の模造品、海賊版の製品が簡単に買える通りが少なくとも一つはある。このような通りでは、ルイ・ヴィトンのハンドバッグやナイキのバスケットボールシューズ、アルマーニのジーンズ、プラダのサングラスなどの模造品がごく普通に売られている。

模造品を作る業者も起業家ではある。ただ、自分自身のブランドを作り出すのではなく、他人のブランドを盗む起業家だ。偽物を買う消費者がいる限り、もぐり業者も存在し続ける。消費者が正直であれば、模造品ビジネスが成り立つ余地はない。盗品を売るのはペテン師だけだし、盗んだブランドを買うのもペテン師だけだ。正直な人はそんなことはしない。

偽のロレックスの残骸を私が拾い上げている間も、金持ち父さんは私への「授業」を続けた。「自分のビジネスを一つのブランドにまで育て上げることのできる起業家はごく少数しかいない。ブランドにはお金では測れない大きな価値がある。ブランドは起業家が顧客に対してする『約束』だ。真のブランドは起業家の魂の中で生まれ、顧客の魂とつながっている。それは単なる売買取引ではなく、それ以上の人間関係だ。時には、『恋愛関係』になることもある。つまり、何年にもわたって続く、愛情のこもった人間関係になり得る」

金持ち父さんはさらにこう続けた。「もし起業家が不誠実で魂が濁っていたり、強欲で、顧客自身のことは考えずに顧客のお金のことしか考えなかったとしたら、その起業家のビジネスは人間関係までには決して成長しない。両者の関係はいつまでたってもただの取引のままだ。そして、取引はどこにでもある汎用品と同じだ」

偽時計の残骸がごみ箱の中に姿を消すと、金持ち父さんはこう言った。「ブランドにまで成長するビジネスがこれほど少ない理由は、たいていのビジネスが、一言で言って金儲けビジネスだからだ。彼らは『顧客のために最善を尽くしたい』と言いはするが、たいてい、それはただ口先だけだ。本当にそうは思っていない。起業家が本当に顧客のことを考えれば考えるほど、ビジネスをブランドにできるチャンスが増える。コカコーラやマクドナルドほど大きなブランドにはならないかもしれないが、きみが顧客のことを本当に思っていれば、顧客はきみのブランドを心の中で大事にしてくれるようになる」

■自分のブランドを作り出す

金持ち父さんが偽のロレックスを踏みつぶした時、ブランドの力に関するビジネス教育が始まった。私はそれについてもっと知りたいと思った。ただビジネスを始めるだけではいやだった。自分のブランドを作り出したいと思った。そのためには、ほかのブランドについて学ぶと同時に、自分が何を体現しようとしているのか、顧客は何を求めているのか、私は顧客に何を提供したいのかといった問いの答えを見つけ始めなければならなかった。私にはそのことがよくわかっていた。そして、その答えを見つけるには、自分自身について、そして自分のビジネスについてもっとよく知る必要があった。私はもらうことよりも与えることにもっとフォーカスする必要があった。自分の魂の中、つまり心の奥底を探り、自分が本当に顧客に何を与えたいと思っているか、見つけ出さなければならなかった。何を与えたいかがわかれば、自分のビジネスの魂——そしてもしかするとブランド——がきっと見つかるだろうことが私にはわかっていた。

前にも言ったように、私の最初のビッグビジネスはベルクロを使ったナイロン製のサーファー用財布の会社だった。製品の上についていた名前は「リッパーズ」だった。最初、私はこれはすごくいい名前だと思った。いつかきっと大きなブランドに成長するだろうと確信していた。リッパーズという名前はかっこよくて、ユニークで、ほかとは違うと思った。そして、若いサーファーや、私の知り合いたち、私が大好きなタイプの人たちにアピールすると思っていた。サーファーは大体私のような人間だったから、彼らの気持ちはわかっているつもりだった。

リッパーズはブランドにはならなかった。会社の名前、一連の商品の名前、一つの商標ではあったが、ブランドにまでは成長しなかった。そして、おそらく、そのことこそが問題だったのだろうと思うが、私たちはそれをブランドにするための努力を何もしなかった。

だからといって、販売努力をしなかったというわけではない。私と二人のビジネスパートナーは各地で開かれるサーフィン関係のトレードショーや、スポーツグッズや若者向けの衣料品のトレードショーに出かけて、リッパーズのこのユニークな新製品を売った。世界中の店に自分たちの商品を行きわたらせようと最大の努力をしていた。問題は、お金が入ってくるよりも速くお金をどんどん使っていたことだ。この時期はとても厳しい時期だった。私たちの人間性が試されていた。私たちは会社を続けるだけで精一杯だった。ブランドについて考える時間など、一体誰にあるというんだ？

私はすっかりまずいことになっていた。自分の無能さのせいで生き埋めになりかけていた。リッパーズにはブランドに成長する可能性は一度も訪れなかった。すばらしいブランド名としての要素は持っていたかもしれないが、いくら名前がよくても、ブランドを支えるすばらしい会社がなければ、それだけでは何にもならない。

今、ベルクロを使ったナイロン製サーファー財布は世界中のどこでも売られている。私たちが生み出した「製品」は成功した。でも、ブランドには成長できなかった。だから今、この製品はどこにでもある単なる汎用品に留まっている。市場をリードするトップ・ブランドを持たない、世界中で売られている製品の一つにすぎない。

■ブランドに救われる

リッパーズをブランドに成長させることはできなかったが、ありがたいことに、私にはすばらしいブランドに出会った時、それを見分ける力があった。リッパーズを救う努力をしていた時、私はいつの間にかロックンロール業界に足を踏み入れていた。強力なブランドがひしめいている世界だ。

一九八一年、ロックバンド、ピンクフロイドがリッパーズ社に連絡を取ってきて、ピンクフロイド（それ自体ブランドと呼ぶべきだろう）のライセンシー（商標使用権の認可を受けた業者）になる気はないかと聞いてきた。ビジネスチャンスがのどから手が出るほどほしかった私は、バンドのエージェントの言葉に耳を傾けた。エージェントは気が付いていなかったが、この時、彼は私に一つのブランド——世界的に有名なロックンロールバンド——を売ることで、私のビジネスを救ってくれた。

私はロックンロール業界にはなじみがなかったが、ともかく、ピンクフロイドのライセンス（商標使用権）を扱っているエージェントに会いにハワイからサンフランシスコに飛んだ。このミーティングは結果として私たちにとって「天からの贈り物」になった。この時、ロックンロールビジネスに関する私の教育が始まった。私は、ブランドがその所有者にとって大きな価値を持つものになり得るだけでなく、そのブランドのライセンシーにも大きなお金をもたらし得ることに気が付いた。

そのことに私が気付くと、その後、ザ・ポリスやデュラン・デュラン、ボーイ・ジョージ、テッド・ニュージェント、ジューダス・プリーストといった人気グループからも同じような話が入ってくるようになった。今挙げたグループより少し前の時代の、ザ・グレイトフル・デッド、ローリング・ストーンズといった超大物グループも交渉のテーブルに着いた。残念なことに、ザ・ビートルズは当時、ライセンスを取得できるブランドではなかった。

金持ち父さんが私にしっかりわからせてくれたように、あなたに与えられた選択肢はブランドになるか、汎用品になるか、二つに一つだ。ブランドになるためには、自分の顧客と人間関係を築かなければいけない。右に挙げたようなグループ、アーチストは「顧客」とすばらしい人間関係を保っていた。ライセンスを扱うエージェントたちは、ファンと、彼らが愛するミュージシャンとの間の人間関係の一部になるチャンスを、私たちに提供してくれた。

ピンクフロイドの関係者との最初のミーティング、そして、その後のほかのバンド関係者とのミーティングは、世界規模のロックンロール市場へ参入するチャンスを私たちに与え、リッパーズを救った。それはまるで、まったく新しいビジネスの世界、その存在すら私が知らなかった世界に通じるドアが開かれたようだった。リッパーズが救われたのは、ロックンロールの世界で最もパワフルないくつかのブランドとつながりを持ったからにほかならない。

■バンドと共に

一九八二年までに、リッパーズの名前は私の口にのぼらなくなっていた。つまり、「はじめまして。リッパーズのロバート・キヨサキです」と言う代わりに、「ザ・ポリスとその公式グッズの代理店の者です」とだけ言うようになった。ロバート・キヨサキが何者か、リッパーズが何なのか、知っている人はいなかったが、超人気ロックバンド、ザ・ポリスのことはみんなが知っていた。実際のところ、一九八四年、キムと付き合い始めたばかりの頃、デートに誘うのに利用した場所の一つはポリスのコンサート会場だった。「ポリスのコンサートのバックステージに入れるＶＩＰ用のパスを持っているんだけど、一緒に行かないかい？」そんなふうにキムに声をかけるのはちょっと気持ちがよかった。つまり、ブランドの威力は、のちに私の妻となる美しい女性とのデートの約束を取り付けることにさえ役立った。確かに、キムはもしかするとただスティングに会いたかっただけかもしれない。でも、それをアレンジしたのは私だったから、あのバンドのかっこよさが、多少なりとも私に乗り移っていたに違いない。

■真のブランドの持つ力

リッパーズはサーフィンとスポーツグッズの業界で活動を開始したが、困ったことに、この業界はまもなく、リッパーズと同じような製品であふれかえるようになった。どの製品も汎用品ばかりで、ブランド・リーダーとなるような目立った商品はなかった。汎用品の場合、問題は価格だ。私たちの製品の競争相手は、私たちとまったく同じ汎用品だったから、小売業者たちは価格の面で容赦なく私たちを叩いた。同じものをほかから安く買えるとしたら、わざわざ高い値段でうちから買う必要はない。

ロックンロールビジネスに参入してブランドを使って商売を始めると、みんな私たちの言い値で買ってくれた。どの店も聞くことはただ一つ、「製品をどれくらい短期間で納入できるか」ということだった。ピンクフロイドは商品のライセンスを誰彼となく与えていたわけではなかった。だから、ピンクフロイドというブランドを冠した製品は、そうではない製品よりも価値があった。

超大物ロックバンドのライセンシーになったことで、私たちは巨大な世界市場での専売権を与えられた。唯一の競争相手はブランドの違法コピー商品を売る人間たち、コンサート会場の出口のすぐ外で待ち構え、会場から出てくるロックファンに、正式なライセンスを得ていないコピー製品を売りさばく卑劣な犯罪者たちだった。このようなけちな違法コピー屋たちは、私に偽のロレックスを売った連中と同類だった。彼らは、会場の警備員に見つかって追い払われる前にわずかなお金を稼ごうと、背後を何度も振り返りながらコピー商品を売る。ほかの犯罪者同様、彼らもいつつかまるかと、いつもびくびくしている。

私の会社は、違法コピー屋がそんなことをしている同じ時間に、正式にライセンスを与えられたロックンロールグッズをコンサート会場の中で売っていた。私たちはまた、世界中の楽器店、デパートでも売った。正式に商標使用権を与えられていたから、私たちのビジネスは合法で、違法コピー屋とはまったく違っていた。以前に五ドルのロレックスのおかげで学んだ大事な教えがこの時私の中に戻ってきて、合法的であること、法律に従うこと、そして真のブランドの力を利用することの重要性を教えてくれた。

■お金だけの問題ではない

いろいろなロックバンドと仕事をしたおかげで、バンドと彼らが作る音楽、そして彼らの「顧客」との間に存在する関係について深い洞察を得ることができた。それは単にお金の移動を伴う売買取引ではなく、本当の「絆」だった。バンドが顧客と真の絆を保っていたから、彼らの名前を使用する許可を正式に受けた製品を売るのは簡単だった。それどころか、私たちにはセールスのための努力はまったく不要だった。なぜなら、何もしなくてもみんなどんどん買ってくれたからだ。コンサート会場でファンたちは、バンドの名前がついているものなら何でもいいから買おうと行列した。実際のところ、「行列した」というのは正確な表現ではない。サメの群れに餌を投げ込んだところを想像してほしい。ファンたちは私たちが製品を売るテーブルに殺到してきた。クレジットカードを振りかざしたり、お金の束を私たちに手渡し、「これ一つとあれ二つ、それからそれ、それはもう残っていないのか?」などと叫んだ。彼らはピンクフロイドやデュラン・デュラン、ザ・ポリスなど、お気に入りのアーチストたちの一部を自分と一緒に持って帰りたいと思っていた。バンドの名前のついた「ブランド製品」を、そして、それ以上にバンドそのものを、自分の生活の一部にしたいと願っていたのだ。

それぞれのバンドには異なる種類の顧客がついていた。バンドは自分たちの顧客に対して誠実である必要があった。たとえば、デュラン・デュランのファンはジューダス・プリースト、ヴァン・ヘイレン、あるいはボーイ・ジョージのファンとは違う「人種」だった。服装も違うし、使う言葉も違った。単純に言って、行動の仕方も違ったし、おそらくは個人的な意見も違っていた。バンドが自分たち自身、自分たちの音楽、あるいはファンに対して誠実であることをやめると、私たちのビジネスはすぐに影響を受けて売上げが落ち込んだ。グッズを売るのがむずかしくなり、利益が減った。ファンの期待を裏切るようなアルバムを出すと、私たちにはそれがすぐわかった。次に発売する製品でそのバンドが元の路線に戻る、つまり、ファンが求めるようなヒットソングを発表すると、私たちの収益も上がった。これは市場がフィードバックを与えるというい い例だ!

当時私が個人的に好きだったバンドの一つは、女性ばかりのザ・ゴーゴーズというバンドだった。私は彼女たちの音楽も、セクシーさも、そしてファンたちのことも好きだった。問題はファンたちがうちの製品を買ってくれなかったことだ。製品はティーンエージャーの男の子と、もう少し年上の青年たちを対象に作られていた。私たちの顧客の中で、ゴーゴーズのロゴだけがついた製品を身に着けようと思うほど成熟した男はごく少数だったからだ。私は個人的にはバンドもその音楽もとても好きだったが、公式グッズを売るアイディアはあきらめざるを得なかった。

■ロックンロールの終焉

一九八四年には、私とロックンロールとの「恋愛関係」は終わりかけていた。ロックンロール自体はまだ大好きだったが、その世界でビジネスをすることに疲れていた。私の中の何かが変わり始めていた。私はせわしない気持ちになり、時にはイライラして、前より短気になっていた。ブランドの持つ力についての最初の教えは、すでに私の中に叩き込まれていた。次に進む時が来ていた。

会社の製品を製造していた韓国と台湾の工場を訪れた時、私の中の何かがプツンと切れた。すべてがはっきりと見えてきて、私にはもうそれ以上続けられなかった。その工場では、年若い少年少女が、暑く、じめじめした「搾取工場」で働いていた。そこで彼らは、私をどんどん金持ちにする一方、彼ら自身の健康を奪い続けるロックンロールグッズを製造していたのだ。

搾取工場の経営者は、ごく普通のサイズの部屋を上下に仕切り、床をもう一つ増やしていた。つまり、普通なら天井まで八フィート（約二・四メートル）ほどあるはずなのに、その半分のおよそ高さ四フィートの空間で、少年少女たちはしゃがんで働かなければならなかった。彼らは背中を丸め、顔からわずか数インチのところにある布とインクから発生する毒性を持った煙を吸いながら、シルクスクリーン手法でバンドのロゴを印刷していた。その煙は西洋諸国の若者たちが「ハイ」になるために鼻から吸う接着剤やスプレー染料よりも体に悪かった。工場の子供たちはそんな煙に一日八時間から十時間、毎日さらされていた。

別の部屋では、少女たちが何列にもなってずらりと並び、布を縫って帽子や財布などのロックバンドのグッズを作っていた。工場の経営者が、セックスをしたければどの女の子でも選び放題だと私にそれとなく匂わせるようなことを言った時、私の中で音楽が死んだ。製造ビジネスにはもう一切関わるまいと思った。

わずかな給料のために命を犠牲にしている大勢の子供たちを見た時、私はこう自問した。「私はここで何かいいことをしているのか？　私の製品は何か人のためになっているのか？　私の製品は世の中をよくするのに役立っているのか？　私の製品は人のためになる価値を世の中に与えているのか？」これらの質問に対する答えはすぐには出てこなかった。その時私は、自分自身の中にその答えがあることを知った。

自分が本当に何を体現したいと思っているか、それを探すべき時が来たことが、私にはよくわかった。自分が本当に気にかけていること、その役に立ちたいと思っていることが何か見つける時が来ていた。自分が何者で、自分の人生を生きるに値するものにするのは何か、それを見つける時が来ていたのだ。

一九八四年十二月、キムと私はスーツケース二つだけを手にしてハワイをあとにした。私たちが目指していたのは、カリフォルニア州サンディエゴに移り、「教師」としての生活を始めようとした。私たちが目指していたのは、あの搾取工場にいた子供たちのような、雇われる側の人間ではなく、起業家になることを人々に教えることだった。私たちは従来型の学校システムの外で教師になろうとしていた。このことは、政府からのサポートも、正式な教師としての信用も与えられないことを意味した。そもそも、従来型の学校は私たちとは関わりを持ちたいと思うはずもなかった。私たちはいい仕事をして、「学生たち」に彼らの求めるものを与えることで、自ら築く評判に頼るしかなかった。もしいい仕事をすれば、学生たちが口コミでマーケティングをしてくれるはずだ。もし私たちにその力がなければ、マーケティングしてくれる人はなく、従って収入もないということだった。

一九八五年は私たちの人生で最悪の年だった。あの年、私たちの魂と夢と人生設計は大きな試練に遭遇した。キムと私が新たに立ち上げた教育会社からいくらかでもやっとお金が得られるようになったのは、この年の十二月になってからだった。一九八四年十二月から一九八五年の十二月まで、私たちはほとんど無一文の状態で生き延びた。一日一日をなんとかしのぐ状態だった。今の私にわかっているのは、あの時、私たちは信念に基づいて生きていたということだけだ。いつも、いよいよ最後の土壇場になると何かいいことが起きて、細々と生計を立てながらではあったが先に進み続けることができた。

今あの頃のことを振り返ってみると、本当に私たちの信念が試されていたのだと思う。神様、あるいは誰であれ何であれ、この世界を動かしている何かが、私たちが本来あるべき姿になりたいと本当に固く決意しているかどうか、確かめようとしていたのだと思う。言い換えると、神様は私たちが信頼に値するかどうか試していた。私たちが自分たちの「ブランド」に忠実でいられるか、あるいは、困難にぶつかったら——お金がなくなったら——さっさとあきらめてしまうか、見極めようとしていたのだ。

起業家たちに関する話を読むとわかるが、彼らのうち多くは同じような試練の時、苦難の時期、信念が試される時を乗り越えて来ている。ブランドが生まれるのは、このような信念の試練を通してだと私は信じている。

マイクロソフトの創業者ビル・ゲイツは、同社が独占禁止法に違反しているかどうかをアメリカ政府が問題にした時、この試練に遭った。スティーブ・ジョブズは自分が創業したアップル社からクビにされた時に試された。ジョブズの代わりにCEOになったのはもっと会社志向の人物だったが、この人物はアップル社をもう少しでつぶすところだった。ジョブズが戻った時、会社としてのアップルも、そのブランドも勢いを取り戻した。フェイスブックの創業者マーク・ザッカーバーグが大きな試練にぶつかったのは、映画『ソーシャル・ネットワーク』が、フェイスブックのアイディアは彼が盗んだものだと示唆した時だ。彼がアイディアを盗んだのかどうか、その真偽のほどはわからないが、自分のビジネスを誰かから盗んだものだと言われるのが楽なことではないのはよくわかる。それはその人がどんなに金持ちだろうが同じだ。

■四百万ドルの試練

二〇〇〇年、オプラの番組に出演したあと、投資信託を売っている大手会社から電話がかかってきた。自分のところの商品を宣伝してくれないかという申し出だった。私は、リッチダッドというブランドと投資信託とは合わないと言って丁重に断った。私の返事を聞くと、その会社のエージェントは次のように言って、私の信念を試した。「もし当社の投資信託を宣伝してくれれば、四年間で四百万ドル差し上げる用意があります」

確かに、年に百万ドルを四年間もらえるというのはかなり魅力的な話だったが、私は申し出を断った。投資信託を宣伝するのは、私のブランドに忠実であることに反するし、リッチダッドの教えを信じる人々に対しても誠実さを欠く。

もしあの時、投資信託会社の商品を宣伝していたら、私は読者に対する裏切り者、信義に背く者、年に百万ドルもらうためなら何でもやる、自分の会社や自分の魂までも売る人間だと思われていただろう。たとえ他人の目にどう映ろうと、私自身の心の目にはそう映っていたに違いない。それは、あの偽物のロレックスをまた身に着けるようなものだ。

■試練は決して終わらない

リッチダッドというブランドは何度も試練に遭っている。最初の試練は『金持ち父さん　貧乏父さん』が初めて出版された時に訪れた。あの本の中で私は「持ち家は資産ではない」という主張を発表した。それを読んだあと、多くの不動産エージェントが季節のあいさつのカードを送ってくるのをやめた。いやがらせのメールも受け取ったし、「自分が何を言っているかまったくわかっていない」とメディアでたたかれた。多くの金融の専門家が私を「食わせ者」と呼んだ。今、何百万という人たちが持ち家を失ったり、持ち家の価値以上の借金を抱えて苦しんでいる。残念なことに、今の世の中は、自分の持ち家が資産ではないことを思い知らされた人であふれている。

私が「持ち家は資産ではない」と言ったのは、世間の歓心を買うためではない。私は選挙民の票を集めることばかり考えている政治家ではないし、あなたに家を売ろうとしている不動産エージェントでもない。私があのように主張したのは、ブランドに忠実であろうとしたから、ありのままの自分に忠実であろうとしたからだ。私はファイナンシャル教育（お金に関する教育）に携わる人間だ。だから、あなたに資産と負債の違いを知ってもらいたい。負債を買う前に資産を買えば、好きなだけ大きな家に住むことができる。

次の試練は『金持ち父さんの予言』を出版した二〇〇二年に訪れた。この本の中で私は、史上最大の株式市場の暴落が近づいていると予測した。また、投資信託業界がその暴落の原因になると私が考える理由、何百万人もの投資家が投資からの利益をあてにして引退することができなくなると私が思う理由も取り上げた。『予言』が世に出ると、投資信託の広告で利益を上げている各種出版物が私を付け狙い始めた。金融関係の雑誌の一つ、スマート・マネーは、アトランタの超大型教会でのイベントの記事を書くために記者を送ってきた。その若い女性記者は二日にわたるイベントの間、ずっと会場に張り付いていた。数か月後、彼女は記事の中で、私がアトランタの貧民地区にあるアフリカ系アメリカ人たちの教会に出かけて、貧乏人からお金を巻き上げたと書いた。この記者は、あの週末、私が三十八万五千ドル以上の資金を集め、それをすべて教会に寄付したことを知っていた。それにもかかわらず、そういう記事を書いたのだ。あの時、私は旅費ももらわなかったし、製品を売って得たお金も自分の懐には入れなかった。スマート・マネーに記事が載った時、私は、投資信託会社から四百万ドルと引き換えに商品の宣伝をしてくれと頼まれた話を承諾しなくてよかったと、改めて思った。

みなさんもご存じのように、金融関係のサービス業界は現在の金融危機の陰で動き回り、そこから利益を得ていて、とても強力な力を持っている。この業界は自分が犯した間違いから自らを救い、自らの不正行為を隠蔽するために、納税者のお金を利用するだけの力を持っている。彼らは遠くまで、広い範囲に伸びる「腕」を持っている。あなたが軽い気持ちで付き合いたいと思うような種類の人間たちではない。ありがたいことに、私は金銭的に生き延びるために投資信託に頼る必要がない。投資信託を買うか、偽のロレックスを買うか選択を迫られたとしたら、偽のロレックスを買うほうがましだ。

二〇〇六年、ドナルドと私は最初の共著書『あなたに金持ちになってほしい』を出版した。私たちがこの本を書いた理由は、二人共、アメリカの中流階級の崩壊について懸念を持っているからだ。この本の中で私たちは、悪い投資と、アメリカ政府の政策の間違いが多くの人々の生活を破壊していると書いた。また、迫りくる経済危機についてや、その犠牲者にならないために何ができるかについても書いた。そのほかに、何百万人という人々の生活を一層苦しいものにしているインフレーションの問題を取り上げ、この経済危機から抜け出す一つの方法として、「ファイナンシャル教育」という考え方を支持していることを表明した。

この時も、金融関係のサービスを提供する業界が、私たち二人を槍玉に挙げた。今回は、ウォールストリート・ジャーナル紙だった。次にその記事の一部をそのまま引用する。

「よく注意してほしい。これはとても気をそそられる内容だ。だが、まだあわてて投資信託を売り払ってはいけない」

この文は、大部分のアメリカ人の引退後の生活費をまかなうのに、投資信託がなぜ適切でないか、その理由を述べたドナルドと私の意見に対するコメントだった。同紙がこの記事を発表したのは二〇〇六年の十月十一日のことで、心配することなど何もないと信じているような論調だった。一年後、株式市場は急落を始めた。私は今も、これが最後の急落ではないと予測している。

二〇〇八年三月十八日、私はウォルフ・ブリッツァーがアンカーを担当するCNNの番組に出演した。彼は金融危機が収束したかどうか知りたがった。彼が私に言ってほしいと思っていたのは、「大丈夫です。最悪の状況は終わりました」という言葉だったかもしれないが、私はそうは言わずに、リーマンブラザーズが大きな問題を抱えているという内容の予測をした。二〇〇八年九月十五日、リーマンブラザーズは破産宣言をした。史上最大規模の破産だった。

■自分に忠実であれ

私が個人的に金融サービス業界から受けた試練についてここでお話ししたのは、みなさんも自分に忠実でいてほしいと言いたかったからだ。私にとって、投資信託を推薦してくれれば四百万ドル払うという話を断るのは簡単ではなかった。「持ち家は資産ではない」と言うことも、史上最大の株式市場暴落を予測することも、ドナルドと一緒に、政府と金融業界の無能のせいで中流階級が消されようとしていると指摘することも、国際的なテレビ番組で金融危機はまだ終わっていない、リーマンブラザーズは崩壊しつつあると予測することも、容易なことではなかった。

もし私があのような発言をしなかったら、あるいは実際にしたようなことをもしやっていなかったら、私は自分自身、あるいは自分のブランドに忠実ではないことになっていただろう。ドナルドが自分のブランドに忠実であることは一目瞭然だ。ニューヨークのフィフス・アベニューにある彼のオフィスに足を踏み入れればすぐわかる。オフィスそのものが彼のブランドだ。彼は自分が何者か、何を体現しているか堂々と表明する。そのための言い訳も説明もしない。あなたもそうあるべきだ。

大部分の起業家が自分のビジネスをブランドに成長させられない理由の一つは、彼らにとってお金のほうがブランドより大事だからだ。たいていの起業家は相手が聞きたがっていることなら何でも言う。そうすれば、相手が好意を持ってくれて、もしかしたら自分の提供する製品やサービスを買ってくれるかもしれないからだ。

ブランドになるには勇気が必要だ。自分が信じるもの――たとえそれが大衆受けするものではなくても――を背負って立つには勇気が必要だ。ブランドになりたかったら、八方美人でいることはできない。

■海兵隊に入隊する

一九六〇年の終わり頃、合衆国軍はベトナム戦争に送り出すパイロットを必要としていた。陸海空軍が新しいパイロット候補生を集めるために、三軍合同のリクルート会を開くという話が耳に入ってきた。私は三人の友人と共に、ニューヨーク州ロングアイランドで行われた大きなその会合に出かけ、それぞれの軍隊が、「わが軍こそきみたちが入隊すべき隊だ」と熱弁をふるうのに耳を傾けた。

最初に説明を始めたのは空軍のパイロットだった。彼は大学卒業を控えた数百人の若者に向かって、空軍が最高のトレーニング、最高の航空機を兵士に与えているのはなぜか、その理由を述べ立てた。また、ゴルフコースやスイミングプールが付属した美しい空軍基地の写真も見せた。私はパイロットのトレーニングの紹介ではなく、新しいリゾート開発のプレゼンテーションを聞いているような気分になった。

次は海軍のパイロットだった。彼は航空母艦から飛び立つのがどんなにエキサイティングなことか熱心に語った。確かにアドレナリンのレベルはとても高そうだった。

陸軍のパイロットはベトナムで、スカイ・クレーンのような輸送用大型ヘリコプター、そのほかの航空機を飛ばすことについて話をした。そして、巨大なスカイ・クレーンが戦場からタンクを引き上げている写真を見せた。

沿岸警備隊のパイロットは、自分のヘリコプターを使って、海で人命救助をした時の経験談を披露してくれた。そして、沈みかけているヨットから、沿岸警備隊のヘリコプターに引き上げられる人々の写真を見せた。

最後は海兵隊のパイロットだった。彼は立ち上がると、ただこう言った。「よく聞いてくれ。人の命を助けたかったら沿岸警備隊に入隊しろ。人を殺したかったら海兵隊に入隊しろ」彼は一枚の写真も見せることなく、マイクの前から離れた。

三年後、私はベトナムでの最初の戦闘任務を帯びて、空母から離陸する海兵隊のガンシップの操縦席に座っていた。海兵隊は、前身の大陸海兵隊設立の一七七五年以来、「ブランド」としての約束を守り続けていた。

■ロレックスと海兵隊

では、偽のロレックスと海兵隊の話は、ブランドの持つ力と一体どう関係しているのだろうか？

この質問に対する答えはこうだ——あらゆる点で関係している。

金持ち父さんが偽のロレックスを踏みつぶした時、私はブランドのコピー商品を作るのではなく、ブランドについて学ぶ方向に足を踏み出した。そして、それまでの自分の生活がブランドにどれほど大きな影響を受けてきたか自覚し始めた。自分がハーレーダビッドソンのオートバイやフェラーリ、ポルシェ、ベントレーといった車に乗る理由や、ブルックス・ブラザーズよりプラダを好む理由がわかってきた。また、沿岸警備隊や空軍ではなく海兵隊を選んだ理由、偽のロレックスや偽のラルフ・ローレンのポロシャツを二度と身に着けないと心に決めた理由もわかった。

ブランドは、私たちみんなの中に存在する「その人そのもの」に語りかける。つまり、その人なりの個性を持った人間、それぞれに違っていて、偽物ではない本物の人間に語りかける。もし私が他人のブランドを盗んだとしたら、私の中の違法コピー屋が私自身を代表するブランドになってしまう。

今、リッチダッドは国際的なブランドだ。この会社は製造工場も教室も持っていない。リッチダッドは一つのブランド、つまり、私が求めるものと同じものを求める個人が集まった、いわば一つの特定のコミュニティに語りかけるブランドだ。

■約束を守る

ドナルド・トランプは自分自身と自分のブランドに忠実だ。トランプというブランドがこれほど大きな価値を持っているのはそれだからだ。トランプという名を冠した建物は、その名前のおかげで少なくとも四十パーセント、あるいは五十パーセント価値を増す。

トランプとリッチダッド、この二つのブランドは共存できる。なぜならどちらの会社も、超大金持ちだけでなく、進んで学ぼうという気持ちのあるすべての人の生活の質の向上のためにファイナンシャル教育が大きく役立つと信じているからだ。

ブランドはただの名前ではない。それ以上の意味がある。真のブランドはコピーすることはできない。なぜなら真のブランドは単なる製品以上のものだからだ。ブランドは「約束」だ。それを作り上げた起業家の物理的な実体、頭脳、そして精神を反映するものだ。

前にも言ったが、次のことをよく覚えておいてほしい。あなたはすべての人々にいい顔をすることはできない。つまり、すべての人を幸せにすることはできない。だから、自分を幸せにするよう努力するのがいい。自分がユニークな存在であること、他人と違っていること、自分がほしいと思うものを他人にも与える努力をしていること、そして、自分がこの地上に生を受けた理由を実現する、つまり自分の使命を成し遂げようと努力していることを幸せに感じられるように努力しよう。

あなたも約束を守り、自分がほしいものを人々に与え続ければ、ビジネスをブランドにまで成長させるごく少数の起業家の仲間入りができるかもしれない。

名前に何の意味があろうか？（ドナルド・トランプ）

私が不動産開発の仕事を始めた時、父の名前はニューヨーク市のほぼ全域に知れ渡っていたが、マンハッタンではまだそれほど知られていなかった。父はずっと宅地開発を手がけていて、大きな成功を収めていた。若い頃から建物の建設に興味を持っていた父が大工仕事のクラスをとったのは、十代半ばのことだった。十六歳の時、父は最初の「建造物」を完成させた。簡単な構造の、車が二台入るガレージだった。次に父は五十ドルでプレハブのガレージを建てるビジネスを起こした。このビジネスはとてもうまくいった。一年後、ハイスクールを卒業した父は初めてのマイホームを建てた。その後、手頃な値段でレンガ造りの家を建て始め、短期間で多くの仕事を手がけるようになった。そして、「トランプ」という名前は低価格で高品質の家造りをすることで知られるようになった。

父の評判には実質が伴っていた。私にとって父は、どのような品質を目指すべきか、そしてそれをどのようにして達成するか――詳細に徹底的にこだわり、あらゆるレベルで誠実さを目指すことによって達成する――を示す手本だった。私はビジネスを始めた初期の時代に父と共に働いた。その時に学んだそれらの教えは一日たりとも忘れたことはない。父は毎日働き、週末にはその進行状態をチェックするために、私たちを連れて現場に出向いた。大工としての訓練を受けていた父は、できのいい仕事と、並みの仕事との違いを見分けることができた。そして、その細かい違いを私たちに指摘してみせるのが常だった。父が私に言った「自分がしていることについて、できる限りすべてを知るようにしろ」という言葉は、経験に基づく言葉だった。

ブランドは起業家の評判をそのまま表す。父はそのことをよく知っていた。ロバートは、真のブランドは製品以上のものだと言っているが、まったくその通りだ。真のブランドは約束だ。今、世界中どこでも、トランプというブランドは最高品質の基準を満たしていることを表す。それが、私たちが守るために努力している約束だ――父がかつてそうしたのとまったく同様に。ロバートが自分で納得のいく製品を生み出すまでには、多くの苦労があり、時間もかかった。彼は自分でできる範囲で最高の製品を提供しようと試み、それを達成する過程で常に誠実さを失わなかった。

ブランド作りの私の訓練は父と共に働くことで始まったが、その経験をもとに私は先に進み、トランプの名をまずマンハッタンで、そして次には全国で、さらに世界中で確立していった。ロバートにいろいろなアドバイスをしてくれた金持ち父さんがいたように、私には「よき師」として父フレッド・C・トランプがいた。父はよく、自分がしていることを愛することがどんなに大事か力説した。それができなければ、成功はまず望めない。父はまたとても効率よく仕事をする人だった。父が私に教えてくれた「成功するための四段階方式」とは次のようなものだ。

1. 着手する
2. 仕事をする
3. きちんと仕上げる
4. 撤退する

父はこの通りに仕事をした。ビジネスに対する父の総合的アプローチはその後もずっと私の中に生きている。仕事を始めたばかりのあの頃、父と共に働き、実際に仕事をする父の姿を見たことは、私にとってすばらしい教育だった。実際のところ、これ以上は望めないほどのすばらしい教育だった。これは、いい手本を持つことが学習のための最適の方法であることを見事に証明している。私が自分の会社で手本を示そうと試みるのもこのためだ。人々は話を聞くことによってだけでなく、見ることによっても学ぶ。

今、トランプというブランドは、世界中どこでも最高の品質を象徴するブランドとして、しっかりと確立している。トランプという名は、人々の心の中で高い品質と結びついている。これはたまたまそうなったわけではない。私たちが仕事をするようになった最初の時からの意識的な決定によるもので、私たちは今も毎日そのために努力している。

たとえば、新しいプロジェクトに取りかかる時、私たちは独自のリサーチをする。スコットランドでは、砂丘を調査するために地形学者を雇うだけでなく、地元の野生生物を守るために計画に大きな改善を加えた。つまり、カワウソのための三か所の人工雑木林設置を初め、アナグマの保護、鳥たちのための新しい生息地、鳥やコウモリのための巣箱などの設置、新しい沼地の造成、植物や動物の移植や移転、砂丘に新設した沼地の生息地を維持するための種の採集などを行った。今挙げたのは、最高の品質を提供するために私たちがどれほど総合的でなければならなかったかを示す例のほんの一部にすぎない。このプロジェクトの場合、最高の品質とは、環境的な配慮を充分にすることを意味していた。沼地を渡り歩く鳥たちからユリカモメまで、私たちにとって重要でないものは一つとしてなかった。

これは確かにその通りだ——最良であるためには、絶え間なく注意を払い、気が付いたことを見逃さずに実行に移さなければいけない。へまをすれば、すぐに新聞沙汰になる。私自身がマスコミの興味の対象であるというのは事実だ。おかげで、私の名前が日常的に人々の話題に上る。マスコミは常に何かしら私について書く。私と私の周りにいる人たちがすべき仕事は、自分たちが作り上げる「製品」を通して発信されるメッセージが、常に高い品質に見合ったものであるようにすることだ。

『ジ・アプレンティス』もまた、トランプというブランドの知名度を上げてくれた。この番組のおかげで、私たちが不動産開発のプロジェクトを進めていない国々でもトランプの名が知られるようになった。私はよい意味でも悪い意味でも世間の注目を浴びているが、これは「有名税」のようなものだ。自分が常に注目されていることを受け入れ、うまくそれと付き合っていかなければならない。もし成功しなかったら、はじめから注目の的になることもないのだから。いずれにしてもしばらくすると、それが髪型のことであれ、新しく開発したビルのことであれ、批判にさらされても平気でいられるようになる。起業家として大きな成功を収めた人は、みんな批判と詮索の的になる。「あら探し屋」がすぐに姿を現して、あなたがすることすべて、しないでいることすべてに関して、あれこれ言う。だから、覚悟をしておこう。注目の的になることに伴うプラスの面は、あなたの名前が人々によりなじみのあるものになること、そして、あなたのブランドがより堅固な土台の上に確立されることだ。もちろんこれは、あなたが高品質の製品を提供していればの話だ。

私はマスコミとの経験を通して、自分に忠実であるということは、とてもしっかりした土台をもとに行動することを意味し、そうすることにより、自分を否定しようとするいかなるマイナス要因をも超える大きな力を得ることができると気が付いた。このことは繰り返して言うだけの価値があると思うので、もう一度言っておく——自分に忠実であれ！

ロバートは偽のロレックスを例に挙げていたが、それを読んで私は、『ジ・アプレンティス』の成功のあとを追って次々と登場した同様の番組のことを思い出した。何かが成功すると、必ずそれを真似するものが出てくる。その覚悟はしておいた方がいい。『ジ・アプレンティス』の場合、コピー番組はどれ一つとして成功しなかった。『ジ・アプレンティス』は私たちにとって、つまりトランプというブランドにとってはとても効果的な一つの方式だったが、理由は何であれ、ほかの番組の制作の先頭に立った人間たちには効き目がなかった。私には、『ジ・アプレンティス』のやり方全体が、ほかのコピー番組に関わった人々が大衆に与えた自らのイメージと合わなかったように思える。あの方式は彼らのブランドには合わなかったということだ。それに、当然ながら、あの番組のコンセプトはすでに実現済みのコンセプトだった。ほかの番組は、自らのブランドを確立できるだけの違いをそこに持たせることができなかった。一方、『ジ・アプレンティス』は、トランプというブランドとトランプ・オーガニゼーションを念頭に開発され、あらゆる意味で私たち自身が番組の舞台裏でそれを支えていた。そして、そのことが番組を、簡単には壊せない堅固なものにしていた。『ジ・アプレンティス』を収録する時、私たちのチームは組織として完璧にまとまっていただけでなく、創造性や意外性を喜んで受け入れる用意があった。脚本なしの番組のすばらしさはここにある。あらかじめ予測し得たことは唯一、チーム――私たちの側だけでなくマーク・バーネットの側のチームも含めて――のプロフェッショナル精神だけだった。

まだ番組が始まって間もない頃、会議室でのミーティングで数人の出演者の間で口論が始まり、すでに現場から離れていたチームを呼び戻さなくてはならなくなったことがある。正直なところ、何が問題だったのかは思い出せないが、ともかくそのまま放っておくことはできなかった。何とか解決する必要があり、そのために数時間かかった。もちろんテレビ放映の際にはこの部分は編集され、ほんの数分にまでカットされたが、実際のところとても長い経過があった。でも、その問題を解決せずに先に進むわけにはいかなかったので、充分時間をかけた。私にしてみれば、できることならさっさと家に帰って夕食をとりたかったが、状況を無視するわけにはいかなかった。結局、混乱を収拾するために、番組担当者たちだけでなくみんながそこに残り、自分の仕事を黙々とやり続けた。私たちは自分たちがやることすべて、充分に注意を払ってやる。つまり、実際に起きたことに忠実に、そして番組の目的に忠実に番組作りをすると同時に、そこに娯楽性を持たせなければいけないという理解を持ってすべてをやる。この番組に関して批判めいたことを言う人たちがわかっていないのは、教育的な目的が込められている点だ。ほかにたくさんあるリアリティ番組に共通して欠けているのもこの点だ。私たちの番組にとって教育はとても大事な中心的要素であり、これからもそうあり続けるだろう。私たちのところへは、この番組をビジネス教育の教材として使っている学校から、たくさんの手紙が寄せられている。

■使命を帯びて

私はよく、トランプ・オーガニゼーションを立ち上げた時、何か目指す使命を持っていたかどうか聞かれる。それが使命と呼べるかどうかはわからないが、当時、会社運営の基本となる、しっかりした考えを持ちたいと思っていたのは事実だ。そのことが成功を左右する大きな要因となることはわかっていた。なぜなら、それがあってこそ、自分が最も効果的に仕事ができるとわかっていたからだ。会社を立ち上げたばかりの初期の頃、私が「企業理念」のようなものを書いたとしたら、それは次のような簡潔明瞭なものになっただろう――「あらゆる点で最高を目指す」。これは建物、テレビ番組、ゴルフコース、私が手がけるものすべてにあてはまる使命だ。私の個人的なゴールであり、フォーカスの対象でもある。この目的の達成には、日常的なすべての業務をそれに沿ってこなす必要がある。

ブランドを支えるしっかりした土台を持つこと――企業理念はそれを助けてくれる――が大事であるのと同様に、ブランドの周りを最高の人材で固めることもとても大事だ。ロバートとビジネスパートナーたちとの話を聞いた時、私は自分のパートナーたちのことだけでなく、従業員たちのことも思い出し、トランプというブランドが最高の品質を意味する言葉になるまでに、彼らがどんなに助けてくれたか考えさせられた。私は長年の経験を通して、ブランドを確立するためには、その周りにいる人間が普通以上に一致協力して働く必要があることを知った。一人の人間が長くそこに留まることもプラスになり得る。私の周りには三十年以上一緒に働いている人もいる。私の組織はブランドの成長と共に大きくなった。『ジ・アプレンティス』で有名な私の台詞「おまえはクビだ（You're fired.）」とは裏腹に、私は人をクビにするのがきらいだ。むしろ、ずっと長く雇っていたい。もちろんいい仕事をしてくれていることが条件だ。また、労働を貴ぶ精神、労働倫理も大事だ。なぜなら、ブランドを確立、維持する仕事には、終わりも切れ目もないからだ。私の周りには、自然と私と同じ労働倫理を持つ人たちが集まってくるような気がするので、その点では恵まれている。そういう人たちは、ブランドを汚すようなことは絶対にできないことを知っている。

ここで私が話していることに関連する例を一つ挙げよう。ある日、私が建てたビルの向かい側に住んでいる女性から会社に電話があった。ビルの玄関に立つドアマンのせいで頭がおかしくなりそうだという苦情だった。外を見るたびにドアマンが何かを磨いているが、それはやりすぎだし不必要だと言うのだ。私たちが作ったビルはどれもメンテナンスがいいことで定評がある。私たちは、この女性は自分がうちのビルに住んでいないから、ただ妬ましさからそんなことを言ってきたのだろうという結論に達した。私たちの作ったビルのドアマンやメンテナンス係は、自分の仕事の重要性をよく理解している。建物を完璧な状態に保つことは、ブランドの維持に必要不可欠であるばかりでなく、そこに住む住人やそこを訪れる客たちが私たちに期待していることでもある。それが気に障るという一人の人間のために、住人や訪問者の期待を裏切るつもりは私たちにはなかった。

今挙げたのはごく小さな例だが、ここで私が言いたい大切なことをよく表している。私たちのチームはすべて最善のものを提供するために、常により多くの努力を払う。私たちの不動産開発プロジェクトの中には、やらなくてもいいことがたくさん含まれているが、それでもなお、きちんと儲けを出している。たとえば、前に取り上げたロサンゼルスのゴルフ場の場合、申し分ないものにするためといっても、全コースのデザインをやり直す必要はなかった。海に向かって地すべりを起こしていたホールだけを直して、それでよしとすることもできた。また、スコットランドのゴルフ場の場合も、周りの環境にあれほど配慮する必要はなかったが、私たちはそうした。環境保護の観点から見て最低限のことをやればそれでも済んだが、私たちは最大限のことをした。私たちがそうするのは、それが「最善を提供する」ことだからだ。そして、それこそが私たちの姿、私たちのブランドだからだ。トランプ・オーガニゼーションで働く人はみんな、会社が高い基準を維持していること、そしてその実現に自分たちが役立っていることに誇りを持っている。

みんなが同じだけのやる気、忠誠心、そしてフォーカス力を持って仕事をすれば、どの方向へもスムーズに船が進む。確かに舵取りをしているのは私だが、一人一人が責任を持って仕事をすることをみんなに要求する。私は他人のお守りをするタイプの人間ではない。会社は大きく成長したが、中心となる哲学は同じだ。私たちには維持すべき「優秀さの基準」がある。何年も前のことだが、私の写真と「私は最高の人間たちとだけ仕事をする」という見出しのついた広告を出したことがある。私たちの会社では、みんな最善を尽くさなければいけない。それさえ理解していれば、何の問題も起きない。私は最善を尽くす。だからそれを人にも求める。ブランドに関わるすべての人に、優秀さの基準を満たすことを私が求めるもう一つの理由はこれだ。

もしあなたが今ブランドを作りつつあるか、作ることを考えているところだったら、ブランドのインテグリティ、つまりそれが目指す最高の基準は、説明不要の、自明のものでなければならないことをよく頭に入れておこう。ブランドのインテグリティははじめから明確にされなければいけない。たとえば、ロシア王室御用達の宝石商ファベルジェのイースターエッグの本物、あるいは世界最大のホープダイヤモンドを持っていたとしたら、実際のところ売込み口上を並べ立てる必要はない。そんなことをしたら、かえって本物かどうか疑う人が出てくるかもしれない。「売込み口上の品質検査」を厳しくしよう。必死になって売ろうとするのは決してうまくいかない。

私は仕事を始めたばかりの頃、すでに「最高のものだけ」という姿勢を持っていた。常にそういう心構えでいたし、それこそが人生で自分が目指すものだった。いい評判はお金では買えない。私は自分が、できる限り最高の方法で、できる限り短期間に自分のブランドを確立したいと思っていることを知っていた。古びたコモドール・ホテルを美しいグランド・ハイアット・ホテルへ変身させたおかげで、私は「いい仕事をする人間」として人に知られるようになった。一九八三年のトランプタワー建設は、その評判をさらに高めてくれた。トランプタワーに行ってみれば、今でも際立って美しいそのビルを目にすることができる。

ブランドを確立するのは、高層ビルを建設するのに似ている。建物の基礎が何より優先する。そして、ビルが大きければ大きいほど、基礎を地中深くまで到達させる必要がある。実際のところ、こんなふうに建設用語を使って考えると私にはわかりやすい。あなたは自分のブランドに関する設計図を持っているだろうか？　基礎は大きな建物を支えるのに充分なほど深く、しっかりしているだろうか？

何事も運を天に任せてはいけない。人は安心感を得たいと思っている。力のあるブランドは、それをみんなに与える。グッチを買う時、人は自分が最高のデザイン、最高の材質の製品を手に入れようとしていることを知っている。運を天に任せて買っているわけではない。トランプの名を冠するホテルに泊まる人は、最新の設備と最高のサービスを得られることを知っている。従業員の側から見ると、強力なブランドは誇りと安定の象徴だ。消費者から見ても同じことだ。ブランドはすばらしい製品を持つことの誇りと、品質に間違いないことへの安心を意味する。ロバートが言っているように、それをうしろから支えるすばらしい会社がなければ、ブランドの名前には何の意味もない。

■手本を示す

私は自分が手本を示していることを承知している。従業員やビジネスパートナーたちは、私が毎日どんなに一生懸命、長時間働いているか見ている。私が目指す基準がどんなものか知っている。私たちの会社の中でブランドが大きく育つことができるのはそのおかげだ。私たちは長いミーティングや、士気を高めるための「激励会」のようなものはやらない。なぜなら、普通そんなものは必要ないからだ。何か知りたいと思ったら、誰でも私のところにきて直接聞ける。私は「オープンドア」主義を掲げている。いつでも誰でも私に声をかけられるようにしている。なぜなら、そこで何が起きているか知っていたいからだ。人は私の時間が限られていることを知っている。だから、すばり簡潔に話すことを心得ている。私は仕事が速いから、まわりの人もそうしなければいけない。ここでのシステムは簡潔、かつ能率的なシステムだ。私の会社を訪れた人は、中心となるスタッフの人数が少ないことに驚く。仕事をやり遂げるためにすべての人間が参加、協力する。誰もが、自分の責任を果たすことによって、チームに尊敬を払っている。人間は報告責任を任せられたほうがよく働き、また、より大きな自信を持つようになることに私は気が付いた。その意味では、私は「教師」だと言える。私は人に挑戦すべき課題を与え、最善を尽くすように仕向けるのが好きだ。あなたも自分でブランドを確立しようとする時、このことを思い出すといい。なぜなら、人間というものは挑戦に応えて最善を尽くすだけでなく、誰かが自分の能力を信じてより多くの責任を与えてくれた時に湧き上がる自信に応える形でも最善を尽くす。決して仕事上の肩書きで人間を判断してはいけない。誰がどんな才能を持っているか、また持ち得るか、それがわかったらあなたはきっとびっくりする。私のところで働いている人たちは、仕事上の肩書きの範囲をはるかに超えた仕事をしている。

もう一つ、考えなければいけない重要なポイントは、たいていの場合、あなた自身がブランドを「代表する」ことになるという点だ。私は常に自分のブランドを代表している。そして、自分の努力の成果をみんなと分かち合うことを楽しんでいる。私はトランプ・オーガニゼーションとそれが手がけるプロジェクトの、いわばスポークスマンだが、この仕事は楽だ。なぜなら、私は自分がやっていることを本当にエキサイティングだと感じているし、自分のブランドが最高だということを知っているからだ。あなたが挑戦すべき課題は、あなたとあなたのブランドに関係することすべて、百パーセント何もかもが、そのブランドが象徴するものと完全に一致するように最善を尽くすことだ。私たちの会社の場合、ブランドが象徴するのは「最高であること」だ。私は、あなたの会社も含めてすべての会社が、何らかの形の「いい仕事」を象徴するブランドになりたいと願うのが当然だと思っている——そう願わないことのほうが私には信じられない。だから、次のことをしっかり心に留めておいてもらいたい。ブランドに関わるすべての人、すべてのものがあなた自身を表し、あなたの評判は常にそこにかかっている。評判を左右するのは、最低限の仕事以上のことをしようとするドアマンかもしれないし、あるいは反対に、そうしようとしない誰かかもしれない。人はとても厳しい批評家になり得る。状況によってはそれは当然だ。よいサービスを提供することは、私のブランドの中で重要な意味を持っている。私の顧客たちは最高のものを得るためにお金を払っている。だから、あらゆるレベルで最高のものを得られて当然だ。どんなに小さくても、何か間違いがあれば、それはあなたとあなたののブランドを反映するものとして受け止められる。間違いから学び、それが二度と起きないようにしよう。優秀の基準を保つためには、常にすべてに目を光らせていることが必要だ。

■自分のブランドと自分自身に忠実に

ロバートは自分のブランドと自分自身に忠実であれと言っているが、私も同感なのでロバートがそう言っているのはとてもうれしい。ロバートはまた、ブランドになりたかったら、八方美人ではいられないことを覚えておくように言っているが、これも正しいと思う。自分が何を象徴する人間として人に知られたいか、あなたはそれを決めなければいけない。そして、自分に忠実でなければいけない。まず自分を喜ばせなければいけない。誰もが聞いたことのある話だということは承知している。でも、そうでなかったら、ほかに一体どんな目的があるというのだろう？　ただし、よく覚えておいてほしい――前にも言ったように、誰もがあなたの考え方に賛成するわけではない。私のことを好きな人間はたくさんいるが、そうではない人間もたくさんいる。でも、それはそれでいい。なぜなら、私のブランドはしっかり確立しているし、私自身もそうだからだ。その価値をけなす人たちが否定的なことを言っても、世間に与えるプラスの印象のほうがはるかに大きいから、マイナスのコメントがあっても平気だ。もちろんそれが私のブランドや評判に傷をつける可能性のある時には、それを正す。その点で私が決して譲らないことを人はよく知っている。何かのことで私を追及しようとする人は、それを実行に移す前に、先のことをよく考える。なぜなら、それを実行したら反対に私が全力で彼らを追及することがわかっているからだ。ブランドを作り、それを守るためには、許容できる限界を定めなければいけない。

ロバートは自分がくぐり抜けてきた試練や、とても大変だった時期について話しているが、このことに関しても私は同感だ。ロバートが話しているような経験は必ずあなたもする。それは心しておこう。特に成功の度合が大きくなればなるほどその可能性も大きくなる。そして、状況はそれぞれに、その状況に合った対処法で処理されるべきだということも覚えておいてほしい。ブランドであり続けるためには、戦略家であると同時に、駆け引き上手な戦術家である必要がある。

何年も前の話だが、ニューヨーカー誌に私に関する記事が載った。私が「陰謀家」だというのがその記事の大筋だった。私はとても腹が立ち、文句を言うために編集部に電話をしようと思った。でも、すぐに、そんなことをしてもこの雑誌の売上げを伸ばすだけだと思い当たった。なぜなら、私がそうしたら、単なる出来の悪い記事で、数週間後にはみんなに忘れられてしまうはずのこの記事が、大きな話題になる手助けをすることになるからだ。ほかのマスコミが、この記事に書かれていることについて私のところに電話をかけてきた時には、長ったらしくて退屈な記事だったので最後まで読めなかったと答えることにした。この場合、何も反応しないことが一番効果的な反応だった。結局、その号が店頭から姿を消したあと、私は編集部宛てに手紙を書き、「長ったらしく退屈な例の記事」を私が喜んでいないこと、そして、ニューヨークニックスのバスケットの試合を放映するテレビ画面から目を放すのが惜しくてそれを読み終えることすらできなかったことを伝えた。そのほかに、これから二度と私にインタビューを申し込んで来たりしないように忠告をしておくのも忘れなかった。

ほかにも私が返事をする必要を感じた記事がある。この時私が送った手紙は、ニューヨーカー誌によって、「ニューヨーク・タイムズ・ブックレビュー」に送られたベスト・レター」に選ばれた。私はこの手紙の最後で、私に関してその月並みな記事を書いたライターたちが、いつの日かもっと意味のあるものを書いて私たちを驚かせてくれることを祈っていると書いた。何にでも限度はあり、時には、そつのない「タフさ」が効果を発揮する。

ロバートはまた、長年にわたる、さまざまなビジネスパートナーとの関係についても書いている。私が手がけるプロジェクトは大規模で、建設業者やデザイナー、建築家、施設の支配人、そのほかの一般スタッフなど多くの「パートナー」が関わってくる。ロバートも言っているように、自分に合った人材を選ぶことが大事だ。たとえば、ゴルフコースの設計を頼む場合、設計者は私と同じビジョンを持っていなければいけない。彼らに専門的な能力が必要なのはもちろんだが、もっと大事なのは、たがいにうまが合うことだ。そうでなければ多くの時間とお金が無駄になる。このことは、あなたが一緒に働くすべての人たち、どんなレベルの人たちにもあてはまる。

人生の今、この時点で、私はこれ以上お金を儲ける必要はない。自分の仕事が大好きだし、トランプというブランドをとても大事に思っているが、私はお金に動かされるタイプの人間ではない。私の周りに、長い人間関係を保っている相手がたくさんいるのはそのためだ。私は一緒に仕事をする相手を大事にするし、顧客のことも気にかける。ロバートも指摘しているように、もし相手のことを大事にしなければ、あなたが得るのは単なる売買取引で、人間関係ではない。これは評判を築く仕事の一部だ。ブランドを確立したいと思っている人は、それを始めたその瞬間から、よい評判を築くことを最優先に考えるべきだ。

たいていの人はもう知っていると思うが、私は歯に衣着せずに物を言う人間として、そして、時にはぶしつけな物言いをする人間としてよく知られている。実際のところ、もしそれが本当は正しくないことを言うことを意味するとしたら、いわゆる「政治的に正しい」物言いをすることに何の意味があるのか私にはわからない。私は思った通りのことを言う。そのせいで必ずしもいつも人に好かれるわけではないのはわかっている。でも、私には「偽物」のやり方はできない。だからと言って、私が理由もなく人とぶつかって、それで仕事の道を切り開いてきたというわけではない。

私はまた、腕のいい交渉人としても知られている。これは、自分と相手側、両方の立場を考え、どちらの側にとっても得になるような状況になるよう努力することを意味する。つまり、起業家として歩まなければならない道は、どちらにも偏らない、ぎりぎりのところでバランスのとれた非常に狭い道だということだ。

これは人生にも、あらゆる種類のビジネスにもあてはまる。私はいつも周囲の状況に充分注意を払うように努めている。

一つ例を挙げよう。私は金融街ウォールストリート四十番地にすばらしいビルを持っている。このビルはマンハッタンの南端、ロウアー・マンハッタンで一番背の高いビルで、とても美しい。購入を決めるまで、私はこの建物を何十年もながめてきた。購入した時の価格は百万ドルだった。動き出すのに適切なタイミングを私はじっと待った。そして今、この時の取引は、ニューヨークの不動産市場で、これまでで一番有利な取引の一つと言われている。でも、これは「一夜明けたら大金持ちになっていた」などという夢のような成功談とはわけが違う。私は長い間待った。

ある時、一九九〇年代初期にこのビルを買った複数のオーナーたちに、私とパートナーシップを組む気はないか聞いたが、彼らはウォールストリート四十番地をダウンタウンのトランプタワーにする――あの吹き抜け構造も含めて――ことにしか興味がなかった。七十二階建ての建物を支えるスチールの柱をどうするかという問題は、彼らの頭には浮かばなかったのだ。ビルの構造を考えると、地下からつながったスチールの支柱が必要で、吹き抜け構造のビルは不可能と思われた。私は彼らの話を聞いてびっくりすると同時に、希望を持ち始めた。なぜなら、彼らは明らかに充分な知識を持っていなかったからだ。

私が思った通り、三年後の一九九五年、オーナーたちはビルから手を引くことを考え始めた。そのことは私をとても有利な立場に立たせてくれた。彼らは何の異議も唱えずに、私が提案した条件を受け入れた。私はドイツに飛んで、借地権を持つウォルター・ヒンネンベルグに会い、その権利の見直しをした。そこには多くの細かいことが関わっていた。その一つは、ビルを居住用にするか（誰もがそのほうがいいとアドバイスしてくれた）、地の利を活かしてビジネスビルとして存続させるかという決定だった。私の直感は、ビジネス用のビルにするほうがいいと告げていた。そしてその通りにしたことが、結果としてすばらしい成功につながった。それに加えて、このビルは見た目にも美しく、先ほども言ったようにロウアー・マンハッタンで一番背の高いビルでもあった。私にはこのビルが、すばらしいビルを建てることで定評のあるトランプというブランドに、新たに名を連ねるのにふさわしい建物になることがわかっていた。そして、私のその判断は正しかった。

自分のブランドをよく知り、前に進みながらそれを損なわずに維持するためには、勤勉さとフォーカスが必要だ。私はフォーカスに強い。なぜなら、一九九〇年代に金銭的な百八十度の転換を経験した時、私が学んだ一番の教えはフォーカスの重要性だからだ。これは、前の章のテーマであり、ミダスタッチを持つ手の人差し指が象徴するものだ。経済的苦境に立たされたあの当時、私はフォーカスを失っていた。そして、その結果は目に見えて現れた。パリでファッションショーを見たり、世界中を旅行して回ったり、社交界に出入りしたりするばかりで、仕事に本来必要なだけの精力を注がなかった。少しばかり怠け者になっていたのだ。でも、私が究極の「目覚ましベル」を聞いたのは、ウォールストリート・ジャーナルとニューヨーク・タイムズの両方が、一面記事として——しかも同じ日に！——私の転落を予測する話を掲載した時だった。当然ながら、この話は瞬時に世界中に広まった。あの日のことを私は決して忘れない。でも、私は態勢を立て直し、今では当時よりもっと成功している。なぜなら、プライベートでも仕事の面でも、そしてブランドとも足並みをそろえて、フォーカスが本来あるべきところに定められているからだ。今、私は自分の気を散らすものは頭に入れない。だから、たくさんのビジネスを同時に進行させることができる。トランプというブランドは、あの困難な時期にも損なわれることなく存在を維持してきた。そして、私たちはそこからまた前進を始め、新たな勢いを得て拡大していった。

■大きければ大きいほどいい？

ブランドの拡大について話をしよう。私はあなたのブランドが大きく展開していく可能性が充分あると信じている。でも、たとえどんなに大きくなっても、ブランドに込められたメッセージ、つまりインテグリティは常に変わらず維持されなければいけない。私は自分のブランドを、エンターテイメントビジネスや、ゴルフ場開発、ホテル経営など、ビル開発以外の多くの分野に広げていったが、共通する基準はいつも同じだった。その基準とは最高級の品質だ。あなたも自分のブランドの基準を常に心に留めておこう。そうすれば、それを大きくすることが可能に見えてくるだけでなく、大きな満足を与えてくれるものになるだろう。とは言っても、それは容易にできることではない。たとえば、スコットランドのゴルフ場の場合、非常に困難な状況に陥ったことが何度かあった。国外で事業を進めていることだけでも大きな問題だったのに、そのほかにも多くのさまざまな要素が関わっていた。このことはまた、自分自身に忠実であることの大切さを私たちに思い出させてくれる。自分自身に忠実であることは、自分のブランドに忠実であることと同じだ。そして、これこそが、ブランドが繁栄し続けるために不可欠な、時間の経過という試練をはじめ、さまざまな障害を乗り越えるためのしっかりした土台となる。

■ブランドを育てる

私は常に、自分のブランドに込められたメッセージを代弁する「スポークスパーソン」だ。ブランドが確立し始めると、あなた自身、今までより人に知られる機会が増えるだろう。私の場合、マンハッタンの開発業者として世間の注目を集め始めたのは、比較的若い時だった。私のプロジェクトはどれも大きくて、時には世間を驚かせ、メディアの関心を集めた。だから、そういった注目のされ方にすぐ慣れた。もちろん、好意的な注目のされ方だけでなく、時には悪い意味でも注目を集めた。でも、いずれにしても注目を集めたことは、トランプというブランドを確立するのに役立った。私が誰であるか、人々に知らせる手助けをしてくれたからだ。おかげで人々はトランプの名前が何を意味するか、記憶に留めてくれるようになった。そして次第に、私はニューヨーク以外でもよく知られる人間になっていった。

一九八七年に出版された私の最初の著書『トランプ自伝』は、ベストセラーとなり、私の知名度はさらに急激に上がった。『ジ・アプレンティス』のプロデューサーであるマーク・バーネットがこの本を読んだのは、そのような時期だった。のちに彼は、この本は自分が成功に向けて努力するきっかけとなったと話してくれた。ロバートもこの本を読んで影響を受けたようだ。当時、マークは子守りの仕事をしながら、カリフォルニア州のベニス・ビーチでTシャツを売っていた。何年ものち、彼はウォルマン・スケートリンクで私に声をかけてきた。その時マークは、私からスケート場を借りてテレビ番組『サバイバー』の収録をしていたが、私を中心にして新しいリアリティ番組を作れないか、その可能性を話し合いたいと言ってきた。オフィスで会って話せないかというので、私はＯＫした。マークは私のオフィスに上がってきて、自分が温めていたテレビ番組のコンセプトを説明した。私は非常に興味をそそられた。でも、私には自分の会社での仕事があり、テレビの仕事にとられる時間が気になった。マークはこう言った。「ドナルド、約束するよ、一週間に三時間以上はかからないようにする」なんとこの時、私は彼のその言葉を信じた！　ゴールデンアワーの番組の収録にたった三時間？　何はともあれ、私はマーク自身だけでなく、その番組のコンセプトも気に入ったので、二人で同意の握手を交わした。私のアドバイザーたちは、それは危険な賭けで、私の評判やイメージ、ブランドにも傷がつきかねないと言った。でも、私はすでにやると返事をしていたし、私の直感はその決定がいい結果を生むと告げていた。ありがたいことに、当時の私は、新しいテレビ番組のうち九十五パーセントは失敗するという事実を知らなかった。もし知っていたら、そう簡単に話には乗らなかったかもしれない。

幸運なことにこの番組は、そのシーズンの最高ヒット番組となり、私の知名度は一段と上がった。私は国際的な有名人になった。そのことは私の本業にとてもプラスの影響を与えた。番組の成功はまた、仕事をやりとげる、それも正しくきちんとやる会社としてのトランプ・オーガニゼーションの知名度も上げた。どんな種類のブランドにとっても、これはすばらしいチャンスだった。この番組はその後もずっと、ブランドの知名度を上げるのに役立ってくれ、今十二回目のシーズンに入っている。

私は常に、いろいろなイベントや集会で話をしてくれるように頼まれる。でも、『ジ・アプレンティス』の成功のあとは、テレビのコマーシャルの話がたくさん舞い込み、前にも話したように『サタデー・ナイト・ライブ』出演の話も来た。一方、講演依頼は一週間に数十件にまで上った。また、出版社も、もっと本を書かないかと話を持ち込んできた。これは私のビジネスを拡大し、さらに繁栄させるための前代未聞の大きなチャンスだった。ここで私が強調したいのは、これらのチャンスのどの一つをとっても、私が自ら積極的に関わっていたということだ。なぜなら、そうすることが自分のブランドにとってどういう意味を持つか、わかっていたからだ。誰にも知られず、誰の耳にも入らなかったら、どんなにすばらしい製品を持っていても大した役には立たない。製品の名は人に知られる必要がある。即座に人に「ああ、あれか」とわかってもらえるものでなければいけない。

私と同じように、あなたにもブランドの知名度を上げるチャンスが巡ってきたら、その効果を正しく評価し、ブランドを世間に広めるそのチャンスをしっかり利用しよう。無理をせずに心地よくいられる「快適ゾーン」にとどまっていることを自分に許してはいけない。リスクを歓迎しなくてはいけない。もし自分のブランドに自信がなかったら、それを人に広める前に、自信の持てるものにしておく必要がある。世界にその名を知らしめることが、あなたをたじろがせることではなく、胸をわくわくさせてくれることになるくらい強く、自分のブランドが最高だと確信を持たなければいけない。

■人とのコミュニケーションが大事

私は生まれつき社交的だ。自分のオフィスで二人を相手にする場合であれ、何千人を相手に話す場合であれ、ともかく人とコミュニケーションをとることが好きだ。それから、自分の言いたい要点を説明するのに、いろいろな逸話を使うのも好きだ。もしあなたが人と意思の疎通を図るのに苦労しているとしたら、それを克服するための一つの方法は、聞き手にフォーカスすることだ。彼らは何を聞きたいと思っているのか？

どんな話をしたら興味を持ち、楽しんでくれるか？　ある意味でこれは交渉に似ている。相手がどんな背景を持っているか、どんな立場にあるかを知る努力をすることが大事だ。そして、自分自身へのフォーカス度を弱めれば、気後れがなくなる。あるいは少なくとも冷静な気持ちになれる。

大勢の人の前で話ができるスキルは、ブランドを広めるために欠かせない。もし、それができなかったら、あなたの腕が磨かれるまで、代わりに話をしてくれるスポークスマンを見つけなければいけない。私が人前で話すときに引き合いに出す話は、たいてい自分や身近な人の体験談だ。たとえば、自分がやっていることを愛することが、成功するためにどんなに大事か強調するためによく引き合いに出すのは、自分に合っていない仕事に就いていたある友人の話だ。

この友人はまさに典型的な例だった。彼は親兄弟がそこで働いているから自分も当然そうすべきだという理由で、ウォールストリートで働いていた。問題は、彼にはその仕事がまったくうまくこなせなかったことだ。いつも顔色が悪くてつらそうに見えた。私は単刀直入に物を言うことで有名だ。この時もしばらく様子を見ていたが、とうとう彼に直接、負け犬のような顔をしているぞと言った。厳しい言葉だということはわかっていた。でも私は彼のことが心配だった。何をするのが好きなのかと聞くと、彼はゴルフクラブでグリーンの手入れをするのが好きだと答えた。私はゴルフを仕事にするのも一つの選択肢だと指摘した。結局、彼はその業界に入って大きな成功を収め、最終的にはとても健康に、そして幸せになった。

ある時、いろいろ思いがけない出来事が重なり、講演をするはずのイベント会場まで飛ぶのに数時間も余計にかかったことがあった。飛行場に着陸したあと、道路の混雑と雨の中、警察の車に先導してもらわなければならないほどだった。会場では数千人の観客が辛抱強く待っていた。私たちは、次々と何かが起きて、いつまでも終わりそうにないこの遅れを逐次観客たちに知らせ、一つの「冒険談」に仕立て上げた。

この時私は、『ジ・アプレンティス』の撮影班と一緒に旅行していた。この旅とイベントを撮影するためだった。だから、会場で待つ観客は、明らかに脚本なしのこの「リアリティショー」に参加しているような気分になった。私がやっと会場に到着すると、「ドナルド・トランプが建物に入りました」とアナウンスが流れ、長い間待たされてうんざりした空気に包まれていても不思議はなかった会場は、お祭り気分に沸いた。誰もが楽しんでいた。私のブランド、私の名前のおかげで、遅刻すら大目に見てもらえた！　私にとっても、そして私を招待してくれた人たちにとっても大きなマイナスになりかねない状況を、プラスの状況に変えることができたのだ。これこそブランドの威力だ。

私は、起業家本人がブランドを代表するのが一番いいやり方だと思う。あなたの製品とブランドをあなた以上によく知っている人はほかにいないのだから。もしあなたにそれを売ることができないとしたら、ほかの誰にできるというのか？　また、プレゼンテーションの時だけでなく、日常の生活の中でも自分のブランドを象徴することができなければいけない。そこにこそ、ゆるぎないブランドの確立の鍵がある。成功したいと願う起業家は誰でも、人を説得する方法を知っている必要がある。話には熱意が込められていなければいけないし、その熱意は本物でなければいけない。自分自身でブランドを代表することがスムーズにできない人は、自分のブランドに関して、あなたが世間からこんなふうに見られたいと思うイメージをそのまま代表できるような人をほかに探そう。

イメージは大事だ。その製品に関して話される言葉や印刷された文字よりもより多くを「語る」。あるブランド名を言った時、そこから連想される言葉について考えてみてほしい。あなたがブランド作りのプロセスをそれまでにうまく終えていれば、実際にその言葉がイメージにつながっていくだろう。ブランドのコンセプトがよく練られてしっかり確立されたものであれば、その名前がすべてを語るものになっているはずだ。たとえば、「シャネル」と口にしたら、どんな言葉より前にイメージが浮かぶはずだ。「グッチ」もそうだし、「トランプ」もそうだ。

ブランドがあなたのために働き始めるのはこの時だ。つまり、最終的に、ブランドの名前を言った時、それが即座に広告効果を持つか、あるいは視覚的なイメージを思い起こさせる状態になったら、ブランドが役目を果たし始めたことになる。あなたは今、その土台を作りつつあるところかもしれない。あるいは土台はもう出来上がっているかもしれない。今どの段階にあるにしても、ブランドが確立し働き始めれば、あなたにはそれがわかる。そうなった時には、多くの時間が節約できる。ブランドの紹介や説明は不要になるだろうし、それがしっかりしたブランドであれば、チャンスを追い求める必要もなくなるだろう。チャンスのほうから飛び込んでくる。

「名前に何の意味があろうか？」

大いに意味がある！　そして、それこそがミダスタッチだ。

（まとめ）ブランドについて

多くの起業家たちが会社を築くために一生懸命働く。でも、ブランドを作り出す起業家はごく少数だ。会社をブランドに育てることは、ミダスタッチを開花させるのに欠かせない。あなたははっきりと認識していないかもしれないが、実際のところ、ブランドはビジネスそのものの何倍もの価値を持ち得る。たとえば、コカコーラというブランドは、瓶詰工場や機械設備、そのほかこのビジネスを形作る資本財のすべてを合わせたものよりもずっと価値がある。このブランドは、かつて最も価値があると考えられていたブランドだった。今その地位にあるのはグーグルだ。これから先、フェイスブックがグーグルを追い越すことになるのだろうか？　それは誰にもわからない。

あなたのビジネスがブランドでないとしたら、それは単なる商品、汎用品だ。ハンバーガーを作っている会社はいくらでもあるが、マクドナルドは一つだけだ。コーヒーショップもたくさんあるが、スターバックスは一つだけだ。個人的な好き嫌いは別にして、これらのブランドが大きな成功を収めていることに異議をはさむ人はいないだろう。ブランドは力だ。ブランドは起業家であるあなたの先を歩き、あなたのために働く。それはレバレッジ（てこの作用）だ。そして、ビジネスの世界ではレバレッジはあなたにとって大きな強みになる。

ブランドではないビジネス（business）は、ただの「忙しさ（busy-ness）」にすぎない。あなたにとっての一つの仕事、従業員たちにとっての一つの仕事にすぎない。あなたを忙しくさせてはくれるが、一日が終わった時、あるいは一週間、一か月、一年、数年が経った時、自分の努力と引き換えに手にするのは、やらなければならない仕事だけ、あるいはそれまでうまくやっていれば、それに利益が加わるだけだ。それはそれでいい。何も悪いところはない。ただ、ミダスタッチを求める起業家はそれ以上を求める。

ここで話は、ブランド作りに込められた一つの真理につながっていく。その真理とは、偉大なブランドの中には、そのすべてをゼロから作り出した起業家のＤＮＡが含まれているということだ。このＤＮＡはとても貴重で価値のある資産だが、それを失うまで、それを持っていることさえ気付かない会社が多い。ＤＮＡが守られなければブランドはすぐに死ぬ。起業家が自分のビジネスを大きな企業に売った時に、ブランドが死んでしまうことが多いのはこのためだ。インターネットサービス会社ＡＯＬとソーシャルネットワーク会社Myspaceは、起業家のＤＮＡが死んだ時、ブランドがどうなるかを示す最近のいい例だ。

●あなた自身、何を表しているか？

多くの起業家たちは金儲けのためだけに起業家になる。世の中に何か違いをもたらすために起業家になる人はごく少数だ。あなたはどちらのタイプの起業家だろうか？　今ここで、ぜひこの質問を自分にしてみてほしい。なぜなら、成功を目指すプロセスの中で、この違いはあなたが思っている以上に重要な意味を持っているからだ。

ロバートは、個人や企業のブランド作りをサポートしている起業家、キャシー・ヒースリーと協力してこの章を書いた。キャシーの会社、ヒースリー＆パートナーズは、新たに起業を考えている人たちだけでなく、すでに会社を起こしている起業家や彼らがの起こした会社の手助けをし、ビジネスをブランドに成長させる方法を教えている。二十年以上にわたり起業家たちを指導する中で、キャシーは「ハート＆マインド・ブランディング」と名付けられた一つの方法を編み出した。これは彼女の会社が独自に開発し、知的所有権を持つブランド作りの方法だ。この方法を通して、起業家や会社は、自分たちがやるすべてのこと、外に伝えるすべてのメッセージの中に「ハート（心）」――経済活動としてのビジネスの存在を超えた、より高い目的、精神、会社の魂――を込める方法を学ぶ。このブランド作りは、マーケティングやコミュニケーションといった活動を超えて広がり、会社全体に染みわたる。

キャシーは多くの成功を収めているが、ダグ・デューシーとの仕事もその一つだ。ダグは起業家であり、今や国際的なアイスクリーム・ブランドとなっているコールド・ストーン・クリーマリーの成功の陰の立役者だ。

一九九九年、キャシーがコールド・ストーン・クリーマリーを顧客として迎えた時、コールドストーンはまだできたばかりのアイスクリームのフランチャイズ店で、従業員はおよそ十二人、店舗は三十五、総収入は数百万ドルという規模だった。それから十年経たないうちに、コールドストーンが買収された時には、そのビジネスは店舗数千四百、総収入五億ドル以上のビジネスに成長していた。

キャシーは起業家、ビジネス、そしてブランド作りについて次のような考えを持っている。「人はよく、『ブランドはロゴだ』と思っている。あるいは、広告キャンペーン、販売促進の道具だと思っている。実際はそのどれでもない。ブランドは二つの言葉で表せる――あなたが外に発信する『約束』と、顧客に手渡す『経験』だ。ブランドは起業家自身が表すものを基礎としている。人があなたのブランドを見た時、あるいはその名前を聞いた時、製品を使った時に、目に入ったもの、耳に聞こえたもの、そして使った経験自体が、あなた自身が表すものを彼らの心の中に呼び起こす引き金とならなければならない。もう一歩先に推し進めて説明するとこうなる。あなた自身、あなたの名前、あなたの製品、あなたが提供するサービスは、顧客の中に感情的反応と知的反応の両方を呼び起こすものでなければならない。ハート&マインド・ブランディングは、人は誰でも自分の『心で買い、頭で正当化する』という事実をもとに作られた方法だ。言い換えれば、ブランドはまず第一に感情的なものでなければならない。そして、次に論理的なものであるべきだ」

●あなた自身への質問

起業家精神から生まれ、成功を収める会社は何か特別なもの、つまりブランドに火をつける何か不思議な力を持っている。この「特別なもの」は、コールド・ストーン・クリーマリーの場合は人々を喜ばせたいという情熱、ベストでありたい、そして究極のアイスクリームとの出会いを提供したいという意欲だった。

ブランドを導くリーダーたちは、心の中に燃え盛る炎と、リーダーでいることを裏付ける充分な理由――舞台裏に隠された「物語」――を持っている必要がある。そして、その物語と自分を強く結びつけ、それが輝き、表にまで光を放つようにしなければいけない。

次に挙げるのは、すべての起業家が自問すべき三つの基本的な質問、大きく全体を見渡す立場から自分に問うべき質問だ。

・大局的質問その一：なぜ自分はそれをやるのか？

今、何かビジネスをやっているとしたら、あなたはその「何か」のうしろにある「なぜ」という質問に答えられるだろうか？　自分が今やっていることをなぜやっているのか、きちんとした理由が必要だ。なぜなら、世の中の人は、あなたがそれをやっている理由のほうに強く共感するからだ。あなたはその誠実な「理由」に命を吹き込み、ブランドという形にしなければならない。起業家は自分がやることに対して誠実な心を持っていなければいけない。なぜなら、偉大なるブランドであることを示す一番の特徴は本物であることだからだ。お金だけの問題ではない。あなたはS、つまり自営業者としては成功しているかもしれない。でも、きちんとした理由を持っていないために、Bクワドラントまで自分のビジネスを持っていけない。

私たち二人に会った人は、それぞれがやっていることの背後に大きな理由があることがよくわかる。私たちは究極的には二人共、経験豊かな起業家であり、ビジネスパーソンだ。そして、二人共とても成功している。どちらももう働く必要はないが、それでも働いている。二人とも営利ビジネスに関わっていて、金儲けのゲームを楽しんでいるが、お金のためにやっているわけではない。お金は私たちの「理由」ではない。実際のところ、表面だけでなく深いところまで見てもらうとわかるが、私たちは本当は「教師」だ。人々が自分の力を最大限に活かし、最高の人生を送れるように、教育を与えることを心から楽しんでいる。この根源的な理由は、私たちが書くすべての本、私たちが手がけるすべてのプロジェクト、そして、私たちがするすべての投資の後ろに常に存在している。最初の共著『あなたに金持ちになってほしい』を書いたのも、世界がどのようなしくみで動いているかを人々に知らせ、今日すべての人が直面している脅威について気付いてもらうためだった。それ以外に理由はない。この本の中で私たちは中流階級の崩壊について書いた。なぜそれが起こっているのか、また、貧乏になるのではなく、確実に金持ちになるために自分に何ができるかについても書いた。これは教育だ。私たちのハート（心）はそこにある。私たちは人々によりよい人生を送ってもらいたいと心から思っている。

ドナルド・トランプについて聞いたことのある人は大勢いるに違いない。ロバートが書いた『金持ち父さん 貧乏父さん』についても同様だ。ビジネスと起業の世界をちょっと探検してみてほしい。そうすればそう時間のたたないうちに、私たちが本当に何者かわかるだろう。私たちが魂を持っていて、ただ金を儲けること以上の、もっと大きな意味を持った何物かを表していることを、すぐに感じることができるだろう。私たちは昔からよく言われる次のような言葉に従って生きている。「あなたが私をどう思うかはどうでもいい」言い換えれば、自分が存在するためにあなたの承認はいらない。人と付き合う時、私たちは二人共、他人に敬意を表するし、たいていは礼儀正しい。でも、私たちの心の中に燃え盛る炎があることはあなたにも伝わる。私たちは激しく、厳しく、そして使命感に燃えている。

イメージの裏に隠れた本当の私たちが何者か、そして、それが会社とどうつながっているか、人々は知っている。私たちのフォーカスのレベル、情緒的な成熟度、仕事への献身の大きさは誰の目にも明らかだ。ブランド作りは勢いを利用した作業でもあるが、それと同じくらい、「マラソン」の要素を持っている。リーダーたちがちょっとやってみて、だめだったら好きな時にやめればいいと思って取り組めるものではない。

ここで次のような質問を自分にしてみてほしい。

・自分のビジネスを通して、何を達成したいと思っているか？
・何を楽しみに毎朝目を覚ますか？
・これまでに失敗したことがあるか？
・五年後に自分はどこにいて、何をしているか？
・この世に何を残していきたいか？

●自分に聞こう

今挙げた質問を自分にする時には、信頼できる友達に電話して話をするといい。たがいにフィードバックをし合って、それをすべて書き留めよう。そして、そのプロセスを一度だけでなく、何回か繰り返そう。これらの質問はとても大事だ。自分が何者で、今やっていることをなぜやっているのか、そして、真のブランドを作り出すのに必要な炎が自分の中にあるかどうか、はっきりわかるまで何度でも繰り返そう。そのプロセスを通して、自分が本当に何を表すか、一番真実に近い答えがきっと見つかるだろう。

あなたの顧客や従業員について同じ質問をしてみるのもいいかもしれない。真の起業家、真の会社の姿を明らかにしようとする時には、みんなの考え方が大事だ。

・大局的質問その二：どんな問題を解決したいのか？

真のビジネスは、問題を解決し人間の生活を向上するためにのみ存在する。もし、あなたがやっていることが他人の役に立っていなければ、それは意味がない。偉大なるブランドは本物であるばかりでなく、意味を持っている。

私たち二人のブランドはうまく共存できる。なぜなら、同じ問題に取り組んでいるからだ。私たちは人間的にとても異なり、出身地はハワイとニューヨークではるか離れているが、二人共、「金持ち父さん」がいた。私たちのうち一人は金持ちの家庭、もう一人は中流の家庭で育ったが、教育者として同じ心を分かち合っている。私たちは教師だ。たくさんの人たちを前に話をし、自分の夢に向かって羽ばたくように励ますために、ステージに一緒に立つこともある。また、二人ともテレビで教育番組に出演している。ドナルドの場合は人気テレビ番組『ジ・アプレンティス』、ロバートの場合はＰＢＳ（公共放送サービス）でいくつかの番組に出ている。ファイナンシャル教育のためのゲームを売っていること、ファイナンシャル教育の会社を持っていること、本を書いていることなども共通している。私たち二人は、現在の学校教育にファイナンシャル教育が欠けているために生じた大きな隙間を埋めるために、できる限りの努力をしている。私たちは社会が抱える大きな問題の一つがファイナンシャル教育の欠如であることを知っている。このファイナンシャル教育の欠如がそのほかの要因と組み合わさった結果、中流階級の消滅と、金持ちと貧乏な人との差の拡大を生んでいる。失業、低賃金、高い税金、住宅の価値の下落、インフレ傾向の拡大、高すぎる医療費、そして引退資金の不足などの問題すべてが、大部分のアメリカ人の生活を脅かしている。私たちはこのような問題の解決に役立ちたいと思っている。私たちが教師となり、自分たちの知識を伝えて、もっと多くの人たちがよりよい生活を享受できるように努力しているのはそのためだ。

私たちが正しいと信ずる道は、これまでにその効果を何度も試されてきた道だ。私たちは二人共、「自分の収入の範囲内で生活をしなさい」と主張するお金の専門家たちと同じステージに立ったことはない。私たちは、できれば自分の夢をもはるかに超えたレベルで生活できるようになるために必要な、お金に関する知識を人々に持ってほしいと思っている。『ジ・アプレンティス』のプロデューサー、マーク・バーネットもロバートも、ドナルドの著書『トランプ自伝』を読み、それに啓発されて、自分の夢を超えた生活をすることを考え始めた。ドナルドがこの章の前の方で語っているように、「当時、マークは子守りの仕事をしながら、カリフォルニア州のベニス・ビーチでＴシャツを売っていた」。そして「マーク・バーネットがこの本を読んだのは、そのような時期だった」。今、マーク・バーネットはテレビのリアリティ番組の世界でリーダー的存在であり、自分の夢をはるかに超えたレベルの大金持ちの仲間入りをしている。

ロバートの妻のキムはこう言っている。「一九八七年、私たちはまだ金銭的な問題を抱えていた。一九八六年、ロバートの財布ビジネスが残した百万ドル近い負債をやっと払い終わり、ゼロの状態に戻った。負債はなかったが収入もなかった。ドナルドの本の話を耳にするとすぐに、本屋に飛んで行ってそれを買い、読み、学び、徹底的にそれについて話し合った。あの本は私たちの人生を変えた。なぜなら、あの本によってドナルドは、彼の目を通して彼の世界を見られるようにしてくれたからだ。ドナルドは答えを与えてくれたわけではない。ただ、可能性の世界へ向けて、私たちの目を開かせてくれた。それこそが偉大な教師たちの仕事だ」

トランプ、キヨサキ、バーネットといった「ブランド」はどれも今日の世界で「意味」を持っている。彼らは問題を解決し、雇用を創出し、全国的に、あるいは世界的に起こっている出来事と歩調を合わせて私たちを前に進ませてくれる。キヨサキというブランドも、バーネットというブランドも、トランプというブランドと関わりを持ってきたが、そこから生まれた結果は、どのブランドにもプラスになっている。一つのブランドだけでも充分強力だが、それらが一緒になるとものすごい力を発揮する。

次に挙げる質問を手がかりに、よく考えて、あなたのビジネスに意味を与えているものは何か見つけよう。

- ・あなたが解決しようとしている問題は何か?
- ・それはどうして問題なのか?
- ・問題を引き起こしている原因は何か?
- ・もしあなたのビジネスが明日なくなったとしたら、世界は何を失うか?
- ・なぜあなたは自分がその問題を解決できると思うのか?

・あなたの提供する製品あるいはサービスは、どのようにしてその問題を解決するのか？
・あなたの提供する製品あるいはサービスは、どのようにして顧客の生活を向上させるのか？
・あなたが始めようとしている（あるいはすでに始めている）会社から、顧客が本当に必要としているのは何だと思うか？

今度もじっくり時間をかけてこれらの質問について考えてほしい。それから友達に頼んで同じ質問をしてもらうといい。そして、自分がどんなことで「意味のある存在になれるか」はっきりとわかるまで、そのプロセスを繰り返そう。意味があること、それこそが偉大なるブランドの二つ目の特徴だ。

・大局的質問その三：競争相手は誰か？　競合する製品は何か？

どんなビジネスにも競争はつきものだ。だから、ブランドを作ろうと思ったら、ほかと違わなければいけない。実際のところ、違っていること、これが偉大なるブランドの三つ目の特徴だ。世の中には「うちも同じ」というビジネスが多すぎる。そういう会社は競争から抜け出てトップに立つことは決してできない。「うちの製品はとてもユニークだから競争相手はいない」などと言う人は、ビジネスパーソンではなくただの夢想家《ドリーマー》だ。競争は常にある。消費者たちがあなたの存在を知らないという事実が「競争相手」かもしれない。どんな形にせよ、必ず何かある。たとえば無知であることも競争相手になり得る。

たいていの人はフォーカスの対象領域が狭すぎる。そういう人は自分が提供する製品やサービスしか目に入っていない。Ｂ－Ｉトライアングルの内側の一番上だけだ。多くの場合、ビジネスの八つのインテグリティ全体を見ていない。Ｂ－Ｉトライアングルの全体を見ることができなければ、世界を見る彼らの視野にいくつも盲点ができて、「ほかと違う点」に気付いたり、その違いをきちんと作り出すことは決してできない。

多くの場合、自分に忠実で、顧客、あるいは未来の顧客にとって意味のある存在であろうとすれば、自然にあなたはほかと異なる存在になる。なぜなら、今挙げた二つを実現している会社はほとんどないからだ。目的を持った会社で働くことは、そうでない会社で働くことより楽しいし、意味もある。また、満足感もより多く得られる。

自分の会社がほかと異なる点を見つけるためには、次のようなことをよく考えてみるといい。

・人がほかの会社ではなくあなたの会社を選ぶ理由は何か？
・あなたの会社がほかとどう違うか、短い文章で簡潔に説明できるか？
・あなたの会社で働く人たちは、ほかと自分たちの会社の違いを説明できるか？　その説明はみんな同じ内容だろうか？
・あなたはどんなやり方でプレゼンテーションをするか？
・あなたは自信を持ってセールスの場に臨めるか？
・あなたは自信を持ってステージの上に立てるか？
・あなたの会社だけが「所有している」ものはどんなものがあるか？
・あなたの会社はインターネットの検索システム「グーグル」に対応できているか？　つまり、誰かがあなたの会社をグーグルで検索した時、その結果はあなたのブランドの価値を上げてくれるようなものだろうか？
・あなたは自分から進んで変化、適応する気があるか？
・あなた自身、そしてあなたの組織はどれくらい短期間で変化できるか？

今挙げたような質問を自分にして、答えを見つけよう。次に同じ質問を友達と一緒に見直し、フィードバックをしてもらおう。答えが自分の中ではっきりするまで、そのプロセスを繰り返すことが大事だ。

もしあなたが従業員だったら、自分が働いている会社のリーダーになったつもりで、これらの質問に答えてみよう。つまり、ボスたちが変化への適応性を持っているか、それとも時代遅れの「恐竜」かを見極めるということだ。もし上に立つ人たちがこんなふうに言うだろうと思う答えがあまり好ましいものでなかったら、あなたは新しい仕事を探し始めたほうがいいかもしれない。なぜなら、いずれにしても近い将来新しい仕事を探さなければならなくなる可能性が大きいからだ。

テクノロジーの進歩が目覚ましい今日の世界では、顧客の注目、時間、お金をめぐる競争はどんどん激しくなっている。インターネットの世界は「フリー(無料)」が大手を振る新しい世界だ。あなたが売ろうとしているものがいくらでもほかでただで手に入る、あるいは大幅な割引値段で手に入るとしたら、それに太刀打ちするのはむずかしい。一九七〇年以前に生まれた私たちのような人間は、ビジネスに役立つ知恵は持っているかもしれないが、たとえEメールやフェイスブックを利用していたとしても、IT(情報技術)に充分精通できないという危険を抱えている。一方、一九七〇年以降に生まれた人たちは、たいてい私たちよりITには精通しているが、それをうまく使うための知恵に欠けている。ITと知恵の二つを併せ持った起業家は、競争世界でとても有利な立場に立てる。

一九八九年、ベルリンの壁が崩壊し、ワールド・ワイド・ウェブが登場した時、世界は変わった。この二つの出来事は産業時代の終わりと情報時代の始まりを告げるものだった。今日、あなたの競争相手はどこにでもいる。家庭にもオフィスにも、そして、携帯電話の向こうにも競争相手はいる。無料であることが普通のサイバーワールドは、タイム誌などのかつてのメガブランドを破壊しつつある。その理由は、そういった会社は今の新しい世界でどう競争していったらいいかわかっていないからだ。それに加えて、テクノロジーは商取引のスピードをどんどん速くしている。今、二十歳の億万長者がいる一方で、大学教育を受けた五十歳の失業者がいる理由は、サイバーワールド内のビジネスが、実体のあるビジネスよりも少ない人数の従業員を使い、より低価格で、より速く、より多くの人々に物やサービスを売ることができるからだ。サイバーワールド内のビジネスに関わる人たちは、自分自身のため、自分の会社のため、自分の製品のためにオンライン上に一つの名前を確立するにはどうしたらいいか、知っている。今ほどそれが簡単にできる時代はいまだかつてなかったが、それと同時に、これまで以上にむずかしくなったとも言える。確かにインターネットは私たちに手段を与えてくれている。でも、それがすべての人に与えられているために、競争の場が混乱状態になっている。その中で生き残るためには、戦略とたゆまない努力が必要だ。ブランドを持っていなければ、この巨大な底なしの大海に飲み込まれてしまう。

インターネットの世界は危険な場にもなり得る。そこでは消費者が簡単に餌食にされる。限りなく自由が許されたこの世界で、ブランドは安心と安全を与える。もしあなたのブランドが、サイバーワールドと実世界の両方をうまく渡っていくことができれば、それに越したことはない。実際のところ、そうできれば一層信用が増す。実世界とサイバーワールドの両方で顧客と結びつき、競争に打ち勝ち、ハイスピードで取引をこなせるブランドは、大きな飛躍の可能性を持っている。

●偉大なるブランド

偉大なるブランドは——

・本物である
・意味がある
・ほかと違う

人にこうしろと言うことを自分で実践する——本物であるというのは、そういうことだ。つまり自分の言葉通りに生きる、言行一致ということだ。偽のロレックスの話から得られる教訓を思い出そう。見かけを偽物でつくろおうとする人間は、おそらく中身も偽物だ。偽物だと気付く人はいないだろうと思っている人は考えが甘い。顧客はすぐにはそれに気付かないかもしれないが、いずれは必ず気が付く。昔から言われるように、「誰かをたまにだますことはできるが、すべての人を常にだますことはできない」

今、厳しい経済状況の中で、人々はブランドによる保証、その価格、価値にとても敏感になっている。これが何を意味するかというと、顧客たちは、何を売るかよりも、それを買ってくれる顧客自身のことをあなたが気にかけていることを知りたがっているということだ。今、あなたとあなたのビジネス、そしてブランドは、まず人々に、あなたが何を大事にしているかを知らせる、つまり顧客のことを何よりも大事にしているということを知らせなければいけない。あなたがそうしなければ、競争相手の会社がそうする。もうわかったと思うが、ビジネスはお金がすべてではない。ビジネスは何を大事にするかがすべてだ。もしあなたがそうすれば、つまり心から顧客を大事に思い、すばらしい体験を与えることでブランドの約束を守り、どこにいても毎日、朝から晩までそのために活動し続けるなら、お金はどんどん流れ込んでくるようになるだろう。

偉大なるブランドは組織の「ハート（心）」の中で生まれ、その組織内のすべての人へと浸透し、それから外の世界へと広がっていく。

アメリカの軍隊――陸軍、海軍、空軍、沿岸警備隊、海兵隊――はどれもすばらしい「ブランド」だ。でも、それぞれの組織のブランドとしてのメッセージは異なっている。軍隊のいずれかの組織に入隊を決めた人は、単にその制服を身に着けるだけではない。それは大間違いだ。正式な制服を身に着ける前に、将来兵士となるその人は一度ばらばらにされる。つまり、それまでの自分のアイデンティティ、信念、思想、習慣をすべて剝ぎ取られる。そうなってはじめて、海兵隊、あるいは陸軍、海軍、沿岸警備隊、空軍、それぞれの組織のメンバーになる準備ができる。それぞれの軍隊は、メンバーにまずブランド（焼印）を――頭脳的、身体的、そして精神的に――焼き付けることを目指す。

この「ブランド焼き付け」のプロセスは、特に海軍の特殊部隊SEAL（Sea, Air, Land の頭文字）の場合に顕著だ。このユニットは世界で最高のエリート集団であり、最も信頼されている戦闘部隊の一つだ。二千五百名のSEALのメンバーたちは、世界で最精鋭の戦士と認められている。彼らは実際にSEALの一員となる前に、二年間にわたる非常に厳しい訓練プログラムを修了しなければいけない。その二年の間に、プログラムに参加を許された候補者たちのうち七十五パーセントから九十パーセントがふるい落とされる。意志の強さを試すためのテストの一つで「溺死防止法」という名で知られる難度の高い課題では、訓練生は手足を縛られて、深い水の中に投げ込まれる。そして、息を止めたまま、なんとか水面まで上がって来なければならない。そのあと、縛られたまま五十メートルを泳ぎ切る。最悪の試練は「地獄週間」と呼ばれるもので、この期間の間、訓練生たちは毎日二十時間、寝ることを許されず、肉体的にかなりきつい過酷な訓練を強いられる。そして、その一方で常に「やめたらどうだ？」と誘いがかかる。地獄週間の最後に、途中でやめずそれまで残っていた訓練生たちは凍てつくほど冷たい水をホースで浴びせられ、人工的に低体温症を発症させられる。そのあと海を二マイル泳ぎ終わって水から上がると、インストラクターが湯気の立つアツアツのココアの入ったマグカップを手渡す。そして、負けを認めて訓練プログラムをここでやめる人間以外は飲んではいけないと告げる。SEALの一員となった兵士たちの多くは、あとになって、あの温かいココアの入ったカップをインストラクターに返すことほどつらいことはこれまでになかったと話す。

軍隊の組織は、世界で最も洗練されたブランド作りのプロ集団だ。真のブランドは核から、つまり心臓部から始まり、その組織の全員の心と頭に染みわたっていく。最高のブランドは私たちのDNAの一部となる。SEALチーム・シックス（ST6）がオサマ・ビン・ラディンを殺した時、彼らのブランドの力が世界中に知れ渡った。それまでSEALのことを聞いたことのなかった多くの人は、「一体、何者なんだ？」と思った。SEALは沈黙の掟を守っているため、その完全な沈黙は彼らのブランドを一層パワフルなものにしている。大した意味もなくうるさいばかりで不快な広告を垂れ流すビジネスと、このことを比べてみよう。何がわかるだろうか？　それは、そのようなビジネスはブランドを作っているのではないことを教えてくれる。彼らはただ人に嫌われることをしているだけだ。

人類の歴史上最も偉大なブランド作りの名手の一人はフン族のアッチラ大王だ。彼のブランドは強力で、彼自身に先行して威力を発揮したため、実際に戦わずして敵が降参するということもよくあった。彼がフン族の王だったのは四三四年から四五三年の間だけだったが、その名は今でも人々の口に上る。これこそブランドの威力であり、ブランドが時を超えた遺産《レガシー》となり得ることの証拠だ。

アップルのスティーブ・ジョブズ、フェイスブックのマーク・ザッカーバーグ、グーグルのセルゲイ・ブリンらは、ブランドとレガシーを築く現代のアッチラたちだ。彼らは世界史上、最強の部類に入るブランドを作り上げた。ジョブズ、ザッカーバーグ、ブリンの動き一つで世界は揺るぎ、その上に乗っている会社は変化を余儀なくされるか、あるいは死に絶える。

犯罪組織にもブランドがある。たとえば、コーザ・ノストラという名前は、どこでも人々に恐怖を与える。日本の「ヤクザ」についても同じことが言える。麻薬の世界ではコロンビアのカリ・カルテル、メデジン・カルテルがコカイン取引の中心的存在として知られていた。

詐欺師にもブランドがある。バーニー・マドフはかつて金持ちや有名人たちの間で最高のブランドだった。今では、史上最大のポンジー・スキーム（古典的金融詐欺の一種）を企てた男として悪名高い。ポンジー・スキームの名前の由来となったチャールズ・ポンジーよりもバーニー・マドフが有名になる可能性はあるだろうか？　その答えは時が教えてくれるだろう。数年後、かつてポンジー・スキームと呼ばれていた犯罪が、「マドフ・スキーム」と呼ばれるようになるかもしれない。多くの点で、マドフの名の方がその犯罪の特徴をうまく表している。

ブランドの威力と価値をよく理解することはとても大事だ。ブランド作りのプロセスに乗り出す前に、そのためにどれほど多くの時間とお金を取られるか、覚悟する必要がある。多くのリーダーが、会社を成長させることや、偉大な会社を築くことを望むが、すべての人が、この途方もなく大きな夢を実現するために必要なことを喜んでやろうと覚悟しているわけではない。多くのCEOにとっては、時間を割くことのほうがお金を出すことより高くつく。

私たちは、ブランド作りは「やるべきこと」ではなく、一つの「生き方」だと考えている。人生の目的を叶えさせてくれるのはブランドだから、そのために時間と労力を費やす価値が充分あるということを私たちは知っている。私たちが国際的なブランドでいられる理由は、それだからかもしれない。私たちはブランドに大きな価値があると考えている。

●最後に思うこと

ブランドはどこにでもあり、どんなものに関してもある。また、国際的なブランドもあれば、地域的なブランドもあるし、金持ちのためのブランドもあれば、それほど金持ちでない人たち、そしてその中間の人たちのためのブランドもある。子供ためのブランドもあれば、大人のためのブランドもある。

どの業界にもブランドはある。たとえば、金《きん》の世界では、アメリカのイーグル、カナダのメープルリーフ、オーストラリアのカンガルー、南アフリカのクルガーランドなどのブランドがある。これらはどれも金貨だが、異なる価格で売られている。

宗教の世界にも多くのブランド、さらにその下に位置する「サブ・ブランド」がある。たとえばキリスト教にはプロテスタントとカトリック、仏教にはチベット仏教、中国仏教、日本仏教などがある。彼自身が独自のブランドであるダライ・ラマはチベット仏教徒だ。チベット仏教の中にもさらにサブ・ブランドがあり、それらの間に「サブ紛争」がある。また、みんなよく知っていることだが、テロリズムの世界では、ユダヤ教やイスラム教、キリスト教をめぐって戦いが続いている。なぜこのような緊張状態や紛争が続くのだろう？　その答えの一部は、ブランドやサブ・ブランドを守るため、また、信者たちの精神と思考を守るための戦いという観点から見るとよくわかる。

　アメリカの政治の世界を考えてみよう。もし民主党がなければ、共和党には大して論じることもないだろうし、もし共和党がなければ民主党が存在する必要もないだろう。人々は各ブランド毎にグループを作り、またブランドのせいで対立もする。

　競争が激化するビジネスの世界、よりよい品質のものをより安い価格で提供することがすべての世界、テクノロジーがどんどん進化し、取引のスピードがどんどん高速化する今の世界では、ブランド作りはビジネスを築くことよりもっと大事かもしれない。実際のところ、ブランドを持たずにビジネスを築くことは、日に日にむずかしくなっている。

●覚えておくべきこと／やるべきこと

・自分のビジネスをブランドに成長させない限り、あなたは決してミダスタッチを手に入れることはできない。
・ブランドは偽物ではなく、本物でなくてはいけない。人は偽物を見抜くことができる。
・ブランドは単なるロゴではない。ブランドはあなたが世界に対して発信する「約束」であり、あなたが顧客に届ける「体験」だ。
・人々は心で買い、それを買ったことを頭で正当化する。だから、あなた自身の「ハート（心）」を見つけ、それをブランドに込めるだけの勇気を持とう。
・あなたを本当に「つき動かす」動機は何か見つけよう。ミダスタッチを身に着けるには、燃え盛る情熱が必要だ。
・あなたがケチで、ブランドに投資するのをしぶっていたら、ミダスタッチは手の届かないところに逃げていく。ここで「ケチ」というのは、お金、時間、労力、人材などに関して何でも安くすませようとする人のことを意味している。

・人前で話すスキルを向上させるために必要なことは何でもやろう。あなたは必ずそのスキルが必要になる。

第四章

薬指…人間関係

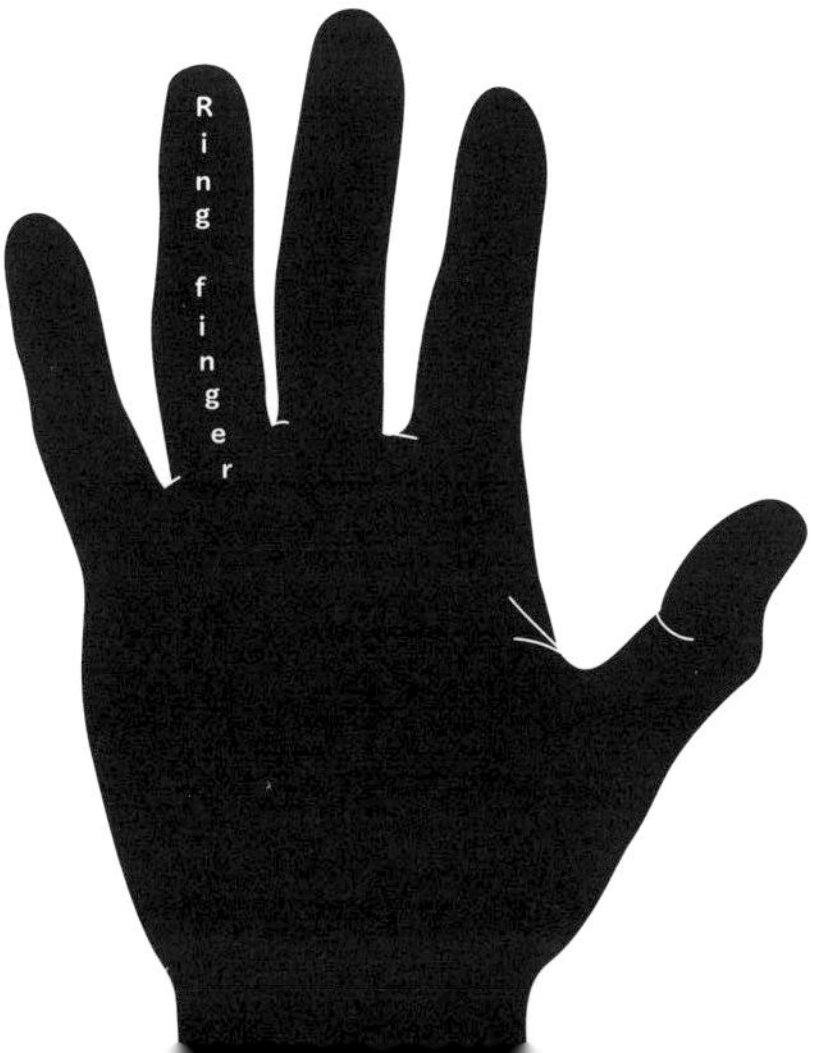

「最終的には、どんな会社の活動も三つの言葉に凝縮できる。それは、人間と製品と利益だ。いいチームなしには製品や利益の向上は望めない」

——リー・アイアコッカ

パートナーとの関係にひそむ危険（ロバート・キヨサキ）

「悪いパートナーといい取引はできない」

この言葉は、単にビジネスに限らず、人生で一番大事な言葉だと言っていいかもしれない。

これは単なる「名言」ではない。あなたを導く言葉、人生を生きる道しるべだ。

ビジネスがうまくいかない時、結婚生活がうまくいかない時、あるいは投資がうまくいかない時、そこには悪いパートナーの存在がある。

これはその人が「悪人」だという意味ではない（そういう場合もあり得るが）。単にパートナーとして悪い相手、求められている仕事を処理するのに適切でない人間であることを意味しているにすぎない。

世界には「いい人」がたくさんいる。でも、彼らがすべていいビジネスパートナーになれるとは限らない。結婚という制度の中でも、間違った人と結婚しているいい人たちがいくらでもいる。もしあなたの相手が、本当に悪い人、つまり法的、倫理的、道徳的な価値基準が低い人だった場合は、たとえあなた自身がどんなにいい人でも、ビジネスも結婚もうまくいかない。

■薬指

薬指はミダスタッチに欠かすことのできない人間関係の大切さを表している。もしあなたが悪いパートナーと一緒にいたら、あなたが触れるものはすべて腐る。一方、すばらしいパートナーと一緒にいれば、触れるものはすべて黄金に変わる。

■パートナーではなくてピエロ

一九七〇年代終わり頃、ベルクロを使ったナイロン製サーファー財布を製造する私の会社は急成長を始めた。困ったのは、その成功を維持するのにお金がかかったことだ。この時の話は本書の前のほうですでに少し紹介している。会社はいつもお金が足りなくて、私は常に資金集めに駆け回らなければならなかった。韓国や台湾の工場で財布をロット生産し、製品が倉庫に到着したらそれを小売店へ出荷する。なかなかうまい話だ。私たちは製造が追いつかないほど製品を売りまくった。問題は、顧客である小売店が支払いをしてくれる前に、さらに多くの財布を注文し、そのための支払いをしなければならなかったことだ。会社がいつもキャッシュフローの問題を抱えていたのはそのためだ。私たちが見たところ、多少のずれはあるにしても、だいたい平均すると、四月に注文・支払いをした場合、翌年の二月まで、その製品からの収入は入ってこなかった。十か月のサイクルだ。現金は流れ出すばかりで、なかなか入ってこなかった。つまり、成功すればするほど流れ出すお金が増える一方、それが入ってくるまでの時間はどんどん長くなった。

このようにして、リッパーズの製品の需要が増えるにつれて、現金の需要も増えた。間もなく、五千ドル、あるいは一万ドルを集めるのでは足りなくなった。小売店に製品を供給し続けビジネスを維持するためには少なくとも十万ドルが必要になった。それほどの大金を持っている知り合いは金持ち父さんだけだったので、私は電話をして、会う約束を取り付けた。

金持ち父さんは、出資してくれるように必死で頼み込む私の話を、はじめの十分間ほど辛抱強く聞いていた。そして、もうこれが限度だというところまで聞くと、丁寧な口調で、私の二人のパートナーに退席してくれるように頼んだ。二人が部屋の外に出てドアを閉めるとすぐに、金持ち父さんは私をどなりつけた。人生であれほど厳しく叱責されたことはほかに数えるほどしかない。

話の中で、金持ち父さんは私の二人のパートナーを「パートナー」とは呼ばずに「ピエロ」と呼んだ。さらに悪いことに、パートナーの一人で会社のCFOをしていた男に関しては、人間的に弱く、不正直で、ペテン師になる可能性があるとまで言い切った。会った瞬間から、金持ち父さんはこの男のことを信じていなかった。

金持ち父さんは、私ともう一人のパートナーには好意を持ってくれていたが、自分のパートナーにするには二人共、力が足りないと感じていた。お金が関わるパートナーとなったら確実に力不足だ。

「なぜ私がきみたちのパートナーにならなければいけないんだ？ きみたちは経験もない、成功したこともない、それにきみたち三人のうち誰一人として私は信用していない。私が信用できない人間をパートナーにしていることで、きみ自身のことも信用できなくなっているんだ。なぜなら、それは、いいパートナーとはどんなものか、きみが知らないことを意味しているからだ。きみたちはピエロだよ。ビジネスパーソンじゃない」

金持ち父さんのお説教は耳が痛かった。それに、際限なく続くように思えた。言うまでもないが、この日、私たち三人は出資を受けることはできずに手ぶらで帰った。その後、何年も私は金持ち父さんと口をきかなかった。

私たちはほかで何とか十万ドルの資金を集めたが、金持ち父さんは正しかった。私たちは悪いパートナーだった。お金はすぐになくなり、金持ち父さんが信用ならないと言った人物、CPA（公認会計士）の資格を持ち、会社のCFOの地位にあった男はお金を持って逃げた。

■さらに悪いパートナーが……

「あの最初の経験で、私は学ぶべきことを学んだ」と胸を張って言えたらどんなにいいかと思う。実際のところ、確かに何かを学ぶことは学んだが、そのあとまだ学ぶ必要があったのは明らかだ。なぜなら、私は一度ならず同じ経験を繰り返したからだ。これまでの長い年月、私は次々と悪い相手とパートナーシップを組んできた。金持ち父さんに言わせれば、そうすることで私は自分自身を悪いパートナーにしていた。

悪いパートナーと一緒に仕事をするパターンはその後何度も繰り返された。そのパターンはこうだ――いい人だと信じた相手（一人の場合も複数の場合もある）とビジネスを始める。ビジネスは軌道に乗るが、ある程度成功してお金が入り始めると、いい人が悪いパートナーに変身する。

このパターンはサーファー用の財布を作っていたリッパーズで始まり、次にロックンロールアーチストの公式グッズを作っていたリッパーズ、次に始めた教育会社、そして最後にはリッチダッド・カンパニーでも繰り返された。リッチダッド・カンパニーの場合、パートナーを組んでいた人物と彼女の夫が関わっていた。

今挙げた四つの例のうち二つでは、ビジネスは成功したが、その成功を扱いきれなかった悪いパートナーの正体が暴露された形だった。彼らは本当に悪い人間でも、根っから不正直な人間でもなかった。ただ、それまで成功した経験がなかっただけのことだ。だから、成功が姿を見せ始めると同時に、彼らの人間的な弱点も表に出てきた。たとえば、パートナーとして小さな教育会社を私たちと一緒にやっていた女性は、自分自身が金持ちになったかのようにお金を使い始めた。それまであまりお金を持ったことがなかったので、会社にどんどんお金が流れ込んでくるのを見た時、それまで抑えていた買い物をしたいという欲望を抑え切れなくなったのだ。彼女が会社のクレジットカードを使って自分の物を買い始めた時、私とキムは彼女とのパートナーシップを解消した。彼女は悪い人ではなかった。ただ買い物が大好きだっただけだ。

今の例とは異なり、パートナーが不正直な人間だった場合もある。おもしろいことに、リッパーズとリッチダッド・カンパニーのどちらの場合も、悪いパートナーは会計士、弁護士の資格を持っている人たち、つまり彼ら自身のような人間から守ってもらうために私が雇った人たちだった。

繰り返しになるが、悪いパートナーを持っていることは、私の馬鹿さかげんが暴露され、私自身が悪いパートナーになることを意味する。私がビジネスで繰り返してきた「パターン」が、起業、成功、そして悪いパートナーの正体暴露などという形でなければよかったのにと心から思う。悪いパートナーではなくていいパートナーとの経験を披露できれば、もっと建設的な話ができる。そのほうがどんなにいいだろう……。だから、パートナー選びに関する私の個人的な、恥をさらすような経験について書くのではなく、もっと一般的な話をすることも考えたが、読者のみなさんが学ぶことのほうが、自分のプライドを守ること、あるいは「自分が何をやっているかわかっている」という幻想を維持することより大事だと信じているので、あえてそうしなかった。多くの人と同じように、私はドジを繰り返し踏みながら、その合間を縫って何とかやってきている。

真相を語る

もし、すばらしい妻でありビジネスパートナーでもあるキムがいなかったら、私はこれらの悪いパートナーとの苦い経験を乗り越えることはできなかったかもしれない。一九八五年以来、私とキムは、パートナーによるひどい裏切りを何度か乗り越えてきた。キムや、そのほかのすばらしい友人たちがいなかったら、あのような金銭的、感情的混乱を乗り切ることはできなかったかもしれない。金銭的なコストは数千万ドル、一億ドルに近くにものぼったが、感情的なダメージのほうがずっと大きかった。かつて友人でありパートナーだった人たち、何年も共に仕事をしてきた人たちが突然仮面を脱ぎ、人間の基本的行為として最も卑しい行為を成し得るその正体を明らかにするのを目撃するのはとてもつらいことだ。決して忘れられるものではない。

私はベトナムで、人間の形をした動物の最悪の部分を見たと思っていた。でも、私がベトナムで見た動物は、ビジネスの世界で私が見た動物とは違っていた。例は少なかったが、ベトナムで一部の兵士の中から「動物」の部分が引き出された時、それを引き出したのは恐怖だった。ビジネスでは、強欲と恐怖が人間を動物にする。ある意味で、ビジネスの世界における裏切りのほうが始末に悪い。なぜなら、ビジネスの場合、裏切るのが敵ではなく、友人だったり同僚だったりすることが多いからだ。

■裏切りは人生につきもの

裏切りには二つの種類がある。一つは犯罪的裏切り、あるいは意図的な裏切りだ。もう一つは、能力の不足、あるいは、無知に原因がある裏切りだ。人生における数々の裏切りから学び、成長することができれば、ミダスタッチを身に着けた真の起業家になれるチャンスが高くなる。

すべての裏切りに共通する興味深い特徴は、能動的に裏切り行為をした人間のほうが「裏切られた」と感じることが多い点だ。つまり、裏切った人間は、裏切ったことを正当化する方法を探す。

あなたに課された課題は、裏切りを踏み台にしてよりよい人間になることだ。それは、たとえそうしたいと思っても仕返しすることを思いとどまることを意味するかもしれない。それはつらいことだ。でも、ここでの努力目標は、あなたを裏切った相手よりも大きな人間になることだ。もしまだあなたが裏切られたことがないとしたら、そうなった時には、自分ではまだ見たことのなかった側面を自分の中に見ることになるだろう。そういった側面が自分にあることをすでに知っている人は、おそらく人生の中で裏切られた経験のある人だ。

裏切られた時の苦痛はとても大きいものになり得る。だから、それに対する最初の反応が、裏切った相手を罰したいと思うことである場合もよくある。でも、たとえそうするのが正当だと感じたとしても、その衝動に自分を支配させてはいけない。先ほども言ったように、正当化こそ、あなたを裏切った人がしていることなのだから。そのような仕打ちを受ける理由があなたにあるなしにかかわらず、相手はあなたを裏切ることを正当化する方法を見つけた。要するに、相手はたとえあなたが何もしていなくても、「あなたが自分を裏切った」と決めつけ、それに対して裏切りを持って罰を与えたのだ。

リッパーズの場合、ＣＰＡのスタンリーは私が投資家から集めた十万ドルを勝手に使って、それまでに出資をしてくれていた自分の友人たちにお金を返した。その十万ドルは投資家にお金を返すのではなく、もっと製品を買うために使うと合意していたことを指摘して問いただすと、スタンリーはこう言って弁解した。「でも、まず友達に返さなくてはいけなかったんだ」たとえそれがパートナーを裏切ることを意味しようと、彼の頭の中では、彼は正しいことをやっていた。

十万ドル分の製品は売上げにしたら百万ドル以上になっていただろうから、彼の友人だけでなく投資家全員に支払いができただろうと説明しても、彼は聞く耳を持たなかった。友人にお金を返すとスタンリーは会社を辞め、ビジネスは間もなく崩壊した。スタンリーは会社を辞めたあと、ほかの投資家たちに電話して、私がどんなに無能か吹聴して回った。おかげで、それからすぐにほかの投資家たちも次々にお金を返せと言ってきた。

スタンリーに仕返しをしたいと思ったかって？　もちろんそう思った。でも、そうはしなかった。

私がビジネスを立て直し、投資家たちにお金を返し始めるまでにそれから二年の年月がかかった。最終的には、さっさと破産に持ち込むのではなく、困難だが正しいことをやり通したことが、私が起業家として成長するための貴重な経験になった。確かにとてもつらかったが、その経験のおかげで私はよりよい起業家になれた。でも、一夜にしてこのような境地に達することができると期待してもらってはこまる。もしあなたが私と同じような人間だとしたら、苦い経験に感謝できるようになるまでに、仕返しをしたいという気持ちと何度も戦うことになるだろう。

金持ち父さんは、スタンリーが人間的に弱い人間で勇気に欠けることに気付いていた。友人たちからのプレッシャーがあまりに大きくなった時、スタンリーはパートナーと会社を裏切った。

スタンリーが今どこでどうしているかは知らないが、十万ドルにまつわるこの経験のおかげで、私自身がよりよい起業家になれたことはよくわかる。変な話だが、ある意味でスタンリーは、私がミダスタッチを身に着けるのを助けてくれた。今の私は、ビジネスの世界にも弱い人間がいて、彼らがいかに危険な人物になり得るかよく知っている。

元海兵隊員の私にとって、報復、苦痛、応報といったことはすべて自分の一部になっている。海兵隊はスタンリーのような弱い人間を大目に見ない。だから、海兵隊方式でスタンリーに当然の報いを与えることを思いとどまるのは、私にとって人間性を試されているようなものだった。ジャック・ニコルソンとトム・クルーズが主演した映画『ア・フュー・グッドメン』を見た人は、海兵隊特有の文化と、そこで守られている名誉の掟がどんなものか垣間見るチャンスを与えられたと言っていい。スタンリーに報復しないという選択は、私にとって大きな一歩だった。

状況に負けず、たとえ裏切られてもそれを乗り越えて成長することは、私の人間的成長に不可欠だった。私の成功の鍵だったとも言える。海兵隊時代に培われた、苦痛と応報に対する強い思いはまだ持っているが、今はその強い思いを、もっと前向きで長期的にためになるような出来事や行為にフォーカスするようにしている。

「『目には目を』は私たちの目を見えなくする」とよく言われるが、この言葉には多くの真実が含まれている。私の中の海兵隊員の部分は相手の目をえぐりとろうとするが、今の私はそうはせず、次のような言葉に従う道を選ぶ――「最高の復讐は自分が成功を収めることだ」。悪いパートナーたちは、私の成功の炎を燃え盛らせるための薪だった。報復する代わりに、私はもっと大きな成功を収めるために自分の怒りを利用する。

今、私は、自分の成功は悪いパートナーたちのおかげによるところが大きいと思っている。なぜなら、悪いパートナーは私がいいパートナーになるにはどうしたらいいか教えてくれるからだ。私にはまだ学ばなくてはならないことがたくさんある。

■人間関係から学んだこと

次に挙げるのは、でこぼこだらけの長い道のりを歩きながら、ビジネスパートナーやそのほかの人たち、人間関係について私が苦労して学んだことの一部だ。

1. 悪いパートナーといい取引をすることはできない。

これは前にも言ったが、とても大事なことなのでここでまた繰り返させてもらう。ビジネスでも結婚でも、あるいは組織・団体でも、金銭的な問題を抱えている話を聞くと、私はそこに悪いパートナーが関わっていないか探し始める。たいていの場合、悪いパートナーはリーダー自身だ。いい人かもしれないがビジネスパートナーとしてはふさわしくない人がリーダーになっている場合が多い。

2. いいパートナーにはいい取引の話がたくさん入ってくる。

これは一つ目の教えの裏返しのプラスの面だ。金持ち父さんは、私が悪いパートナーと一緒にいて、自分も悪いパートナーのままでいたら、決して成功できないと教えてくれた。彼は私に、人間性とビジネスについて学ぶ学生になって、常に真剣に努力し、辛抱強く一日一日を大事に生きるきっかけを与えてくれた。そして、自分がいいパートナーになれば、いい人間やいい取引はこちらから探さなくても必ず向こうからやってくることを私に信じさせてくれた。

これまでのところ、金持ち父さんが私に信じさせてくれたことは現実になっている。二〇〇七年から二〇一〇年まで、私は元パートナーとの問題や世界的規模の経済危機など多くの試練にぶつかったが、その間、キムと私のもとには今までになかったほど多くの「いい取引」の話が舞い込んできた。そのおかげで、いい人たちといい取引をしてたくさんのお金を儲けた。もし私たちが評判のよくない「悪い人間」だったら、アメリカの投資グループの中でも特に名高いグループから、投資しないかと声がかかることなど決してなかっただろう。

3．悪い取引のおかげでいいパートナーが見つかる。

悪い取引に巻き込まれた時はいつも、私はそこですばらしいパートナーと巡り合う。キムと私のビジネスパートナーで、比較的大きな集合住宅プロジェクトをいくつか一緒にやってきたケン・マクロイと出会ったのも悪い取引を通してだった。

これまでに、ケンと彼のパートナー、ロス・マクキャリスター、そしてキムと私の四人は、一緒に何百万ドルものお金を稼いできている。

悪い人が作り上げた悪い取引がなかったら、キムと私がケンに出会うことは決してなかっただろう。これは一つのパターンになっている。起業家としての私の人生の中で、このパターンは何度も繰り返されている。もうあなたにもわかったと思う。今の私は、取引がうまくいっていないとわかると、新しいパートナーが近くにいるのではないかと探し始める。

4．「いい人」が悪いパートナーである場合もある。

起業家になりたいと思っている人はたくさんいる。でも、そういう人はビジネス――特に計画中あるいはできたばかりの会社――に参加しないかと誘われたとしても、そうすべきではない。

たいていの人はEかS、つまり従業員か専門的な職業人になるための訓練を受けているから、ビジネスを新たに起こすチームの一員になるために必要な経験も、教育も、情緒的な成熟度も持っていない。経験や教育、情緒的成熟度が足りないと、いい人が悪いパートナーになってしまう可能性がある。

私の友人に、パーティービジネスをやっている人がいる。料理が大好きな彼は、自分の仕事を心から愛している。目を覚ましている間ずっと、新しいレシピや、自分が企画するパーティーを参加者の思い出に残るものにする方法をいつも考えている。問題は、そんな彼にビジネスに対する興味がまったくなかったことだ。会計やマーケティング、資金調達、会社法といった分野について学んだこともない。一言で言って、ビジネスを学ぶ「生徒」ではなかった。結局、彼のビジネス教育の欠如と引き換えに、会社と従業員は苦労を背負い込むことになった。

でも、あいにくなことに、彼自身は自分がビジネスに強いと思っていたから、誰も彼に忠告できなかった。私が起こそうとしていた会社に起業家として参加したいと彼が言ってきた時、私たちは断った。彼はいい人ではあるが、いいパートナーになるとは思えなかったからだ。個人的経験から言って私は、この「現象」は特に医者と会計士にあてはまると思っている。彼らは自分がビジネスパーソンとして優秀だと思っている。なぜなら、学校でいい成績をとってきたし、自分で医院や会計事務所を経営しているからだ。残念なことに、私が見てきた限り、ビジネスに強い医者や会計士は例外的な存在で一般的とは言えない。従って、彼らはビジネスパートナーとしては力不足だ。

5．いい人でも経験がなければ、最高の取引には誘われない。

たいていの人は、起業家が起こすベンチャービジネスに参加して成功した経験などないから、最高の取引からは誘いがかからない。悪い取引、つまり誰も参加したいと思わないような話からは誘いがかかるかもしれないが、最高の取引が最初に彼らのところに持って来られることはまずない。

あなたが起業家として成功を収め、いい評判が立てば、誰もがあなたに自分のビジネスに参加してほしいと思うようになる。言い換えれば、あなたが成功すればするほど、より多くの成功が追いかけてくる。いくらかのお金は持っているが実社会の経験がなくて、起業家として成功したこともない人は、ＳＥＣ（証券取引委員会）の規則で、最も収益性が高く、税金の優遇を受けられる、一番いい投資をすることは禁止されている。

貯蓄や株式、債券、投資信託などは投資の世界で最もリスクが大きく、税金も一番多く課され、リターンが一番低い。それにもかかわらず、ＳＥＣは経験の浅い投資家たちにそれらの投資にだけしがみついているように勧め、多くの場合、そうしなければいけないと定めている。

■貴重な人間関係

金持ち父さんはよくこう言っていた。「ビジネスは簡単だ。人間はむずかしい」私の場合、この言葉通りだと言っていいだろう。長年の間に、たくさんのすばらしい人たちに出会ったが、その一方でひどい人たちにも出会った。出会ったすばらしい人たちとは、ドナルド・トランプやダライ・ラマ、スティーブ・フォーブス、オプラ・ウィンフリーなど、私が最初のビジネスを始め、それが失敗してからも学び続けることをしなければ決して会うことができなかったであろう人たちだ。

ビジネスの八つのインテグリティを示した、図⑦のB-Iトライアングルを見ると、金持ち父さんが「ビジネスは簡単だ。人間はむずかしい」と言った理由がよくわかる。

真のビジネスには、少なくとも八つの異なるスキルの組み合わせが必要だ。さらに言うなら、異なるスキルを担当する八人の人間が一つの目的を目指して協力して働いている状態が理想だ。新たに起こされた会社の十社のうち九社までが最初の五年間に姿を消す理由はたくさんあるが、たいていの場合、起業家がこの八つのインテグリティにフォーカスできず、収益をもたらすような結果を生み出せないというのが、最終的な失敗の原因だ。

失敗の可能性が高いのがわかっていたにもかかわらず、ベルクロを使ったナイロン製のサーファー用財布の会社を私が始めた理由の一つは、異なる人々をどう扱ったらいいかを学ぶために、そして特に、ある程度の成功を収めた場合に、その成功とうぬぼれとにどう対処したらいいか学ぶために、それ以外にいい方法を知らなかったからだ。私は、そのプロセスにしがみついていたら、つまり悪いことを通していいことを手に入れ、仕返しをするのではなく裏切りから学び、成長するプロセスを続けていれば、私自身がいいパートナーになれるかもしれないと考えていた。そして、今もそのプロセスを続けている。その理由は単純だ。私にはまだたくさん学ぶべきことがあるからだ。さまざまな人々の扱い方を学ぶプロセスは終わりのないように思える。いつも何か新たに学べることがある。ありがたいことに、私が人間関係をうまくこなし、いいパートナーを見つけられるようになればなるほど、人生はより楽に、また私はより幸せに、より裕福になる。

ミダスタッチの五本指のうち、私が一番大事だと思うのは薬指だ。なぜなら、いいパートナーになる方法を身に着ければ、世界で最も偉大な人たち、ビジネスという名のいばらの道を歩もうとあなたが決心しなければ決して会うことはなかったであろう人たちと出会うことができるからだ。

よく覚えておいてほしい――悪いパートナーといい取引をすることはできない。あなた自身がいいパートナーになれば、世界はすばらしい取引とすばらしいパートナーであふれる。

■最後に思うこと

数年前、ドナルドのオフィスに入るように言われた時、彼は電話していて、話を終わらせるところだった。

⑦ビジネスの八つのインテグリティ

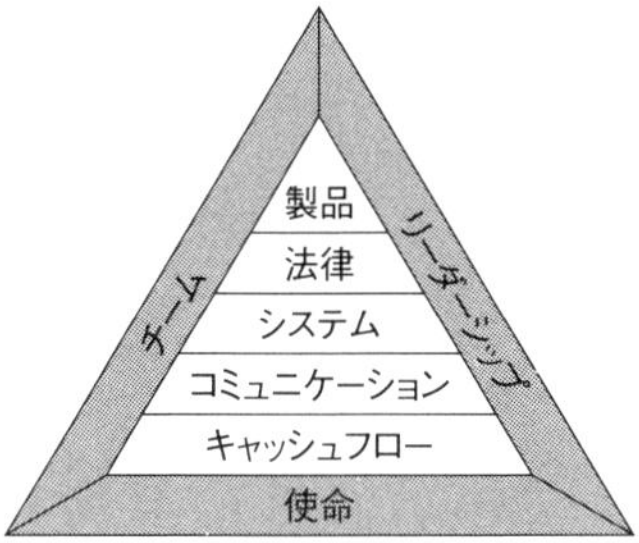

「相手はいい人間なのか？」ドナルドは電話口に向かってそう聞いていた。「それがどんなにいい取引かは、どうでもいい。いい取引話ならいくらでもある。私が知りたいのは、相手がいい人間かどうかだ」

電話の返事にしばらく耳を傾けたあと、ドナルドはこう言った。「そう聞いて安心した。相手がいい人間ならば、話を進める」そう言って彼は電話を切った。

ドナルドは顔を上げて私のほうを見て言った。「私たちくらいの年齢になると、悪い人間たちとビジネスをする時間はない。もうお金は必要ないし、時間は限られている。どんな取引でもそれをするだけで大変だ。あえて悪い人間と取引をする必要はない。いい人間と取引をするほうがずっと楽しい」

ドナルドはそう言うと、改めて私の方を見てこう聞いた。「で、次に何をやろうか？　何か楽しいことをして、ちょっとお金を稼ごうじゃないか」

成功の秘訣は強い人間関係（ドナルド・トランプ）

私はこれまで長い年月のあいだに、ビジネス上の関係を数多く結んできた。それでわかったのは、人間関係と評判とは密接に結びついているということだ。

その人物に気骨があるかどうかわかるまで、数年かかることもあるし、すぐにわかることもある。私が好んで引用するのはヘンリー・フォードの「これからしようとすることの上に評判は築けない」という言葉だ。それに、人間関係が正しく確立され、パートナーが適切な人間でなければ、よい評判を築くことはできない。ロバートもその点には同意してくれるだろう。これまで私が出会ったパートナー候補者の中には、すばらしいアイディアをたくさん持っているのに実現能力に欠ける人が多かった。一方、完全にアイディアを実現させるすばらしいパートナーたちとも出会った。

■ベスト・パートナー

仕事を始めた時、私にはすばらしいパートナーがいた――父だ。これ以上のパートナーはどこを探してもいない。私たち二人の間にはとてもいい人間関係が保たれていた。夏の間、私は父の建設現場で働いた。父が細かいことにどんなに気を配るかについてはもうお話ししたが、私はそれを見習ってきた。建設現場で、父が使われていない釘を拾って再利用していたことは今もよく覚えている。

父には趣味はなかった。仕事が忙しく、それに飽きる暇もなかったので、気分転換は必要なかったのだ。父は常にメモを取っていた。夜や週末に電話で話す父の声に耳を傾けているだけで勉強になった。父は交渉のやり方を知っていた。私が交渉に強いのは、父の電話に注意を払っていたおかげだと思う。それはいつも仕事の話だった。父はあいまいな話し方はしなかった。時間を無駄にするのがきらいで、すぐに本題に入った。

父はまた、常に細心の注意を払うことを私に教えてくれた。ビジネスにはタフさと同時に洞察力が必要だということも私は父を通じて学んだ。父は勤勉な人だったので、誰かが手を抜いているとすぐにそれに気が付いた。実質を重んじる父には、他人の弱点を瞬時に見抜くことができた。

私は父から、自分の本能的直感を信じることも学んだ。この能力は育てることもできるが、生まれつき備わっている場合もある。私は人と会ったり話をしていて何かしっくりこないと感じることがある。また、会ったとたんにその人を気に入ったのがわかることもある。マーク・バーネットやロバートがそうだった。今では、これまで充分な経験を積んできたおかげで、自分の直感がかなり磨かれてきたのがわかる。

起業家になったあなたは、いずれ従業員を雇うことになるだろう。その人がどんなに立派な資格を持っていようと、人を雇うのは常にギャンブルだというのが私の持論だ。トップに名を連ねる学校を出た人たちを雇ったが、たいして優秀でもなかったり、資格や免許を持っていない人を雇ったら、すばらしい人だったということもある。つまり時には逆のこともあるということだ。でも、その人の仕事ぶりを見て、何回か試してみるまでは、能力を本当に評価するのは必ずしも容易ではない。私は長年にわたって、よくも悪くも驚かされてきた。でも、人に自分の能力を証明するチャンスを与えるのは大切なことだと思う。

ビジネスパートナーとなると、話はちょっと違ってくる。相手の能力を評価するのに試行錯誤プロセスはあまり使えない。そこで、本能的直感の出番となる。どんなふうに直感が働くのか説明するのはむずかしいが、いわば「暗黙の力学」に注意を払うことが大事だ。パートナーシップは根底に誠実さと道徳的健全性《インテグリティ》がなくてはならない。あなたとパートナー候補者との間にこの二つが存在するか、そして、それらが一方通行ではなく双方向に働いているかどうか、自分に聞こう。相手がことさら自分を売り込んでくるようなら、それは何かがちょっとおかしい兆候だ。パートナー候補ならば、最初からそれだけの自信を持っていなければいけない。あなたが求めているのはパートナーであって、見習いではない。

パートナーシップを確立するには交渉が必要だ。それは双方が得する仕組みになっていなければいけない。そうでなければパートナーシップとは言えない。私の基準は、パートナーは「いい人」であるべきだということだ。あえてほかの種類の人間と組む必要はない。

ロバートはこれまでにとてもすばらしい学習経験を重ねてきた。彼が学んできたことには充分注意を払うだけの価値がある。起業家であっても、物事を成し遂げるには他人の力に頼らなければならない。基本となる考えは起業家のものでも、それを実現させるのに何百人もの人間が関わってくることもある。どの人も全体の成功にとって不可欠な存在だ。

■パートナーがすぐに見つかることもある

会ったとたんに自分がマーク・バーネットを気に入ったのがわかったという話は前にした。彼とのパートナーシップは、二〇〇三年以来大きく育っている。『ジ・アプレンティス』は二〇〇四年一月にテレビで初放映されたが、私たち二人の関係はそれ以降さらに強力になっている。マークはその業界で私が新人であることを知っていたが、そんな私に対して大きな尊敬を払ってくれた。私たちは最初から共同制作者として働いた。私の提案や質問（たくさん聞くことがあった）に彼は耳をよく傾けてくれた。マークは私の第一印象が正しかったことを証明してくれた。明確なビジョンを持った人間であり、すばらしい人だ。

マークはエンタテイメント産業に大きな影響を及ぼしてきた。彼に関して一つ言えるのは、前進するのをやめないということだ。燃え尽き症候群などというものは彼には無縁で、することすべてに関し、高い基準で品質をチェックする。私たちは共同制作者というだけでなく、余暇を一緒にすごす友人でもある。マークに初めて会った時、私が一番感銘を受けたのは彼の単刀直入なアプローチだった。彼はアイディアを持っていて、それについて私と話したいと言い、私たちは一緒に仕事をすることに同意し仕事に取りかかった。『ジ・アプレンティス』をテレビでどのように見せるべきか、彼は的確に把握していたし、細かなことまですべて準備をしていた。彼がすでにそのアイディアをよく検討していたのは明らかだった。おかげで、私は決定を下しやすかった。すっかり準備が整っていたので、私を納得させるのはむずかしいことではなかった。むろん彼がテレビ業界で成功していて経験が豊富なことも、しっかりとした知識に基づいて発言していることも私は承知していた。強引に売り込む必要はなかったし、危険因子は明らかにその多くがすでに取り除かれていた。

同じように、ロバートに会ったとたん、彼が「いいやつ」だということ、そして頭脳明晰な人間だということがわかった。彼の経歴にまつわる話や、これまでに売った書籍の驚異的な数に私は感銘を受けた。そして、一緒に本を書くには適任だと思った。それはなかなかいい思いつきだった。彼は私の初めての共同執筆者となった。私たちの本は大成功を収め、つい最近も再び上海でベストセラーのリストに載った。はじめて出版されたのは二〇〇六年だから、これはちょっと興味深い話だ。

攻撃されたら私は闘う。反撃されるとわかっていたら、人は手を出すのをためらうだろう。そうすれば誰にとっても多くの時間と多額の裁判費用の節約になる。人を追い込むのは楽しくはないが、時には必要なこともある。成功が一番の復讐になるというロバートの意見には私も賛成だ。

私が多くの試行錯誤を経験せずにすんでいるのは、幼いころから父と一緒に働き、父を見てきたおかげだろう。貴重な教育だったし、今でも父という手本があったことをありがたく思っている。私と同じような形でそのようなサポートを受けることがなかったロバートは、いくつかのつらい経験を通して学ばなければならなかったが、成功を達成し、そのような困難が成功への道だったと認めている。私にも困難はあったが、父の影響のおかげで若いうちから人を見分ける方法を学べたのだと思う。

■チームを動かす

仕事を始めた頃、オハイオ州シンシナティでの大学時代に、父と一緒にある取引をした。私たちは連邦政府が出資した住宅スウィフトン・ビレッジが差押えになっているのを見つけた。総戸数一二〇〇戸の団地で、そのうち八〇〇戸が空き家だった。ひどく荒廃していて、ほかに入札者がいなかった。大仕事になりそうだったが、私たちは最低入札価格で入札し、買うことができた。

手短に結論だけ言うと、私たちはそれをきれいに改装し、一年以内に全戸貸し出すことができた。私がここで話したかったのは、六人目でようやく、いいプロジェクト・マネージャーが見つかったということだ。雇ったマネージャーの中には正直だがあまり頭のよくないマネージャーもいたし、自分の落ち度でにっちもさっちもいかなくなった人もいた。私は常に彼らを評価し、その能力を判断し続けなくてはならなかった。たとえばプロジェクト・マネージャーとして必要な、経営的な頭脳といった資質に欠けている人もいた。最後にやっと、仕事ができそうな男性を見つけた。実際のところ彼は嘘ばかりついている詐欺師だったが、マネージャーとしての才能はあった。彼がいい仕事を――たいていの場合は――していることが私にはわかった。ただ、彼の扱い方を学ぶ必要があった。完全に信用できないのはわかっていたから、私たちの関係は、慎重さを踏まえた上での相互尊敬関係といったようなものだった。理想的とは言えなかったが、私たちの場合それでうまくいった。スウィフトン・ビレッジは彼の監督のもとで成功した。彼は泥棒だったかもしれないが仕事はできた。私はよく彼にこんな冗談を言ったものだ。「五万ドルときみが盗めるだけが給料だ」。妙な取引ではあったかもしれないが、最終的に彼はアパートをきちんと管理してくれた。

その後何年かたって地域の環境が悪くなってきたので、団地を売りに出したが、すぐに引き合いが来た。でも、その男性との契約のプロセスは、私にとって交渉面でもパートナーシップの面でも大きな教訓となった。いくつかはっきりした理由があって、私は彼を全面的に信用できず用心していたが、そうしていたことがとても役に立った。

■私のチーム

国内でも国外でも、また、どんなプロジェクトにおいても、私たちはチームを組み、現場で求められる日常的な必要や要求を処理する。トランプ・インターナショナル・ホテル・アンド・タワー・シカゴにはゼネラル・マネージャーが必要だし、ほかのどのプロジェクトに関しても同様だ。もちろん大勢のスタッフも必要だ。ある意味、これらのチームはパートナーシップによく似ている。特にホテル業界で成功を収めるためには、プロジェクトに関わる全員が一致協力して働かなければならない。ホテルでは最高のサービスが頼りだからだ。もちろん、私たちのどのビルにおいてもそれが優先事項だ。私が雇うマネージャーや従業員はみんな、私は要求が厳しいが公平だということ、そして自分たちに求められている基準が人間の一番よいところを引き出すためのものだということを知っている。

トランプ・オーガニゼーションには新しいチームがある。トランプ・ホテル・コレクションを世界的に有名にしたチームだ。そのチームとは、上の三人の子供たち、ドン、イバンカ、エリックのことだ。三人はこれまで多くのプロジェクトに関わり、パートナーとしての能力があることを証明してきた。彼らは見習い《アプレンティス》から始めたかもしれないが、今ではその言葉はテレビ番組『ジ・アプレンティス』で私のアドバイザーとして出演する時にだけ使われる言葉になってしまった。

彼らはまさに、私が考える理想的なパートナーだ。とても仕事熱心で、自分たちの仕事を愛し、自主的に働いて、どんなに優秀なビジネスマンでも誇りに思うような結果を出す。イバンカは私との仕事とは別に自分で靴とハンドバッグ、そしてジュエリーのラインも手がけており、プロ意識を持ってその新しい責任を果たしている。三人共、社会的責任を果たすことに積極的で、慈善事業でも大きな成果を上げている。彼らの労働倫理には非の打ちどころがない。父親として、これほど誇らしいことはない。この三人の偉大なパートナーに関して一言で言うなら、私は実に幸運な男だ。

■悪いパートナー、いいパートナー

パートナーはとても大事だ。ロバートにとって、いいパートナーの条件は何よりも信用できることだ。パートナーとして必要なあらゆるスキルや才能を持っていることは当然として、ロバートのような海兵隊員にとっては、チェックリストの先頭にあるのは「名誉」だ。ロバートは自分が与えるものを相手にも要求しているだけだ。それでこそ、いいパートナーが見つかる。私も自分と同じ価値観を持つ人々を探す。そうでなければうまくいかない。

自分がいいパートナーになれるかどうか疑問に思っている人は、パートナーになるべきではないのかもしれない。みんながみんな従来的な意味でのパートナーに向いているわけではない。人間関係なしにビジネスを成功させるのはほとんど不可能だ。でも、あなたがうまく取り仕切って、個々のプロジェクトや開発に適した才能を持つ人たちを集めることができるなら、パートナーがいなくてもやっていける。たとえば新しいビルを建設しようという時、私は、すでに自分のチームを持っていて、その先頭に立っている建築家を見つけ、さらに、適切な建設会社や造園業者など、必要な人材を見つける。プロセスは複雑だがそれだけの価値はある。なぜならそうすれば開発全体を自分のものにしておくことができ、自分で管理できるからだ。だから、自分がビジネスでいい人間関係を築けるかどうか疑問に思っている人は、今こそ鏡を見て、なぜそうなのかを自分に問いかける時だと私は思う。

いいパートナーになる一つの方法は、「私ならどんなパートナーがほしいか」と自分に聞いてみることだ。答えが見つかったら、自分がそういうパートナーになるように努める。誠実さは誠実さを引きつけるが、自然にそうなるわけではない。パートナー候補者の中には悪人だと一概に言えない人もいる。彼らはただ無能なだけだ。でもその一方、本当に悪い人もいる。そういう人はいずれ正体を現さずにいられなくなる。だから、パートナーたちが自ら信頼できる人物であることをある程度証明してくれるまで、私は用心し続ける。

私の友人やパートナーの中にも、不動産のこととなると敵に変身する人がいた。ある友人は、私が狙っているのを承知の上で同じ物件を狙った。パートナーとしてではない。彼は長年の知り合いで、友人だと思っていたのでショックだった。今ここで、この件がなんとか丸く収まったことを報告できるのはうれしいが、あれは勉強になった。必要ないので彼の名前は出さないが、こうしたことは起こる。いい教訓だった。ビジネスをやってみると、いろいろな意味で人に驚かされることがある。

テレビ番組『ザ・セレブリティ・アプレンティス』の最近のエピソードでは、ニキ・テイラーがプロジェクト・マネージャーを務めるチームが負けた。責める相手を探す代わりに、彼女は負けた責任をすべて負い、自分が解雇されるのを受け入れた。彼女はすばらしい誠実さを示した。私は彼女の人間的な強さに感心した。彼女のチームもすばらしいチームだった。チームと彼女の関係は、完全な相互間の尊敬に基づいていた。彼女は堂々と胸を張り、称賛を浴びながら番組を去った。

■取引 vs パートナーシップ

今も覚えているが、数年前、パートナーシップとそのむずかしさについてロバートと話をした。ロバートはちょうどパートナーシップのことで悩んでいる最中だった。私はパートナーシップを結ぶより、人と取引することで仕事上の関係を結ぶほうが好きだ。パートナーシップを組むのは複雑すぎるし、やがて関係が悪くなりかねないからだ。取引のほうが簡単だ。それでも人間関係は生まれるが、完全なパートナーシップに最終的に必要とされるような精神的重荷はそこにはない。パートナーシップは結婚のようなものだ。すばらしい関係にもなり得るが、ひどいものにもなり得る。できれば、自分が気に入り、信頼できる人々と取引することに専念したほうがいい。そうすれば、そこから次の取引に移っていける。

私は取引をもとに長年働いてきた。私はその時その時に適切な人に電話をかけることができる。おかげでうちの会社は物事をたやすくやり遂げると世間では言われている。この方法が誰にでもすぐ応用できるわけではないのはわかる。特に仕事を始めたばかりだったらそうは簡単にいかない。だから、あなたには、ビジネスのキャリアを積み、前へ進む間、頭の中に「取引」という言葉を留めておくことを勧める。「取引なのだ」と考えるほうが、「パートナーシップを結んでいるのだ」あるいは「結婚しているのだ」と考えるより格段に自由度が高いし、新しいアイディアも受け入れやすい。むずかしい状況への私のアプローチもそれに似ている。「これはささいなことだろうか、それとも破滅的状況だろうか」と自分に問いかける。するとほとんどは、ささいなことのカテゴリーに入ってしまう。そうすると、物事がどんなにはっきり見えてくるか、やってみると驚く。

■交渉術

あなたが習得する必要があるスキルの一つは交渉だ。私は交渉の腕がいいことで知られているが、そのことは取引することに関係している。最高の取引は、だれにとってもいい状況、双方にメリットのある状況を作り出す。交渉は力の駆け引きというよりも説得だ。外交にも少し似ているが、「外交官」でありながら頑固であり続けることは可能だ。

交渉する場合、相手が何を望んでいるか、そして何を考えているかを知る必要がある。道理をわきまえ柔軟さを保つ一方、こちら側が本当のところ何を求めているか、はっきりとは明かさないようにすることも大事だ。知識は力だ。だから、できるだけ多くを自分の胸のうちに留めておくようにしよう。そして「黄金を持つものがルールを作る」という交渉の大原則を忘れないことだ。この大原則は機会の均等を否定はしないが、厳然として存在する、暗黙のうちに認められた真理だ。どんな取引をする場合も、将来の取引のための土台を作っているのかもしれないのだから、公平さと誠実さに重点を置かなければいけないことを常に忘れないようにしよう。

人はみんな私と取引をしたがる。私との取引が利益をもたらすことを、そして私の仕事ぶりが手早く、自分たちが公正に扱われることを知っているからだ。その評判を確立するために私は努力してきた。これからもその評判を変える気はない。だからといって私が甘いわけではない。なぜなら私の要求は厳しいからだ。でも、一方的に期待ばかりするわけではない。たいていの場合、取引はみんなに有利なように丸く収まる。ロバートと私が一冊目の本を一緒に書こうと決めた時、面倒な点はまったくなかった。交渉もほとんどしなかった。必要なかったからだ。

相手方があまりに何も知らないので唖然としたことが一度ならずある。相手は明らかに情報と準備不足だった。だからそのことだけで、私にはこちらが簡単に大成功を収められることがわかった。こういうことがあるといつも私はびっくりする。でも、私は人をこっぴどくやっつけるために仕事をしているわけではない。ただ、何をやるにしろ、できるだけ準備をしておくのがいいと言いたいだけだ。一方、時には馬鹿なふりをするのもいい。格言にもあるように、「馬鹿なふりをするにはかなり頭がよくなくてはだめだ」。なぜそんなふりをするのか？　それは交渉相手がいかにものを知らないかを見るいい方法だからだ。さらに、相手がごり押ししようとしているかどうかを見るいい方法でもある。結論はこうだ。自分の直感を信じよう――特にそれがよく研ぎ澄まされている時には。

「どうやって直感を研ぎ澄ますのか？」起業家になったばかりの人はそう疑問に思ったかもしれない。それには経験が必要だが、私たちはみんな心の中に危険を知らせるブザーを持っていると思う。それに耳を傾けよう。言葉にはできないかもしれないが、何か変な感じがする時、それは警告の役割を果たす。私はよく「偏執的《パラノイド》であれ」とアドバイスする。これは、「用心深くしろ」ということを別の言い方で言ったのと同じだ。あるいは、「常によく準備しておけ」と言い換えてもいい。海外や国内で起きていることを知るためにメディアを利用し、できるだけ多くの話題や業種に精通するよう努力しよう。

■批判と衝突

私は最高のものから最低のものまで、さまざまなランクのメディアと付き合ってきた。いい関係は長続きする。これまでに、レジス・フィルビン、バーバラ・ウォルターズ、ラリー・キング、ニール・カブートらの番組や、『アクセス・ハリウッド』など、多くのテレビインタビューに出演した。常連ゲスト出演者として、番組のホストや担当者とは仕事上の関係だけでなく、時には友人関係も保っている。それは、たがいに相手を尊敬しているからだ。私たちの間には、仕事の上でも個人的にも絆がある。

一方、長い年月の間には、マスコミに激しく攻撃されたこともある――実際のところそれはたびたびあった。でも、公平な立場をとれる、あるいはそうしてくれるであろうすぐれたライターやジャーナリストが大勢いることも確かだ。

今でもよく覚えているが、ユナイテッド・ネーションズ・プラザにトランプ・ワールド・タワーを建てた時も批判を受けた。この時、有名な建築評論家ハーバート・マスチャンプの記事がニューヨーク・タイムズに載った。その中で彼はこの高層ビルを「華麗なるガラス製タワーの塊」と称える一方、「批評家の目を気にしている時より無視している時のほうが、トランプはいい仕事をする」とコメントしたのだ。批判されないのはリスクを冒さない人間だけ。それを悟れば、批判を楽に受け止められる。リスクが伴うのを恐れてはいけない。もし批判されたら、メディアが批判の対象にしたいと思うほど興味を引いたということなのだから。

中には、あなたを標的にすることで自分に注目が集まることを期待してそうする人間もいる。攻撃にはたいてい裏の意味がある。私は何度も標的にされてきたのでそれがわかる。攻撃の勢いを消す一つの方法は反論しないことだ。なぜなら、彼らはただあなたから反応を引き出そうとしているだけだからだ。でも結局は、そうすることで、彼らはあなたに世間の注目が集まるようにしている。それは時としてあなたに有利に働く。でも、本当にそんなふうになった時には、プラス面とマイナス面の両方をよく見るようにしよう。なぜなら、自己弁護という反論が必要な時もあるからだ。

私はまた、たくさんの訴訟に巻き込まれてきた。裁判沙汰は好きではないが、時にはそうするしかないことがある。人はとんだ思い違いをして、道理がわからなくなったり無節操になったりするものだが、そういう人を相手にしなければならないこともある。きちんと対処しないと、ちょろい相手だとあなどられてしまう。自分のために立ち上がらなくてはいけない時は断固戦おう。

ロバートの金持ち父さんが言ったように「ビジネスは簡単だ。人間はむずかしい」。人間関係をうまく保つスキルは、経験と気配りを通して養われる。ロバートと同じように、私はこれまでの人生ですばらしい人たち、芯まで純金の「本物」たちにたくさん出会った。彼らの出身や経歴、経験、職業は実にさまざまだ。そのうち多くは、取引を通して友人になった人たちだ。だからあなたも、仕事を始めたらその初日から、パートナーシップが——個人的レベル、職業的レベルの両方で——大切なことを常に頭に入れておくようにしよう。

（まとめ）人間関係について

ビジネスは簡単だ。人を相手にするのはむずかしい。よく言われる言葉に、「家族は選べないが、友達は選べる」というのがある。あなたが従業員なら、仲間の従業員を選ぶことはできない。でも、もし起業家だったら、あなたにとって最も重要な仕事は、誰と働くかを選ぶことだ。実際のところ、それ以上に大事な仕事はない。なぜならあなたの従業員は、あなたとあなたの会社を代表する人々だからだ。

●人間的成長プログラム

起業家になることは、あなたが受けられる限りで最高の自己啓発プログラムになり得る。そして、ビジネスは最高のビジネススクールになり得る。あなたが人間的に成長すれば、会社も成長する。残念ながらあなたが人間的に成長しなければ、会社も成長しない。

起業はゴルフの試合のようなものだ。一メートル半のパットを失敗した時、どんなに一生懸命にほかの理由を見つけようとしても、責めるべき人間は自分以外にいない。

ほかの人の行動があなたの最終決定に影響を与えることもあるかもしれない。でも、何が影響を及ぼそうと、「あなたの」最終決定であることに変わりはない。また、ほかの人のせいで会社が損をすることもあるかもしれない。その場合も、やはり損をするのは「あなたの」会社であり、「あなたの」お金だ。アドバイザーが悪いアドバイスをした時、その報いを受けるのもあなただ。時には、そのアドバイスを得るために支払った料金よりもはるかに高くつくこともある。そのような損失を人のせいにしようとしたら、あなたはお金以上のものを失う。学び、成長し、よりよい起業家になるチャンスを逃すことになる。

たいていの人がEクワドラントに留まったり、Sクワドラントで小さなビジネスをやることに満足している一つの理由は、他人のせいだと思えることに責任を取りたくないからだ。他人はあなたにとって最大の資産にも、最大の負債にもなり得る。

●起業家にとって最も大事な仕事

多くの人がビジネスでうまくやれない理由の一つは、人とのつき合いが下手だからだ。あなたの知り合いにもそんな人がいるのではないだろうか？　ともかく他人と仲良くできない人だ。そういう人は、たとえエンジニア、会計士、発明家、弁護士、芸術家、あるいは歌手などとしては一流でも、何しろ人とうまくつき合えない。ミダスタッチで本当に大事なのは、あなた自身と、あなたと人との関わり方だ。つまり、人とうまくつき合うことが、起業家であるあなたにとって一番大事な仕事だ。それは簡単ではない。なぜか？　なぜなら人はそれぞれに姿かたちも大きさも、中身も違うからだ。次に挙げるのは、起業家としてつき合う必要が出てくる人たちの一部だ。

・投資家

投資家はあなたのアイディアをビジネスに変える力を持つ人たちだ。あなたの起業家としての腕を信じていなかったら、彼らはこんなふうに言う──「すばらしいアイディアだ。でも遠慮させてもらうよ」（これほど礼儀正しい言葉は使わないかもしれない）。皮肉なことに、世界はすばらしい投資先を求める投資家であふれている。問題は、投資する価値のあるすばらしい起業家が少ししかいないことだ。あなたの仕事は、投資する価値のあるすばらしい起業家になることだ。それには人間的な成長が不可欠だ。なぜなら、起業家になるのは、従業員になるのとはまったく異なるからだ。起業家はほとんどの人が持っていないスキルを持っていなければならない。

さて次は資金集めの第一課だ。「資金集め入門」と呼ぼう。まず言いたいのは、たいていの人はすばらしいアイディアを持っているが、問題は、彼らがオフィスの机の間違った側からしか全体を見ていないということだ。だから資金を集められない。資金を集めたかったら、Iクワドラントのプロの投資家の立場に立って世界を見る必要がある。製品は大切だが、プロの投資家はあなたの製品など本当はどうでもいい。彼らがまず知りたいのは、あなたが誰か、あなたの経験、チーム、そしてほかの誰が後押しをしているかだ。パートナー、アドバイザー、銀行家、ほかの投資家としてあなたがどんな人を抱えているかを知りたいのだ。プロは人を見る。なぜなら、ビジネスで大切なのは人だと知っているからだ。

ほとんどの新米起業家は起業家としての経験がない。プロの起業家はそんなビジネスに投資などしないので、新設会社の多くは、ビジネススキルよりもむしろ友情や愛を信じて彼らに賭けようとする友人や家族から資金を集めることになる。話が複雑になってくるのはここだ。ジレンマ状態が始まる。あなたはすばらしいビジネススキルを持った起業家だと証明するチャンスがほしい。でも、きちんとしたビジネススキルを獲得できるようになる「前に」、自分がすでに起業家であることをみんなに納得させなければそのチャンスは手に入らない……。ここで、次のタイプの人が重要な意味を持ってくる。

・ビジネスパートナー

起業家の中には一匹狼タイプの人もいるが、パートナーがいる人が多い。パートナーは大切だ。なぜなら、誰もすべての答えを知ることはできないし、B‐Iトライアングルのすべてのレベルで必要とされるあらゆるスキルを持つことなどできないからだ。パートナーがいれば、最初の五年間を生き抜くチャンスが増える。大部分の新設会社はその五年でだめになる。

最高のパートナーシップとは、それぞれのパートナーが補完的なスキル、才能、経験を会社にもたらすような組み合わせだ。たとえば、パートナーの一方が社交的で、もう一方が会社内の業務に秀でているというようなケースはよくある。また、一方が大局を好み、もう一方が詳細を好むという関係を目にすることもあるだろう。あなたにもわかってきたと思う。ビジネスのパートナーシップは結婚のようなものだ。正しいパートナーを選べば天国になり得るが、間違ったパートナーを選べば地獄になる。

最高のパートナーシップは次のような異なる三つの種類の人たちで構成される。

1．夢想家《ドリーマー》

このタイプの人は楽観的な展望を持っている。つまりバラ色の未来をはっきりと見ることができる。

2．ビジネスパーソン

会社を実際に機能させるのは彼らだ。ビジネスパーソンはパズルのピースがきっちりはまるように、電車が時間通りに運行するように目を光らせる。

3．いやな奴

この人は番犬だ。人を信頼せず、信用もしない。誰かに噛みつかせたかったら、この人に頼めばいい。

私たち二人は、この三つのタイプのどの人間の役目もこなせるようになったが、中にはこのうち一つか二つの役目しか果たせない起業家もいる。あなたは三つの役をこなせるだろうか？　もしできそうもなければ、自分がなれないタイプの人を雇う必要がある。なぜなら、起業家になるにはこの三人が全員必要だからだ。

ここで、お金はあまりかからないが効果的な法律アドバイスを一つ——ビジネスで正式なパートナーになる前に、弁護士に「相互売買協定」を作ってもらおう。万一何かうまくいかなくなって、パートナーの一方は会社を続けたいが、もう一方は別の道に進みたくなったといったような時のためだ。相互売買協定は離婚時の財産分与の方法を結婚前に決める「婚前契約」のようなものだ。ご存知の通り、たいていの結婚式は「死が二人を分かつまで」というセリフで終わる。結婚のおよそ半数が離婚で終わる一つの理由は、死よりも離婚のほうがずっと得だからだ。

多くのカップルと同じで、相互売買協定を作り始めると、これから一緒にやっていこうと思っていたパートナー同士が「ウマが合わない」と思うようになる場合がある。婚前契約を作る時にもよく同じことが起こる。当事者の間の違いは、ビジネスや結婚生活が始まってからではなく、早めに見つけるのが一番いい。

古いジョークに次のようなものがある。

セラピスト：あなたはどうしてそんなにたくさんの男性問題を抱えているんですか?

患者　　：私は自分に合っていない男の人を惹きつけてしまうみたいなんです。

セラピスト：それは違いますね。あなたの問題は、彼らに電話番号を教える時に始まるんですよ。

パートナーを選ぶ際には充分注意しよう。よく言うように、「恋に落ちるのは簡単だ。愛し続けるのはむずかしい」。ハネムーンが終わったとたん、いろいろな問題が発生する。問題を二人で一緒に解決できなければ、それはたまっていくばかりだ。結婚においてもビジネスにおいても、かつて愛した人たちを憎むようになる場合はよくある。

だから、パートナーになる前に、まず相互売買協定を作ろう。私たちはみんないい面と悪い面を持っている。万が一のことを考えたこの協定について話し合うだけで、将来のパートナーの、そして自分自身の真の姿が見えるかもしれない。

人間関係がいつもハッピーだと考えるのは、バラ色の夢ばかり見ているドリーマーだけだ。人間関係には意見の相違がつきものだ。いいパートナー同士であれば、そのような違いは生産的なものになり得る。多くの場合、よりよいアイディアは白熱した議論から生まれる。でも、口論や喧嘩、意見の不一致ばかりで、いいアイディアがまったく生まれなければ、そのパートナーシップは悪いパートナーシップだ。ラリー・ペイジとセルゲイ・ブリンが最初に会った時、二人はほとんどすべてのことに関して意見が合わなかったが、その後、グーグルに関して意見が一致し、大成功を生んだ。

●よいパートナーになる方法

『ジ・アプレンティス』を見たことのある人は、ドナルドが、話したりアドバイスをしたりするよりも、よく耳を傾け、見つめ、質問をするのに気付いたかもしれない。これこそいいリーダーがすることだ。創造主は私たちに二つの目と二つの耳を与え、口は一つしか与えなかった。そこに込められたメッセージはこうだ——よく聴き、よく観察し、控えめに話せ。みんなしゃべるばかりで誰も耳を傾けようとしなかったら、その会社は非常に大きな問題を抱えている。話はするが耳を傾けることができないリーダーはいいリーダーではない。

投資家から資金を出してもらいたい時には、話すのは控えめにして、よく聴くのが一番だ。投資家が何を重要だと思っているか知ることで、ビジネスについていろいろなことを学べる。

・アドバイザー（顧問）

投資家たちはどんな人があなたのアドバイザーになっているか知りたがる。株式を公開している会社はどんな会社でもアドバイザーチームを持たなければならない。たとえ会社の株式を公開するつもりはないとしても、アドバイザーチームは持っていたほうがいい。たとえば、レストランを開く計画でいるなら、レストランを開店し、それを成功させている人をアドバイザーとして持つべきだ。そのほかに優秀な法律アドバイザーと会計アドバイザーが必要だ。アドバイザーはじっくり選ぼう。アドバイザーのすべてがいいアドバイザーとは限らない。優秀なアドバイザーを持っていれば、多くの時間と頭痛の種とお金が省ける。プロの投資家はあなたのアドバイザーたちが何者で、どんな実績、資格を持っているか知りたがる。

アドバイザーはあなたの「ビジネススクール」のインストラクターであり、最高の先生だと考えよう。実際に会社と実社会での経験を持ったアドバイザーのチームを持つことは、実社会でのビジネス教育を受ける最高の方法になり得る。ただし、あなたも自分の役割を果たさなくてはその効果はない。つまり、いい生徒になり、耳を傾け、学び、間違いを正さなければいけない。アドバイザーに言われたことをすべて実行する必要はないが、彼らが言ったことすべてに耳を傾ける必要がある。耳を傾けないのなら、あなたはアドバイザーを必要としていないか、アドバイザーを変える必要がある。

・従業員

多くの場合、このカテゴリーの人たちが、あなたがつき合う人たちの中で一番手ごわい。でもくじけてはいけない。従業員はあなたの最高の教師になり得るのだから。ビジネスは、八つのインテグリティによって代表されるさまざまなスキル（会計、法律、顧客サービス、マーケティング、広告、営業、製品開発など）で成り立っている。だから、あなたは高度に専門化した人たちからなるグループを相手にしていることになる。中にはやる気のある人もいればない人もいるし、正直な人もいればそうでない人もいる。このグループを会社の目指す目的に向かってフォーカスさせるのは容易なことではないが、それがあなたの仕事だ。忘れてはいけない。一つの腐ったリンゴはほかのリンゴを腐らせる。自分の会社の従業員をどうやって腐ったリンゴから守るか、その方法を学ぶことが大事だ。あなたが従業員に関して問題を抱えていることや、あなたにリーダーとしての力量が欠けていることに気付いたら、投資家は投資してくれない。

起業家になってみると自分でも口にするし、ほかの起業家からもよく聞くであろう最大の不平の一つは、「いい人材が見つからない」ということだ。新米起業家のほとんどは実社会の経験が少ないリーダーだから、「最近はきちんと仕事をしてくれる人が見つからない」とよくぼやく。たいていの場合、本当の問題は、彼ら自身がまだいいリーダーではないということだ。起業家が自分のリーダーシップのスキルを向上させれば、従業員はよくなる。

・顧客

最後になったがこれも重要なことだ――ビジネスには顧客と、顧客とのすばらしい関係がなくてはならない。あなたの顧客は、あなたにとって最良の教師の一人になるだろう。

プロの投資家は常にこう聞く。「あなたの会社の顧客はどんな人たちか？　彼らはあなたの製品やサービスをなぜ必要としているのか？」顧客の時間やお金をめぐる競争がどんどん激化する今の世界では、自分の顧客を知ることが大事だ。そしてまた、なぜ顧客があなたのビジネスを必要とするのか、どのようにして顧客との関係を維持し続けるのか、その理由と方法を知らなければいけない。

Sクワドラントの起業家は、しばしば顧客と一対一の関係を持っている。医療における医者と患者の関係、法律における弁護士と依頼人の関係などがその例だ。

Bクワドラントではその関係は異なる。それはもはや一対一ではない。Bクワドラントの起業家は、自分と顧客との関係を異なる媒体を通じて維持しなければならない。それにはまた異なるスキルが必要だ。

私たち二人は、マネージメントチーム、テレビ、ラジオ、インターネット上のソーシャルメディア、セミナーや講演、書籍などを通じて、何百万という顧客との「人間関係」を維持している。当然のことだが、投資家はあなたがどうやっていい顧客を引きつけ、維持し続けるかを知りたがる。

●最高のビジネススクール

あなたのビジネスが、永久に続く最高のビジネススクールに、そしてすばらしい自己啓発プログラムになり得る理由はここにある。もしあなた自身が人間的に成長すれば、ほかのすべてがよくなる。もしあなたがすばらしい人間になれば、お金や名声が舞い込んでくる。もしあなたが責任逃れをして人を責めたりすれば、

blame（責める）という単語が be lame（だめ）を意味することになる。世の中には「だめな」起業家がいっぱいいるが、それは自分のビジネスをビジネススクールと考えて、そこから学ぼうとしなかったことが原因である場合が多い。

●すばやい売り込み

あなたには短時間で自分を売り込む準備はできているだろうか？　資金を集めるには自分を売り込むことが不可欠だから、このスキルは必ず必要になる。まず、何を言うべきかを知っていなければならない。ここで、ブランド作りと計画作りが効果を発揮する。でも、いったん言葉を絞り込んだら、あとは練習に次ぐ練習あるのみだ。

人生においては何でもそうだが、うまくなりたかったら練習しなくてはいけない。ビジネスをすばやく売り込む方法を学ぼう。売り込み方がうまくなればなるほど、あなた自身もビジネスもより大きく成長する。ミダスタッチの親指を思い出そう。親指はあなたを人間的に強くしてくれる。人差し指は、売り込みをしている間、あなたをフォーカスさせてくれる。中指はブランドと、あなた自身が何を体現するかを思い出させてくれる。そして、薬指はよりよい人間関係を築くことの大切さを思い出させてくれる。だから、売り込みを練習しよう。売り込めば売り込むほど、あなたはより多くを学び、よりよい人間になれる。そして、あなたがよりよい人間になれば、人間関係もよくなる。

これが英語でクイック・ピッチ（すばやい売り込み）と呼ばれるのは、短く、興味をそそるものでなければならないからだ。たいていの人と同じように、投資家は忙しい身だから、長くて退屈なセールストークにつきあう時間も忍耐力もない。要点をずばりと、それもだらだら時間をかけずに言うことが大事だ。

●すばやい売り込みのポイント

投資家へビジネスを売り込むための指針をまとめると、次の四つのポイントに絞られる。おもしろいことに、これはビジネスを計画する時にフォーカスすべき四つのポイントと同じだ。

売込みの時は、四つのポイントそれぞれに二分以上かけてはいけない。

1．プロジェクト

・どんなプロジェクトか？
・どこがほかと違うか？
・なぜそのビジネスが必要か？
・顧客があなたの製品を好むのはなぜか？

2．パートナー

・あなたは何者か？
・パートナーは誰か？
・あなたとパートナーはどのような教育を受けているか？
・あなたとパートナーはどのくらいビジネスの経験があるか？
・あなたとパートナーがプロジェクトを成功させるのに適任である理由は何か？

3．資金

・プロジェクトの総費用はいくらか？
・負債と純資産はそれぞれいくらか？

・パートナーは自分たちのお金を投資しているか？
・投資家に対するリターンはいくらで、リスクに対する見返りは何か？
・税金にどのような影響があるか？
・ＣＦＯ（最高財務責任者）は誰か？　雇っている会計事務所はどこか？
・投資家との連絡の担当責任者は誰か？
・投資家が手を引く時の出口戦略はどうなっているか？

4．経営

・誰があなたの会社を経営するのか？
・彼らの経験はどれくらいか？
・彼らの実績はどうか？
・彼らはこれまで失敗したことはあるか？
・彼らの経験はあなたの会社の業種にどう関係しているか？
・これが集め得る最強の経営チームだと信じているか？
・自信を持って彼らを売り込めるか？

これがあなたの売り込みのポイントだ。これらを合計八分以内にまとめる。そして、四つのポイントを簡潔に述べたあとは口を閉じる。質問を求め、耳を傾け、短く答える。答えを与えるだけでなく、こちらから質問することを忘れないようにしよう。

あなたから投資家の候補者たちにすべき質問は次のようなものだ。

・このプロジェクトに興味を持ったか？
・新規プロジェクトに投資したことはあるか？
・どんな点が心配か？

彼らが本当に興味を持ったら、その場合に限り、ビジネスプランや関連情報を出そう。しっかり覚えておいてほしい。一番多く話した人間が負けだ。一番よく耳を傾けた人が勝つ。

耳を傾けることは尊敬の印だ。自分が興味の対象であろうとするより、こちらから相手に興味を持つのも、尊敬の印だ。相手に敬意を払おう。そうすればあなたは勝つ。ビジネスにおいてだけでなく、人生においても同じだ。

●資金集めの二つのコツ

・コツ　その一：売り込みを準備している時に、会計士と弁護士にアドバイスを求める

これはいい練習になるばかりでなく、すばらしい教育にもなる。相手が頭の切れる会計士や弁護士だったら、すばらしい関係が結べる。彼らはまた、あなたをほかのすばらしい人たちに紹介してくれる。

彼らがもしプロとして無能だったら——無能な人は結構いる——あなたとあなたのビジネスは苦労を背負い込むことになる。だから、弁護士と会計士を選ぶ時は時間をかけて慎重に選ぼう。

・コツ　その二：資金が必要になる前に、お金を出してくれるように話を始めよう

あなたはただこう言えばいい——「数か月後にビジネスを立ち上げるつもりです」。そして、それがどんなビジネスか、また、なぜあなたがそれに入れ込んでいるかを簡潔に説明する。この売り込みには一分以上かけてはいけない。大事なことなので繰り返して言うが、話し続けたら負けだ。一分後、相手にこう聞く。

「興味がおありですか？　もっとお聞きになりたいですか？」返事がイエスだったら、次にこう聞く。「投資家の方々にお話しする準備が整い次第、お電話してもよろしいですか？」。

そこで彼らがイエスと言ったら、名前を書き留めて、約束通りあとで電話をしよう。ただし、翌日ではなく、もう少し先、本当に準備ができてからだ。

覚えておきたいルールは、「資金が必要ではない時に出資を求めるのは楽だ」ということだ。たとえ本当に切羽詰まって困っていたとしても、それが声に表れてしまってはだめだ。同情を引く話や悲しい身の上話をしてはいけない。大げさな話も、多めのリターンの約束もだめだ。投資家たちは大げさで自信過剰な人よりも、保守的で慎重な人を信じる傾向にある。だから、直前ではなく早めに売込みを始め、実地練習を積み、大げさな約束をしないようにして、今ここで挙げたような資金集めに関するルールを守ることが大事だ。

●投資家は何を恐れているか

多くの人は仕事を辞めて自分でビジネスを始めることを夢見る一方で、失敗するのではないかと心配する。その心配は当然だ。

けれども、実際のところ、起業家になるのは大したことではない。ほとんど誰でもなれる。たとえば小さい子供が近所の芝生を十ドルで刈っていたとしたら、その子は起業家だ。

その子供がすぐれた起業家であるかどうかを決めるのは、稼いだお金をどうするかだ。

起業家の多くはただその十ドルをポケットに突っ込む。そんなふうにして小さいままでいる起業家は世界に五万といる。彼らはポケットにお金を突っ込む時に、記録もつけず税金も払わず、不正な地下経済《アンダーグラウンドエコノミー》に仲間入りをする。

大部分のプロの投資家が恐れているのはこれだ。たいていの「小」起業家が、儲けたお金をポケットに突っ込み、会社を育てたり投資家へお金を返したりするより自分を潤そうとすることを投資家たちは知っている。そもそも、自分のポケットに会社のお金を詰め込むのは犯罪行為だ。たいていの投資家は犯罪者に投資などしない。

世の中は、脱税者や犯罪者、地下経済に足を突っ込んだSクワドラントの起業家であふれている。不用品交換会、ガレージセール、ファーマーズマーケットなどで見かけるのはこのような起業家たちだ。週末に他人の家を掃除する人、信号が変わるのを待つ間にあなたの車の窓を洗う人、チップを申告しないウェイターやウェイトレス……お金を稼ぐためなら何でもする人たちはいくらでもいる。合衆国だけでも地下経済は一・五から二兆ドル規模の経済と見積もられていて、成長の一途をたどっていると言われる。記録がないわけだから、この経済の正確な規模を測るのはむずかしい。

もしあなたがこの「記録も税もない経済」に属していたら、小規模のまま、目立たないようにしているのが一番だ。地下経済に留まる場合、問題は、金持ちになることだ。地下経済に属する人がお金をたくさん稼ぎ、突然大きな家を買い、派手な車に乗り、新しい船を走らせ、クレジットカードで大きな買い物をすれば、その派手な暮らしが税務署のレーダーにひっかかる。脱税でつかまったら、たいていの場合ビジネスはだめになるし、自分の弁護に多くの時間とお金を費やすことになる。

はっきり言って、地下経済において起業家になることはお勧めしない。地下経済についてお話ししたのは、ただそういうものが存在し、繁栄していることを知らせたかったからだ。そして、ミダスタッチを手に入れたかったら、それを避けろと忠告したかったからだ。

●EからSへ

従業員は帳簿をつけたり、自分で税金を払う必要はない。彼らが勤める会社が代わりにやってくれる。税金に関して書類を用意するとしたら、それは主に税還付金のためだ。従業員にはCPA（公認会計士）も税理士も必要ない。このような専門家たちが従業員のためにできることはほとんどないからだ。従業員に認められている税控除は非常に少ない。さらに悪いことに、従業員はお金を稼げば稼ぐほど税金を多く払わなければならない仕組みになっている。

税金や会計帳簿に関する知識が欠けているせいで、たとえ正直な起業家でも困った事態になることがある。EクワドラントからSクワドラントに移ると、ほとんどの従業員が知らない税法や政府の規則に次々と出くわす。会計士や税理士といった専門家たちとの関係がとても大切なのはそのためだ。

起業家になると、次のような税金や規則のことも考えなければならなくなる。

・売上税
・自営業者税
・社会保障税
・州の失業保険税
・連邦の失業保険税
・その他の税金や規則

十ドル稼いだ子供の例で考えると、税金の問題が理解しやすいかもしれない。たとえば十ドル稼いだEクワドラントの従業員は、約三十パーセント税金を払い、七ドルの純益を上げる。一方、十ドル稼いだSクワドラントの自営業者は約六十パーセントの税金を払い、四ドルの純益を上げる。だからほとんどの小起業家は素知らぬ顔で十ドルをポケットに入れ、脱税者や犯罪者になる。そして、これこそが、多くの投資家が恐れていることだ。

●高い失業率

今挙げた例は、なぜ失業率がこれほど高いかを説明するいい例でもある。政府が小起業家に多くの税金と過度の規則を課して痛めつけることがわかっているのに、あえて起業家になろうという人がいるだろうか？　政府に痛めつけられるだけのために、なぜそんなリスクを冒さなければいけないのか？　政府に支払うお金が会社にとって最大の出費になるとしたら、小起業家はどうやって生き延びたらいいのか？　従業員を雇う費用を政府がどんどん引き上げている時に、どうしたら新しい従業員を雇えるというのか？　あなたがもし失業者だとしたら、政府からただでお金をもらうほうが稼げるのに、なぜあえて起業家になる必要があるのか？

ここでは問題自体が同時にその解決策でもある。つまり、税金や規則は問題でもあり、問題から脱出する道でもある。起業家になる大きなメリットの一つは、会計や法律や税金のアドバイスに対する費用の税控除を政府が認めていることだ。従業員にはこの税控除は認められない。つまり、もし従業員が会計士を雇ったら、税引き後のお金でアドバイス料を払わなければならない。起業家は、同じアドバイスに対し、税引き前のお金で支払う。簡単に言えば、賢いアドバイザーを雇うことに対して、政府が税を控除してくれるということだ。そのうえ起業家は、従業員が決して受けられない実社会の教育を受けられる。

ほとんどの小起業家は税務署や会計士や弁護士を寄生虫のように思っている。でも、観点を変えれば、彼らをあなたのミダスタッチを育てるためのパートナーと見ることができるかもしれない。大部分のSにとっての問題は、彼らがEクワドラントでの職を捨てて、今は「自分の職」を持っているにすぎないということだ。ビジネス（会社）を持っているのではない。税法はビジネスを持っている人のために書かれているのであって、「職を持っている人」のために書かれているのではない。

Sにとって最も大事な仕事は、自分の職をビジネスに変えることだ。そのためには、ミダスタッチを育て、BとIのクワドラントへと移り住む必要がある。

●SからBへ

皮肉なことに、実際のところ税法は、人にやる気を起こさせたり、励ましたりするための法律だ。つまり、私たちすべてがB（ビジネスオーナー）とI（投資家）になるよう励ましている。そして、それと同時に、E（従業員）とS（自営業者）に罰を与える。これは世界中どこでも同じだ。

Sクワドラントのほとんどの起業家はビジネスを維持するだけで手いっぱいで、本来の仕事をできないでいる。本来の仕事とは、SのビジネスをB（ビジネスオーナー）とI（投資家）のクワドラントのビジネスに成長させることだ。本来の仕事をしなければ、政府は余分な税金であなたを苦しめ続けるだけだ。

●なぜ税金が励みになるか？

税控除は政府がやってほしいことをしている人に与えられる。たとえば次のような人だ。

1. 雇用を作り出している人
2. 食べ物を生産している人
3. 住宅を供給している人
4. エネルギーを供給している人

税金についてもっと知りたかったら、会計士か税理士を雇い、今挙げた四つの分野について聞いてみよう。大した税控除はできない、または危険が伴うからやめたほうがいいなどと彼らが言ったら、時間に見合った料金を払ってくれさえすればいいという人ではなく、あなたを教育しようという気持ちのある、もっと賢いアドバイザーを探そう。税金はとても大事だ。だからこそ、ここで取り上げているのだ。腕のいいアドバイザーたちとのしっかりした人間関係がなければ、あなたは自分の権利をうまく利用することができない。

Bとークワドラントにおける税金の仕組みが理解できると、ゼネラル・エレクトリックのような会社がなぜ何百万ドルも稼ぎながら合法的にほとんど税金を払わないでいられるか、その理由がわかるだろう。彼らにはすぐれたアドバイザーがついている。そして、アドバイザーに支払うお金に対して、政府が援助してくれている。

政府が大銀行や大企業を救済する一方で、EやSに課す税金を増やす理由もこれだ。税金は増減税同額《レベニューニュートラル》主義に従う。つまり、政府はどこかに与えたら、その分をどこかから取らなければならない。だから、政府がしてほしいことをしている人たちに税控除を与え、政府がしてほしいことをしていない人たちから税金を取る。

起業家の仕事は、EからSへ、さらにSからBへと移り、ークワドラントから資金を調達することだ。政府も同じことをさせたがっている。そのプロセスは図⑧のようになる。

次に紹介するのは、そのようなプロセスをたどった多くの偉大なる起業家たちの一部だ。

・ヘンリー・フォードはフォード・モーター・カンパニーをガレージで始めた。
・マイケル・デルはデルコンピューターを大学の寮の部屋で立ち上げた。
・スティーブ・ジョブズはアップルをガレージで創業した。
・セルゲイ・ブリンとラリー・ペイジはグーグルを大学在学中に始めた。
・マーク・ザッカーバーグはフェイスブックを大学在学中に始めた。
・ヒューレットとパッカードはテクノロジー会社をガレージで立ち上げた。
・ビル・ゲイツは小さなプログラミングの会社からマイクロソフトの基本ソフトを買った。

そのあと、彼らはキャッシュフロー・クワドラントの境界を越えて前進していった。

●最後に思うこと

Sクワドラントと Bクワドラントの起業家の大きな違いは、ネットワークという言葉の中にある。たいていのEやSはネットワークの力に気付いていないが、大金持ちや大企業は実際にネットワークを持っている。だから金持ちはテレビのネットワークやラジオのネットワーク、フランチャイズ店のネットワーク、ネットワーク・マーケティング会社、ブローカーやディーラーのネットワークを持っているのだ。

ここで私たちにとってラッキーなのは、ネットワークを築いたり維持するのが、テクノロジーのおかげで昔よりずっと楽になったことだ。テクノロジーはみんながBやIのクワドラントへ進むのを楽にした。今日では、企業は世界規模のビジネスを一瞬で行っている。若い百万長者や二十代の億万長者が大勢いるのはそれだからだ。

⑧EからIへ移るプロセスとは

でも、テクノロジーのおかげで楽になりはしたが、起業家にはやはり、アドバイスによって正しい方向に導いてくれて、BやIクワドラントへと進むのを手助けしてくれるすばらしい人間関係が必要だ。いい人を引きつけるためには、起業家自身が法律を守り、倫理的で道徳的な人間にならなければならないし、同時に、賢くならなければならない。

たとえ資金が少ししかなくても、また、実社会でのビジネス経験や起業家の友達が少なくても、自分のビジネスこそがビジネススクールであり、自己啓発プログラムだと考えて学び続けよう。学ぶことはたくさんある。人間関係はあなたにとってのインストラクター、教師だ。あなたが成長すればするほどビジネスも成長する。

●覚えておくべきこと／するべきこと

・誰もがパートナーに向いているわけではないし、誰もがパートナーを必要とするわけではない。でも、あなたとは違うスキルを持っているパートナーはとても役立つ可能性がある。
・パートナーの意見は常に一致するとは限らない。意見の相違からよりよいアイディアが生まれない時は、そのパートナーシップは悪いものである可能性がある。
・あなたはさまざまな種類の人間と付き合わなくてはいけない。自分のニーズではなく、相手のニーズから彼らにアプローチしよう。
・あなたは投資家を育てる必要がある。しっかりした人間関係を築くには、彼らの時間や、あなたのビジネスに興味を持ってくれたことに対して敬意を払い、すばやい売込みですぐに要点を話すことも大事だ。
・EからSに、さらにSからB、Iへと進んでいく場合、税金は大きなポイントになる。ビジネス経営に伴うこの重要な側面を見落としてはいけない。見つけられる限りで最高の税務アドバイザーといい人間関係を築くように心がけよう。

・結局のところ、あなたが周りの人たちの手を貸りて成長すればするほど、ビジネスも成長する。付き合う相手を選ぶ時は慎重にしよう。

・あなたの価値観、姿勢、意欲を分かち合える人たちをパートナーにしよう。

・あらかじめ相互売買協定を結んで、パートナーシップを終わらせる場合にどうするかきちんと決めておこう。協定にサインする前に、すでにウマが合わないと気付くかもしれない。もしそうなら、その時点でわかったほうがいい。

第五章

小指…小さいけれど大事なこと

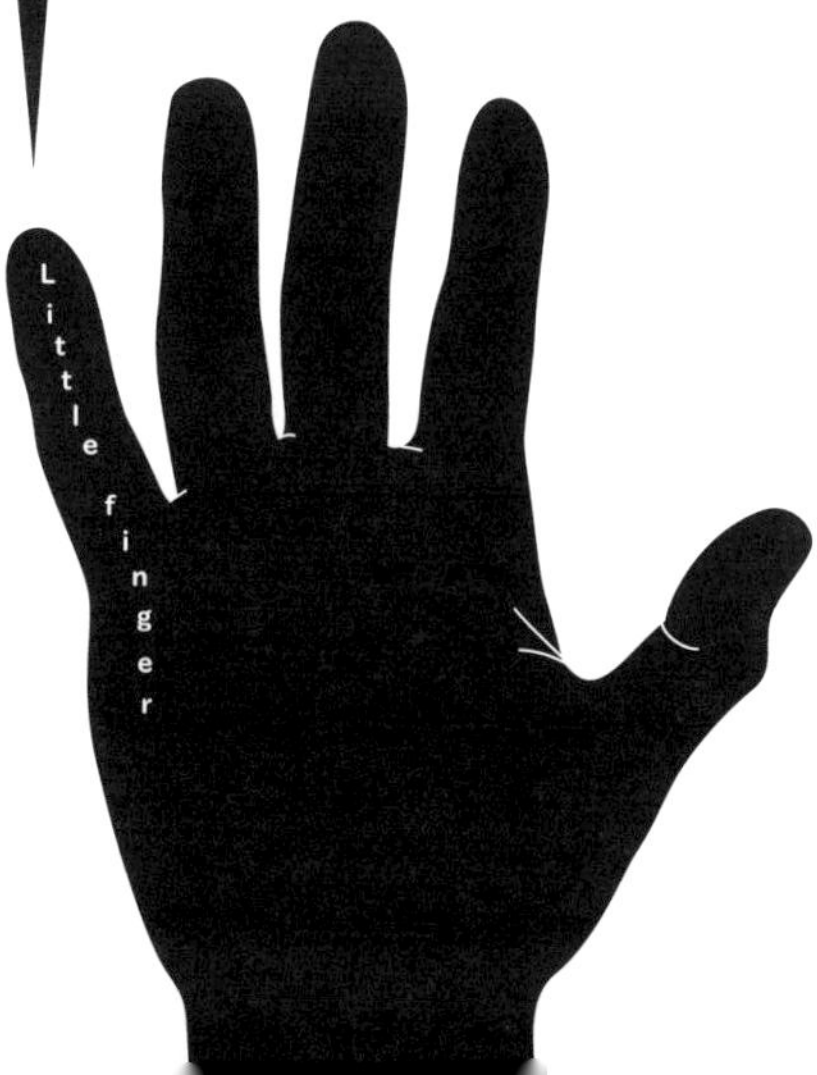

「もし私たちが自分にできることをすべてやったとしたら、自分でも大いに驚くことだろう」

――トーマス・エジソン

小さいことこそが大事（ロバート・キヨサキ）

まず最初に言っておきたいのは、「小さいけれど大事なこと」と「小さな考え方」ことは違うということだ。そして、これこそが、自分の中にミダスタッチを育てられる起業家がこれほど少ない大きな理由だ。世の中には、考え方が小さくて、小さいけれど大事なことにフォーカスできない起業家が多すぎる。

■キャッシュフロー・クワドラント

まず基本的なところから始めよう。私はいつもキャッシュフロー・クワドラントに戻って考えることにしている。なぜなら、キャッシュフロー・クワドラントはビジネスの世界における人間の行動パターンの多くの側面を、わかりやすく説明しているからだ。キャッシュフロー・クワドラントを使えば、なぜこれほど多くの起業家が小さく考えることから抜け出られないでいるのか、その理由をより簡単に、よりよく理解できる。これは起業家自身のせいではない。彼らはただ、EやSのクワドラントで、その環境に合った生き方で生きているだけだ。

E（従業員）が勤め先を辞めて、自分でスモールビジネスを始めたとしよう。つまり、EからSクワドラントへの移住だ。それは決して悪いことではない。問題は、移住した人の大部分がそこから動かなくなってしまうことだ。前にも言ったと思うが、Sはsmall（小さい）やspecialized（専門化された）の頭文字でもある。今挙げたような人のビジネスも、この二つの言葉で表される。困ったことに、Sはstruggle（苦労）の頭文字でもあるし、selfish（自分勝手）を意味することもある。

Sクワドラントには、そこにいることに満足している人がたくさんいる。それはそれでいい。でも、その一方、ビッグビジネスを意味するBクワドラント、あるいは投資家の世界を意味するIクワドラントに移住できればいいと思っている人もたくさんいる。この二つのクワドラントは自由と無限の富を意味する。金持ちのためのクワドラントだ。

そこに移ろうとしないからといってEとSのクワドラントの住人に、BやIのクワドラントに移るだけの頭のよさが欠けているというわけではない。それどころか、多くの場合、彼らはもったいないほど頭がいい。彼らがSクワドラントに捕らわれたままでいるのは、小さく考えるせいだ。私が今「捕らわれたまま」という表現を使ったのは、実際、罠に捕まっているようなものだからだ。多くの場合、Sクワドラントの人はほかのどのクワドラントの人より一生懸命働く。

次に挙げるのは、小さく考えるSクワドラントの住人の例だ。

例　その一：一生懸命働いているが、小さく考えている人

私の友人に、小さなレストランのオーナーがいる。もう何年もこの仕事をしている友人は、毎朝太陽が昇る前に、できる限り新鮮な果物や野菜、肉、魚を仕入れるために市場に出かける。午前九時までにはレストランに戻り、ランチタイムの客のための仕込みを始める。十時半に二人のウェイトレスが出勤してきてテーブルの用意をする。十一時までに開店して、ランチタイムの間、彼は休む間もなく忙しい。客に声をかけるために何度もキッチンから出てくるからだ。そして、午後二時頃、やっと一息つけるようになり、皿洗いの作業が進んでいる間、家に帰って短い昼寝をし、午後五時には戻ってディナー客のための準備を始める。そして、また次の日同じことをするのに備えてベッドに入るのは十一時前だ。これを一週間のうち六日やっている。

この友人は、労働時間が長い、税金が高い、食材が値上がりした、政府が細かい規則を押し付ける、いい

従業員を見つけて長く自分のところで働かせるのがむずかしいなどと、いつも文句を言っている。また、五人の子供のうち、誰もこのビジネスを継ぎたいと思っていないことにも不満を持っている。

彼は客が自分の店にまた来たいと思うのは、材料を厳選していることや、客の一人一人に挨拶していることと、白いテーブルクロス、飲み物の量、お手頃な価格といった自分の心配りのおかげだと信じている。この彼の考え方は正しいかもしれない。

でも、彼に長時間労働をさせ、利益を低く抑えているのも、彼がこのように小さく考えているからにほかならない。今挙げたような、小さいけれど大事だと彼が信じていることは、小さく考えていることを示すいい例だ。

この友人は貧乏ではない。充分なお金を稼いでいる。でも、自分のビジネスがこの先成長するかどうか、また多くの財産を築くことができるかどうか疑問を持っている。私にはよくわかるが、彼が小さく考えることをやめて、「小さいけれど大事なこと」について考え始めない限り、その二つは実現しない。

例　その二：小さく考えているために、自分もどんどん小さくなっている人

別の友人で、不動産エージェントとしてとても成功している人がいる。二〇〇七年に不動産市場が大暴落した時、彼女のビジネスも落ち込んだ。自分の考え方を変える代わりに、彼女はオフィスを閉め、従業員の大部分をやめさせ、自宅で仕事をすることにした。世の中の経済と同様にダウンサイズしたのだ。

最近、あるパーティーの席で彼女が私に近づいてきてこう聞いた。「あなたは投資用不動産を手放した？」

「いいや」私はにこりとして答えた。「それどころか、二〇一〇年は人生で最良の年だった。キムと私は五つの大きなアパートを購入した。総戸数にして千四百戸だ。リゾートホテル一つと五つのゴルフコースを含めて総額八千七百万ドルだったよ」

「投資物件を探していたのなら、なぜ電話をくれなかったの？」彼女はびっくりした顔でそう聞いた。「私

が不動産を売っているのはあなたも知っているでしょう？　私、まだ仕事をしているのよ」

「きみこそなぜぼくに電話をくれなかったのかい？　ぼくが不動産投資をしていることはきみも知っているだろう？」

「不動産市場はよくないから誰も買わないだろうって、そう思っていたのよ」彼女は不満そうに言った。

「あなたはどうやって融資を受けたの？　頭金を払うお金はどうやって見つけたの？」

彼女のその返事を聞いた時、私には二人が太い境界線をはさんで話をしているのがよくわかった。彼女の頭の中では、自分の不動産ビジネスは苦境に陥っていた。一方、私の頭の中では、不動産ビジネスは大好況だった。その夜、パーティーが終わる頃、彼女は次のように言って、私と仕事のつながりを保とうともう一度試みた。

「この次に何か買いたいと思ったら、連絡をちょうだいね」

それに対して私はこう答えた。「きみが何か見つけたら連絡をくれ」

今のところ、彼女は私に電話をしてきていない。

例　その三：専門化された専門家

クラスメートで、とても頭がよく、高度に専門化された分野の医者になるために医学部に進んだ人がいる。これにはとても長い年月がかかった。彼はSクワドラントで、高度に専門化された分野の「スモール・スペシャリスト」になった。

三年ほど前、この友人は胃がんと診断され、開業していた医院をやめなければならなくなった。するとすぐに、彼のライフスタイルは変わり、収入が激減した。ありがたいことに彼は病気から回復し、医院を再開して患者もまた集まり始めた。問題は、体力が弱まり、前ほど長時間働けなくなったことだ。そのため収入は低いままだった。

彼は引退したいと思っているが、患者の診療をやめたら、老後の生活どころか今の毎日の生活費を稼ぎ出すこともできない。彼は一生働き続けるつもりでいるが、一体自分にあとどれだけ寿命が残されているか、彼にもわからない。

今挙げたこの三人の起業家たちは、Sクワドラントでは成功したが、罠に捕まったまま小さく考えることしかできず、小さいけれど大事なことを実践しそこなっている人たちの例だ。

■小さいけれど大事なこと

「小さいけれど大事なこと」というコンセプトは、ビジネスの世界で競争に勝つための決め手と考えられているものと同じだ。Sクワドラントのビジネスだけでなく、BやIクワドラントのビジネスにもあてはまるが、これは起業家が持っていて、自分のビジネスに活かすことのできる「ユニークな何か」だと言うことができる。

「でも、今あなたが例に取り上げたレストランのオーナーや不動産エージェント、医者たちはみんな独自の専門技術、特色を持っていた。つまり、彼らは小さいけれど大事なことはやっていたが、それに効き目がなかったということではないのか?」今、そう思った読者がきっといると思う。

確かにその通りだ。でも、ここには微妙な違いがある。彼らがやっていた「小さいけれど大事なこと」は、単に彼らの個人的な「味付け」で、ビジネス上のユニークさではなかった。あなたがやっている小さなことが、個人ではなくビジネスレベルでやる小さなことにならない限り、効果はない。この三人の友人の場合も、個人的な専門技術や特色がビジネス自体のユニークさにならない限り、Sクワドラントに捕まったまま、そこから出られない。自分独自の専門技術やユニークさ、つまり「彼らにしかできないこと」が、かえって彼ら自身を小さい殻の中に閉じ込めているのだ。

次に挙げるのは、「小さいけれど大事なこと」のおかげで大成功を収めたビジネスの例だ。

・小さいけれど大事なこと　その一：ピザの迅速配達

ピザはアメリカだけでなく、世界中で最も人気のある食べ物の一つだ。アメリカではほとんどすべての町にピザ屋があるし、どのスーパーマーケットにも冷凍ピザが置いてある。郵便箱の中に入ったチラシに「二枚なら割引」と書かれたピザのクーポンが付いていない日はない。これはとても競争の激しいビジネスだ。いたるところに競争相手がいる。

数十年前、ドミノピザが「三十分以内に配達」をモットーに、この混み合ったピザ業界に殴り込みをかけた。三十分以内に配達というのは、小さいけれど大事なことのいい例だ。ドミノは、ピザが食べたいと思った人は待たされるのがきらいだということに気が付いた。だから、一九七三年、三十分以内の配達を約束することで、自分たちのBクワドラントのビジネス全体を新しく設計し直した。それまでにすでに成功を収めていたビジネスはおかげでさらに急成長した。考えてみれば「三十分」は大したことではない。でも、ドミノにとっては、それこそが大きな違いを生む小さなことだった。

残念なことに、三十分の約束を守ることを優先しすぎたために、配達の車が交通事故に巻き込まれるという事件が二度起きた。ドミノは訴えられ、数百万ドルの賠償金を要求された。それ以来、三十分の約束は取り下げられた。でも、それでも、たとえば私が今ピザを注文したいと思うと、もうドミノは三十分以内に配達するという保証はしていないのにもかかわらず、この「三十分の約束」のことを思い出す。

三十分で配達というドミノの約束は、小さいけれど大事なことの一つの例だ。当時、このBクワドラントのビジネス全体が、この約束を中心に築かれていた。今、ドミノは六十か国に店を持っている。三十分の約束があろうとなかろうと、今でも世界中でたくさんのピザを売っている。

・小さいけれど大事なこと　その二：いつも低価格

アメリカで最大の雇用者であるウォルマートは、顧客が求めるある一つのことを中心にビジネスを築いている。そのあることとは低価格だ。ウォルマートの創業者サム・ウォルトンは、単に一部の商品の価格を下げたり割引したりしたわけではなかった。Sクワドラントから Bクワドラントへと成長する過程で、ウォルトンは一つの単純な「ブランドとしての約束」――低価格――を中心に、自分の小売ビジネスを構築した。低価格は、どこよりも安い価格ですばらしい商品を届けることにフォーカスしたウォルマートという巨大、かつ複雑なビジネスのDNAだ。ウォルマートに関わるビジネス――貯蔵、輸送、購入、コンピューターシステムなどすべて――は、常に低価格で商品を提供するという約束を守ることにフォーカスしている。

最近のことだが、二〇〇七年に始まった金融危機が吹き荒れる中、多くのビジネスが顧客を呼び込むために値下げを余儀なくされた。残念なことに、一部の小売店は低価格で商品を提供するようにビジネスが組み立てられていなかったので、値下げのせいで閉店することになった。

世界中で、何百万というスモールビジネスが、ウォルマート、ホームデポといった大型店、あるいはアマゾンのような低コストのオンラインビジネスと競争できないという、ただそれだけの理由で閉店に追い込まれている。小さいけれど大事なことがビジネスを大きくする。

起業家が小さく考え、小さく行動しているとビジネスが小さいままでいるのはなぜか、その仕組みがわかったところで、ビジネスの面から見て、それがどういうことを意味するか、図⑨のB－Iトライアングルを使って考えてみよう。

B－Iトライアングルはその全体が「小さなこと」にフォーカスしている。ビジネスのDNAは三角形の底辺にある「使命」から始まる。自分の使命が、顧客にできる限りの低価格で商品を提供することにあると確信を持ったサム・ウォルトンは、自分の人生の使命をそこに見つけ、その使命を達成することを目的に、ビジネスのそのほかの要素を築いていった。

Ｓクワドラントのビジネスをやっている人たちは、商品の値段を下げたり、安い値段でサービスを提供したりすると失敗することが多い。その理由は、製品の値段を低くするだけで、ビジネスのそのほかの部分を変えないからだ。Ｂ－Ｉトライアングルの製品以外の部分では前と同じことをし続ける。それではうまくいくはずがない。高い価格をもとに築かれた会社は、そのほかの要素もそれに従って変わらない限り、価格を下げ過ぎると死んでしまう。

・小さいけれど大事なこと　その三：翌日配送

今はフェデックスと呼ばれるフェデラル・エクスプレスは「翌日配送」という約束を掲げて運送業界に乗り込んだ。この翌日配送がフェデックスにとっての「小さいけれど大事なこと」だった。今、フェデックスは何十億ドルもの価値のあるビジネスに成長している。

今はそのビジネスが国際的に広がっているので、フェデックスは百パーセント翌日配送の約束は取り下げた。でも、この翌日配送のコンセプトはフェデックスの使命としてそのＤＮＡの中に残っている。

・小さいけれど大事なこと　その四：子供をハッピーにする

マクドナルドは小さい子供を抱える親の気持ちをよく理解している。マクドナルドが考え出した「子供を楽しませること」も、小さいけれど大事なことの一つの例だ。私はマクドナルドで不満そうにしている子供を見たことがない。一方、日常の育児から解放され、子供がハッピーだから自分たちもハッピーだという様子の親たちはたくさん見かける。

マクドナルドが提供する食品が子供の健康にどんなに悪いか栄養士たちが騒ぎ立てるのを聞くたび、私は彼らがマクドナルドの大きな成功の理由を理解していないことに気付かされる。マクドナルドへ行く理由は食べ物にあるわけではない。そこへ行くのは、子供たちがハッピーになれるから、そして、親にほっとする時間が与えられるからだ。マクドナルドの最近のキャンペーン広告を思い出そう。"I'm lovin' it."（とっても楽しいよ！）

ここでB－Iトライアングルをもう一度見てみると、世界規模のマクドナルドのシステムがいかにすぐれているか、垣間見ることができる。

誰かがマクドナルドのカウンターに近づいて、「ビッグマック一つ、ミディアムサイズのフライドポテト、それにコーラ」と言ったとすると、その瞬間に、B－Iトライアングル全体が超高速で効率的に作動し始める。注文があるとすぐに、B－Iトライアングルの中の「製品」の部分、つまりハンバーガー、フライドポテト、コーラが、世界中から集められた材料、製品をもとに用意され、五分以内に客に手渡される。これは奇跡としか言いようがない。それだけではない。この正確さと効率のよさは、世界中の都市や町で同じように再現される。これがB－Iトライアングルの「システム」だ。

実際のところ、B－Iトライアングルが持つ力をいくらかでも理解したいと思ったら、最寄りのマクドナ

⑨小さいけれど大事なことがビジネスを大きくする

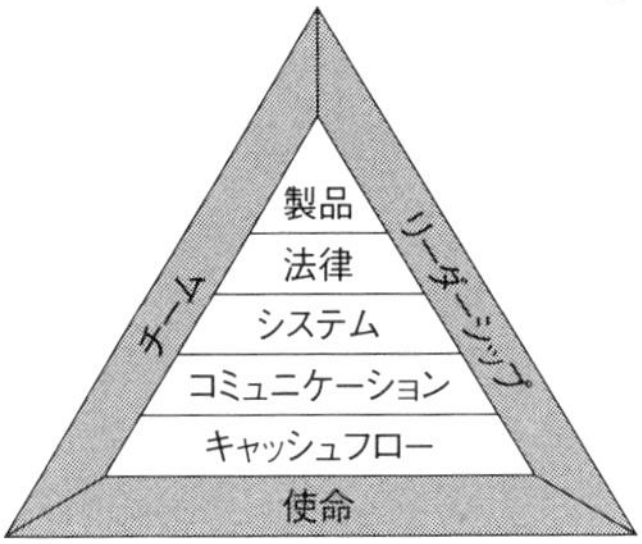

ルドに行って、店の中に一時間ほど座っているだけでいい。そして、五分以内にB－Iトライアングルをうまく機能させる——客にほしいものを手渡す、子供をハッピーにする、親に息抜きのチャンスを与える——ために、どんなに多くの人たちの手が必要か、想像してみるといい。そこには何百万という人が関わっている。Sクワドラントのように一人の人が働いているのでは無理だ。

私はよく、こんなことを想像しては驚き感心する——マクドナルドで客が注文をした瞬間、世界中の小麦畑から生まれ、パン屋で焼かれたバンズが動き出す。何万トンというポテトが細く切られ、熱した油に入れられるのを待つ。一方、世界中から集められた牛肉が切り分けられ、ひき肉にされ、ハンバーグの形に丸められて焼かれるのを待つ。コーラはしっかり炭酸が効いていて、すっきり、さわやかな味わいだ。商品の味はいつ食べても変わらないし、トイレもいつもきれいだ。マクドナルドはとても効率的なBクワドラントの国際的ビジネスで、顧客の気持ちをよく理解しているビジネスとはどんなものかを示すいい例だ。今挙げたような小さなことが、小さいけれど大事なことなのだ。マクドナルドは客がほしがっているものが何か知っている。

ドナルド・トランプには、これらのビジネスを例に挙げて今私が話していることがどういうことか、よくわかっている。彼は自分のビジネスに関して「小さいけれど大事なこと」を大切にしてきた。トランプの名を冠したホテルに滞在する、あるいはその不動産を買う、そのゴルフコースで十八ホール回るといった行為は、トランプの富と名声、パワーを買っているのと同じことだ。それがドナルドのブランドだ。彼の約束だ。彼が実行している「大きな違いを生む小さなこと」だ。ドナルドは小さなことを大きなことに、それもとても大きなことに変える。それはすべて顧客にとってとても大事なことであり、すべてが協力して働き、効果を発揮する。

・小さいけれど大事なこと　その五：簡単で楽しい

リッチダッド・カンパニーにとって小さいけれど大事なことは、ファイナンシャル教育を簡単で楽しめるものにすることだ。お金や金融の話を聞いただけで、あるいは単に数字が出てきただけで身構えてしまう人は多い。リッチダッドと同じようにファイナンシャル教育に携わる競争相手たちのやり方は、あまりに堅苦しく、退屈だ。彼らはまるで独裁者のように、突き立てた指を振り回しながら「クレジットカードを切り刻め、お金を貯めろ、そして収入に見合った生活をしろ」と叫ぶ。人々にああしろこうしろと言い、まるで子供のように扱うばかりで真の教育を与えようとはしない。

彼らは収入に見合った生活をするのがいいと言う。そう言うのはたやすいが、切り詰めた生活に甘んじたいと思う人がこの世の中にいるだろうか？　私はそんなことはしたくない。あなたもそうだろう。私に言わせてもらうなら、収入に合わせて切り詰めた生活をすることは人の魂を殺す。たいていの人は私と同じように感じているのではないだろうか？　収入に見合った生活をするよりも、収入を増やしたいと思っているのではないだろうか？

最近、世界中を吹き荒れた金融危機の嵐のあと、多くの人たちが、私の競争相手たちのお金に関するアドバイスが悪いアドバイスであることに気が付いた。彼らのアドバイスは人々を金持ちにするどころか、それに従った人たちは多くのお金を失った。今、私の競争相手たちは、そこからどうやって回復したらいいか、今何をしたらいいかアドバイスを与えている。彼らにとって小さいけれど大事なことが何なのか私にはわからない。でも、リッチダッドにとってその小さなことが何かはよく知っている。それは、簡単で楽しいファイナンシャル教育だ。

二〇〇六年にドナルドと私が一緒に『あなたに金持ちになってほしい』を書いた時、なぜそんな本を書いたのか疑問に思った人も多かった。私たちがあの本を書いたのは、二人共、不気味に迫るある問題に気が付いていたからだ。その問題とは、中流階級の減少、消滅だ。あの本の中で、私たちは人々に警告を発した。それも、すべて簡単な言葉を使って説明した。私たち二人は、みんなに金持ちになってもらいたいと思った。

気が付いたら貧乏になっていたなどということになってほしくなかったからだ。中流階級が消えたら、あなたの行く先は二つしかない。金持ちになるか貧乏になるかだ。私たちはあなたに金持ちになってほしいと思っている。本書がとても大事なのもそれだからだ。私たちは、どうやったらあなたがミダスタッチを身に着け、ビジネスを成功させ、私の友人たち――レストランのオーナー、不動産エージェント、医者――のような末路をたどらずにすむか、その方法を簡単な言葉で説明しようとしている。

・小さいけれど大事なこと　その六：楽しみながら学ぶ

私が六歳くらいの時、金持ち父さんはボードゲーム「モノポリー」を使って、自分の息子と私にお金について教え始めた。つまり、金持ち父さんは学習を楽しいもの、チャレンジ精神を刺激するもの、そして興味あるものにしてくれた。今、私は金持ちだが、そうなれたのは子供の頃楽しみながらモノポリーをしたおかげだ！

一九八四年、財布の製造会社をやめようと決心した時、私は「教師」になった。いろいろなゲームを使ってビジネスや投資、起業について教える教師だ。そして、その後十年かけて、キムと私は教育の道具としてゲームを使う腕をかなり上げた。一九九六年、『金持ち父さん　貧乏父さん』がまだ世に出ていない時、私たちは自分たちが開発したボードゲーム『キャッシュフロー１０１』を市場に出した。今、このゲームは十五の言語に訳され世界中で使われている。

このゲームが大きな成功を収めている理由は、おもちゃのお金を使って、楽しみながらお金について学べるからだ。このゲームをした人は、その後、お金の問題に興味を持って、さらに多くを学び続ける。

今はこのキャッシュフロー１０１、上級者向けのキャッシュフロー２０２、さらに子供用のキャッシュフローフォーキッズには、ボードゲーム版のほかにオンライン版がある。世界中どこでも、無料か、あるいはわずかな費用でキャッシュフローゲームにチャレンジすることができる。ゲームは、複雑で退屈なテーマを簡単で楽しいものにする手助けをしてくれる。「簡単で楽しく」というのがリッチダッドにとっての、小さいけれど大事なことだ。

■軍隊式の学校で学んだ二つの教え

もうみなさんもご存じのように、ドナルドも私も軍事学校で学んだ。ドナルドが通ったのはニューヨーク陸軍士官学校、私が通ったのは同じくニューヨークの合衆国商船アカデミーだ。軍隊式の学校は私たち二人に、ビジネスの世界での「アンフェア・アドバンテージ」(あなたをほかの人より有利な位置につけてくれる、知っている人だけが得をする知識やスキル)を授けてくれたと私は思っている。

従来型の一般の学校と違って、軍事学校では使命、リーダーシップスキル、チームスキル、勇気、フォーカス、規律といったことに特に大きな重点がおかれている。軍事学校で学んだ次の二つの教えは、ビジネス

⑩勝利のための作戦と戦略の立て方

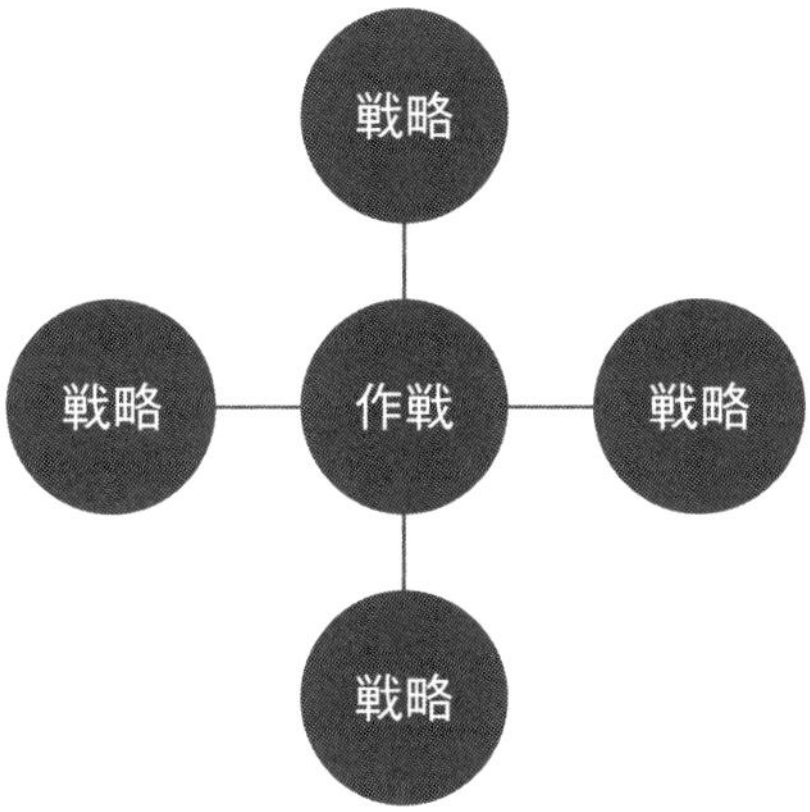

の世界で私の大きな助けになっている。

・教え　その一：作戦と戦略の違い

作戦はあなたが何をやるかだ。とても簡単な言い方をすると、リーダーは一つの作戦、つまりチームや組織の一つの目標をはっきりとさせなければいけない。

戦略はどれも、リーダーが決めた唯一の作戦、唯一の目標を確実に達成するための支えとなる。

あまりに多くの作戦や戦略が存在すると、ビジネスは崩壊を始める。一つの戦役に勝利を収めるための作戦と戦略の関係を示した前頁の図⑩を見ると、私が今言おうとしていることがもっとよくわかると思う。

三十分以内の配達を約束したドミノピザの例を振り返ってみるとわかる通り、広告、法律、会計、製品開発など、会社のすべての戦略は確かにB－Iトライアングルの中に含まれている。これらすべての戦略は、唯一の作戦、ビジネスがフォーカスする目標、顧客への約束をサポートするものでなければならない。

一元化された唯一の作戦よりも、それをサポートする戦略のほうに重点が置かれると、その組織の内部に問題が起き始める。

私はそのような事態が起こるのを何度も目にしてきた。弁護士たちは顧客よりも法的書類の方が重要だと思うかもしれない。あるいは、人事部のスタッフが、すべての資格は持っているが社風に合わない人間を雇ってしまうこともあるかもしれない。会計担当者は、適切な手順を踏まなければだめだと言って、取引の速度に合うように会計システムを変えようとしないかもしれない。

戦略が崩れると、それを立て直すために時間やお金、フォーカスが必要となり、その分、核となるべき作戦からそれらが失われる。そして、売上げは落ち、費用が増え、利益が減る。ここで覚えておいてほしいのは、B－Iトライアングルの内側のどのインテグリティも、同じように重要だということだ。そこに優劣はない。

このことは、軍事学校で学んだ二つ目の教えに結びつく。

・教え　その二：リーダーの仕事はＢ－Ｉトライアングル全体をまとめ、フォーカスさせることたいていの人は、「分割し統治する」という言葉を耳にしたことがあるだろう。今の従来型の教育システムはこれを土台に築かれていると言っていい。子供が学校に通い始めるとすぐに、教育システムは子供たちを「頭がいい生徒」、「平均的な生徒」、そして今の言い方で呼ぶなら「学習能力に問題のある生徒」――私の学生時代には「馬鹿な生徒」と呼ばれていた――の三つのグループに分け始める。この分割統治方式は、ＥとＳのクワドラントで一生を送るために生徒を訓練するためのものだ。

ＥとＳのクワドラントでは、人生とは、いい働き口や昇進、昇給を巡る競争だ。今説明したような、学校での分割統治方式による訓練こそが、組織の統一が重要な役割を果たすＢやＩのクワドラントにＥやＳのクワドラントの多くの住人が移動するのがむずかしい理由だ。

軍事学校に入学した瞬間から、学生たちは使命の重要性、チームワークのスキル、そしてリーダーシップの本質――Ｂ－Ｉトライアングルの三つの辺――を教えられる（図⑪）。

軍事学校では、学生たちは「勝つために団結しろ。征服するために分断しろ」と頭に叩き込まれる。彼らはまず、団結するスキルを身に着けるための訓練を、そして次に、その団結した力をフォーカスさせて、敵を分断し征服するための訓練を受ける。

残念なことに、従来型の学校では、学生たちは勝つために団結することを教えてもらえない（図⑫）。ただ、征服するために分割することだけを学ぶ。学校は、成績やランク付けされたクラス分け、大学への進学などを巡ってチームメート同士、たがいに戦うように学生たちを訓練する。卒業したあと、彼らはいい働き口、昇進、昇給を巡って競争を続ける。

EとSのクワドラントに捕まったまま出られないでいる人たちが、こんなにもたくさんいる理由の一つがこれだ。BとIのクワドラントで成功するためには、リーダーシップのスキル、つまり人々を団結させるスキルが必要だ。団結させることができる能力は戦場のリーダーにとっても、ビジネスの世界のリーダーにとっても不可欠な能力だ。Sが苦労するもう一つの理由は、多くの場合彼らはチームとして働く組織と競争しなければならないからだ。

たとえば、小さな金物店がホームデポのような大型店と競争するのはなかなか大変だ。

■有利な立場に立つ

もしあなたのビジネスが、同業者より有利な位置に立つための強みを持っていないとしたら、業界で抜きん出るのはむずかしい。この強みは、「小さいけれど大事なこと」に基づく何かであるべきだ。次に挙げるのは、私にその強みを与えてくれて、ミダスタッチを育てる手助けしてくれた「小さなこと」だ。これらはきっと、あなたにとっても同じような助けになってくれるに違いない。

・リーダーシップを身に着ける

合衆国商船アカデミーでは、入学した瞬間から卒業するまで毎日、朝から晩まで、リーダーになるための訓練を受けた。そのあとの海兵隊の士官、パイロットとしての六年間も、ビジネスに役立つすばらしい訓練を与えてくれて、リーダーシップを養うのに大いに役立った。

たとえあなたが軍事学校に通ったことがなくても、仕事場やスポーツ活動、そのほか民間のさまざまな活動の場でリーダーシップスキルを学ぶことができる。リーダーシップは教育の一つのプロセスだ。そのプロセスの中で、あなたは毎日、挑戦すべき課題を突き付けられる。リーダーシップを身に着けようとせず、リーダーとしての責任を避けようとする人たちは、ミダスタッチを身に着けた起業家としてはおそらく成功しないだろう。SクワドラントからBやIのクワドラントへ移るためには、リーダーシップのスキルが必要不可欠だ。

・売り方と投資の仕方を学ぶ

一九七三年にベトナムから帰還した時、私は貧乏父さんではなく金持ち父さんを見習おうと決心した。まだあと一年、海兵隊との契約があったので、金持ち父さんは私に、SとBとIのクワドラントで働くための準備をし始めるようにアドバイスしてくれた。

貧乏父さんは学校に戻って修士号を取るよう私に勧めたが、金持ち父さんはそうではなく、まったく別な教育の道に進むように勧めた。なぜなら、BやIのクワドラントに必要なスキルはSクワドラントに必要なスキルとは違うからだ。海兵隊を去る前に学ぶようにと金持ち父さんが勧めたのは、セールスと不動産投資だった。それには二つ理由があった。まず、起業家は顧客と従業員、そして自分にお金を出してくれる投資

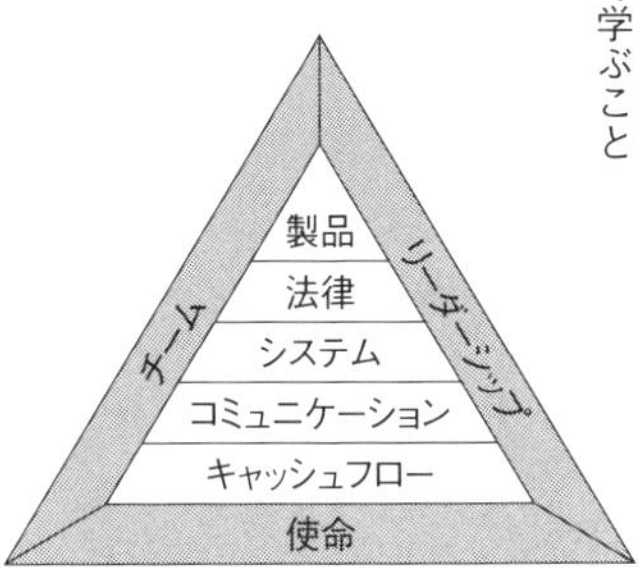

⑪軍隊式の学校で学ぶこと

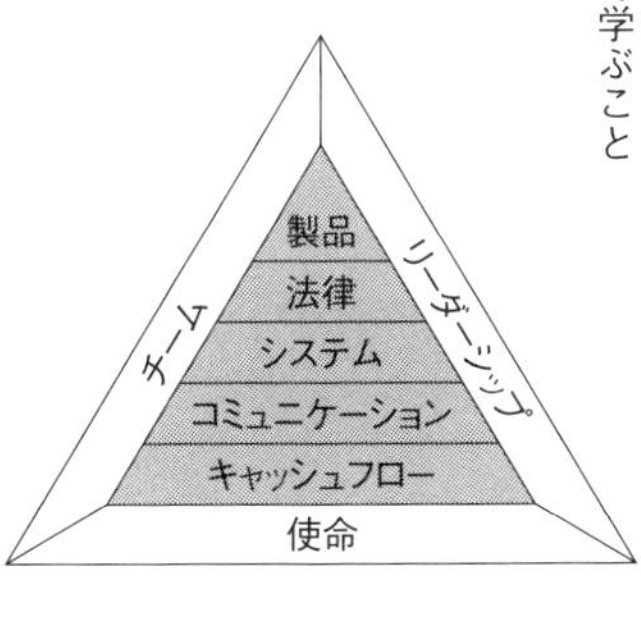

⑫従来型の学校で学ぶこと

家に、物や考え方を売り込むことができなければならない。もし起業家が売ることができなければ、そのビジネスは金銭的に問題を抱える。金持ち父さんが説明してくれた二つ目の理由は、不動産投資家は借金を使って不動産を運用し利益を上げる方法を知らなければならないからだった。借金を使って利益を上げる方法を知ることは、私がＩクワドラントへ入るために必要な準備だった。

一九七三年、私は最初の不動産投資コースをとった。翌一九七四年、海兵隊をやめたあと、私はセールスを学ぶためにゼロックス社に入社した。そこでは四年間働いた。そして、セールスの成績がナンバーワンになった時、会社を辞めた。海兵隊とゼロックスでの「教育プログラム」は、のちに私を何度も百万長者にしてくれた。そこで身に着けたスキルは、普通は学校では教えてもらえない。

・コーチを雇う

私にとって一番大事な三つのことは、健康、富、そして幸福だ。人生にとって大切なこの三つのそれぞれの分野で、私にはコーチがいる。コーチを雇うのがむずかしい場合があるのは私にもわかる。特に経済的に厳しい時はそうだ。でも、真の起業家になろうと思ったら、お金がないことを理由に必要なものを手に入れるをあきらめてしまってはだめだ。「コーチを雇うお金がない」と言うのではなく、それを実現する方法を見つけるために、もっと創造的に頭を使おう。特に、そのことが自分の人生にとって大事である場合は簡単にあきらめてはいけない。もし私が「それをするお金はない」という考え方をして、自分の望みを叶えることをやめてしまっていたら、私は今も、貧乏で、不健康で、不幸なままでいただろう。

・お金のために働かない

この言葉を聞くとたいていの人は奇妙に思う。その気持ちは私にもわかるが、この言葉の中には大きな富を得るための鍵が隠されている。『金持ち父さん　貧乏父さん』を読んだことのある人は覚えているかもしれないが、金持ち父さんが一番最初に教えてくれたのは「金持ちはお金のために働かない」ということだった。EとSのクワドラントの人がお金のことで苦労する理由の一つは、彼らがお金のために働いているからだ。今これを読んであなたは、「もしお金のために働くのでないとしたら、何のために働くのか？ 一体どうやって食べ物や住むところを手に入れるのか？」と疑問に思ったかもしれない。いい質問だ。それに対する答えは次の通りだ。

BやIのクワドラントの住人がEやSのクワドラントの住人に比べてはるかに多いお金を稼ぎ出すのは、彼らが資産を築くため、買うため、あるいは獲得するために働いているからだ。図⑬の財務諸表を見るとそ

⑬資産のために働くか、収入のために働くか

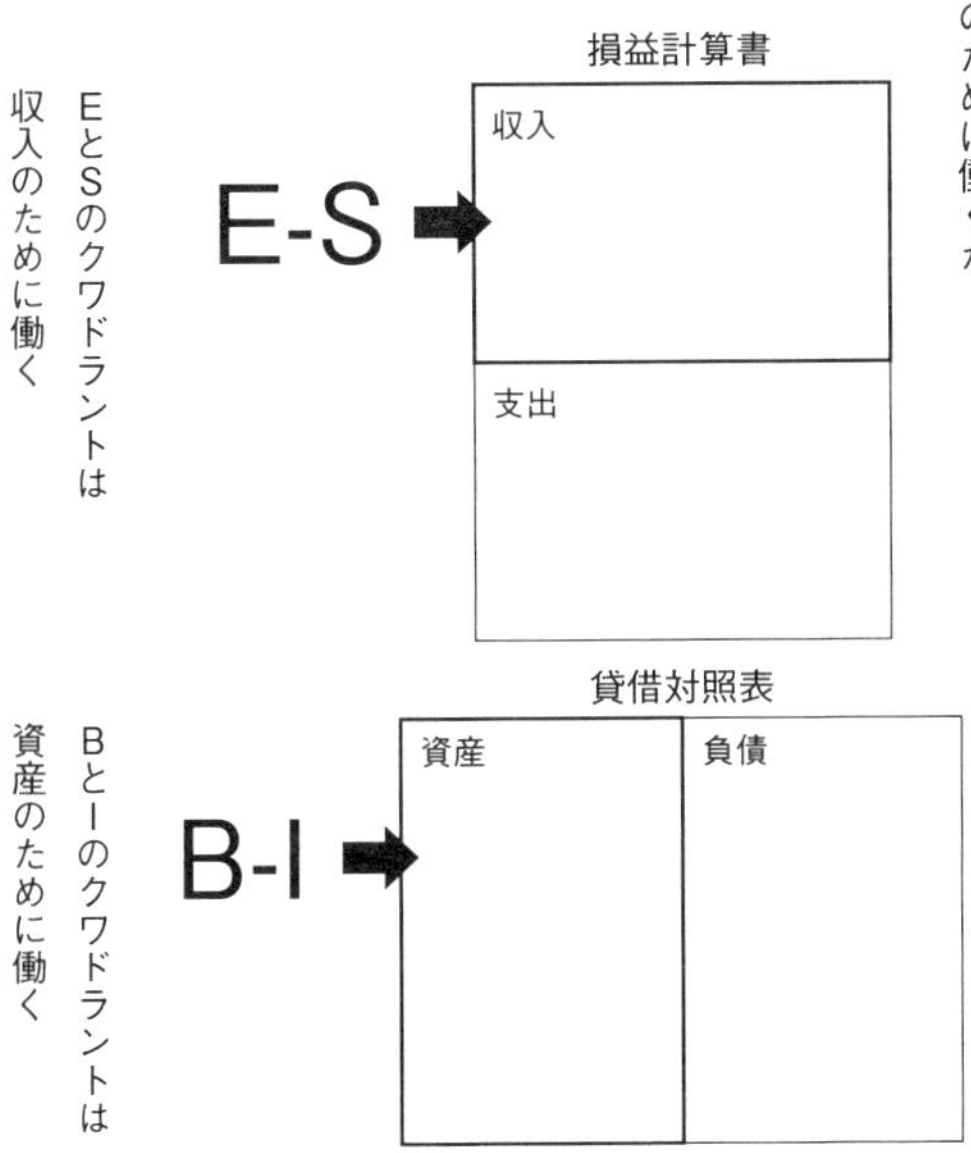

の違いがわかる。

資産には、ビジネス、ブランド、特許、商標、不動産、紙の資産（株式、債券など）、商品《コモディティ》などが含まれる。お金のためではなく資産のために働くことは、起業家の人生に大きな違いを生む「とても大切な小さなこと」だ。それはあなたの強みになる。なぜなら、資産はあなたが働いていようがいまいがお金をもたらしてくれるし、複数の資産が同時にあなたに払ってくれるということも可能だからだ。これが大きな富を築く方法だ。お金のために働くことは、支払いを受けるためにはその時間働かなくてはならないことを意味する。これは大きな富を築く方法ではない。

■あなたが習得しなければならないスキル

本書ではすでに何度かキャッシュフロー・クワドラントについて取り上げた。四つのクワドラントで成功するために必要なスキルはそれぞれに異なる。Eクワドラントで本当に抜きん出ようと思ったら、高い学位をたくさんとる必要があるし、企業の昇進のハシゴを上り詰めるための能力が高くなくてはいけない。

一方、起業家になりたいと思っている人がS、B、Iのそれぞれのクワドラントで成功するために必要なスキルは、次のようなスキルだ。これらを習得すればあなたは勝つことができる。習得できなければ、たぶんずっと小さいままでいることになるだろう。

・Sクワドラントで必要なスキル

「セールスが大嫌いだ」とか、「セールスはできない」と言う起業家はそう長くは起業家ではいられない。起業家は売ることができなければいけない。これは小さいけれどとても大事なことだ。

・Bクワドラントで必要なスキル

起業家はシステムを通して自分のビジネスを拡大する方法を知らなければいけない。たとえば、マクドナルドはフランチャイズシステムによって大きくなった。リッチダッドはライセンシング（特許権などの使用許可）によって大きくなった。ビジネスを拡大させる方法を知っていると、自分がやっていることにレバッジ（てこの力）を効かせられる。

・Ｉクワドラントで必要なスキル

起業家はお金を集める方法を知っていなければいけない。真の起業家は「それをする金銭的余裕がない」とか「お金がない」とか、決して言ってはいけない。不動産投資家が賃貸不動産に投資するためのお金を借りに銀行に行くのは、資本を集めているのと同じことだ。

起業家がＳクワドラントで売り方を学び、Ｂクワドラントでビジネスを大きく成長させ、Ｉクワドラントで資本を集めることができれば、その人はほとんどの人が知ることすらない世界に足を踏み入れる。もしあなたが起業家になりたいと真剣に思っているなら、ぜひセールスのトレーニングを受け、ビジネスを拡大するためのシステムを探し、借金を使って不動産に投資する方法を学ぼう。

■自分のやりたいことをやる

次に、私が自分の犯した過ちから学んだことをお話しするので、警告の言葉として聞いてほしい。多くの起業家は、「自分のやりたいことをやりたいようにやりたい」と考えているという、ただそれだけの理由で失敗する。そういう人は、自分だけに聞こえるリズムに合わせて行進する「型破りな人間」でいるのがいいと思っている。私はその部類の人間の中でも、最悪のケースだった。昔ながらのカウボーイのようなこの考え方は確かに心そそられるものではあるが、残念ながら、ＳやＢやＩのクワドラントのビジネスには向かない。これらのクワドラントには規律正しさが必要だ。自分のやりたいことをやりたいようにやっていては、たいていは失敗するか、財政困難に陥る。

実際のところ、Sクワドラントで生き延びるためには、Eクワドラントで生き延びるためよりももっと多くの規律が必要だ。Sクワドラントは個人的な責任、金銭的およびビジネス上の責任が格段に重くなる。雇われる側ではなく雇う側の人間になった時、これまでとはまったく異なるさまざまな法律——たとえば労働、税金、環境に関する法律——があなたの生活を支配し始める。

Bクワドラントはさらに Sクワドラントよりも多くの規律正しさが必要だ。Bクワドラントでの成功にはシステム——業務、会計、人事、財務、法律、給与支払いなどのシステム——にフォーカスすることが必要だが、Sクワドラントの場合よりもずっと強いフォーカス力が要求される。Bクワドラントはまた、その成長のために、才能に恵まれた人、高給を取る人をより多く必要とする。

Iクワドラントは一番規律正しさが必要なクワドラントだ。資金を集める時、たとえばSEC（証券取引委員会）のような政府関連機関から出された投資に関する法律は、BやSのクワドラントの場合よりも大きな規律正しさを要求してくる。刑務所にいる起業家の大部分はIクワドラントで法律を破った人たちだ。

つまり、言い方を変えるなら、もしあなたの望みが「自分のやりたいことをやりたいようにやる」ことだけだったら、小さいままでいるのが一番いいということだ。

■多くを短期間で学ぶ

もうおわかりのように、起業家になるためには学ばなければならないことがたくさんある。あなたがさまざまな多くのことを学ぶのが好きでなかったら、しかもそれを短期間で学ぶことが好きでなかったら、雇われる側のままでいるかSクワドラントで小さいままでいるのが一番いい。

友人でシェフをしている人がいる。彼女はカリフォルニア州で上質なワインの生産地として知られる地域でケータリング会社をやっている。仕事熱心で、忠実な八人の従業員がいて、Sクワドラントでかなりの収入を得ている。問題は、彼女が何かを学ぶためにとるコースが料理教室ばかりだということだ。彼女は顧客の心と胃袋をつかまえるために、ほかのシェフたちと競うことばかり考えていて、ビジネスや投資について学ぶことにはまったく興味がない。自分が心から愛することをやりながら、一生せっせと働きSクワドラントで小さいままでいる、それが彼女の計画だ。

簡単に一言で言えば、彼女は自分が好きなことをやっている。それはシェフであることだ。でも、彼女は起業家になるためにやらなければならないことはやっていない。

みなさんはもう気が付いたかもしれないが、私は起業家にとって「一番大きな小さなこと」は、生きている限り教育を受けることに対する覚悟だと信じている。一生学び続けることは、人生でも、ビジネスでも一番大事なことだ。実社会で、「やりたいことだけをやっている人たち」に勝つのは、「やるべきことをやっている人たち」だ。

たとえそれがやりたくないことでもやるべきことをやるのは、小さなことだが大きな違いを生む。それは、あなた自身は好きではないかもしれないが、自分に必要なテーマについて学び、それを習得することを意味する。でも、覚えておいてほしい。あなたはその分野で専門家になる必要はない。その分野で使われる「言語」を話すのに充分なだけの知識、そして最終的にはその分野の優秀な専門家を雇うことができるだけの知識をマスターすればいい。たいていのコミュニティ・カレッジ（公立短期大学）には、あなたにとって必要な分野が手頃な学費で学べるコースが用意されているし、そのほかに書籍やオンラインの情報も限りなくある。

何としてでもミダスタッチを手に入れるぞと決心している人に、生涯学ぶべき基本的学習分野として私が勧めたいのは次のような分野だ。

・セールストレーニング

普通のセールストレーニングは基本中の基本だ。それに続いて、セールスコミュニケーションの第一人者であるブレア・シンガーが開発したような上級のセールストレーニングがある。彼はセールスのテクニックだけでなく、それ以上のことをたくさん教えてくれる。たいていの起業家が本当に必要としているのは、この「それ以上のたくさんのこと」だ。

そのほかに、実社会でのセールストレーニングを受けることができるネットワーク・マーケティング会社に参加するところから始めて成功を収めた人もいる。

・ビジネス関連法の基本

法律に関する基本的知識、そして、知的財産、労働、環境、税、契約といった分野で、その法律がどのようにあなたのビジネスに影響を及ぼすかについての基本的知識を持っていることは、大きな助けとなる。それによって多くのお金が節約でき、面倒な問題も抱え込まずにすむ。だからといって、弁護士が不要になるわけではない。でも、基本を学べば、少なくとも法律的な話をする時に使う言葉を話せるようになる。

・会計の基本

私は常に損益計算書と貸借対照表の重要性を説いている。これは起業家にとって、とても大事な第一歩だ。基本的な会計のクラスをとると、ビジネスをうまくスタートさせるにはどのようにしたらいいか、あるいはすでにビジネスを始めていたとしたら、それに関わるいろいろなことをきちんと処理するにはどうしたらいいか学べる。ここでも弁護士の場合と同じように、たとえ会計の基礎を学んでも会計士は必要だ。

・マーケティングと広告

マーケティングと広告にお金を使う前に、それらについてできる限り学ぼう。セミナーや書籍、インターネットなど、情報を手に入れられる手段はたくさんある。

・ウェブ、インターネット、ソーシャルネットワーキング
いろいろなクラスを取り、最新の出来事を学び、乗り遅れないようにしよう。この分野は常に変化している。そのスピードについていくためには、毎日読み、学ばなくてはならない。

・人間関係のスキル
人間関係のスキルはとても大事だ。それを学ぶことだけを目的に、各種組織・団体、ネットワークグループに参加するのもいい。起業家として成功するためには、いろいろな人たち、異なるビジネススキルを持つ人たちとうまく仕事をすることができなくてはいけない。

・テクニカル投資
先物売買とも呼ばれる「テクニカル投資」についてのクラスを取ろう。起業家は上昇傾向にある市場でも、下降傾向にある市場でも、どちらでもお金を儲ける方法を知っていなければいけない。株式市場が常に上昇すると信じているのは、あまりにも世間知らずで愚かだ。

もう一度言うのでよく覚えておいてほしい。ここで大事なのはそれぞれの分野で優等生になることではない。これらの学ぶべきことがビジネスの中でどのようにたがいに作用し合うか、それを知りさえすればいい。長い時間をかけ、これらのテーマについて常に学び続けるために、自分の生活の一部を捧げよう。一生学び続けるという自分との約束は、とても大きな違いを生む小さなことだ。私たちの周りには、約束するばかりで、その約束を守らない人がたくさんいる。「約束を守ること」は、小さいけれど一番大事なことだ。覚えておいてほしい。起業家として成功するかどうかは、どんな学校を卒業したかとは全く関係がない。成功は、

学校を卒業したあとも学び続ける起業家のもとに訪れる。

■気前よくすることについて

一般に信じられていることとは逆だが、実際のところ、ＢやＩのクワドラントで金持ちになるためには、ＥやＳのクワドラントにはない「気前のよさ」が必要だ。つまり、ＢとＩのクワドラントで成功するためには気前よくしなければならないが、ＥとＳではそうではない。Ｂクワドラントの住人となったあなたは、自分が金持ちになる前に、たくさんの人を金持ちにしてあげようという気持ちを持っていなければいけない。そして、Ｉクワドラントで金持ちになるためには、あなたは喜んでほかの投資家たちと富を分かち合う気持ちを持っていなければいけない。

もしあなたが気前のよい人間でなかったら、そのことに焦点を合わせて人間的に成長することをまず目指したほうがいい。なぜなら、ミダスタッチを手に入れるためには、ほかの人のためにお金を作ってあげて、自分が築こうとしているものから得られる恩恵を彼らにも与えたいと思っていなければだめだからだ。

■最後に思うこと

どんなにたくさんのことを自分が学ばなければいけないか、前もって知っていたとしたら、私は決して起業家としての人生を歩み始めたりしなかっただろう。従業員でいたほうがずっと楽だ。それでも、今振り返って見ると、起業家になったことは、私がこれまでにとったあらゆる教育プログラムの中で、最高のプログラムだった。そして、私は今もその教育プログラムの中で学び続けている。

これはやってみるだけの価値があることだろうか？　ここまで来るプロセスはとても大変だったし、これからもそうだと思う。でも、たとえどんなに大変でも私にとってはやるだけの価値が大いにあった。なぜなら、このプロセスは私に次のようなものを与えてくれたからだ。

・無限の富

確かに初めはとても大変だったが、今、私とキムは、自分たちが選んだ生き方で人生を生きられるだけの充分なお金を手にしている。

・世界規模の自由

全世界を市場とする起業家であることは、私に世界中でビジネスをする自由を与えてくれる。

・すばらしい友人たち

もし私が起業家にならなかったら、ドナルド・トランプやスティーブ・フォーブス、オプラ・ウィンフリーのようなすばらしい起業家たちに出会うこともなかっただろう。

・心の平安

お金が足りないことや仕事を失うことをいつも心配していた実の父、貧乏父さんとは異なり、今の私にはその心配はない。もうお金の奴隷ではない。

金持ち父さんはよくこう言っていた。「もし世界中のすべての人に百万ドルをあげて、それを一年で全部使えと言ったら、たいていの人はそれをやってのけるだろう。でも、もし世界中のすべての人に、『ゼロから始めて、一年以内に百万ドルを作れるか？』と聞いたら、それができる人はごくわずかだろう。そして、おそらく、そのわずかな人たちは起業家だ」

今、世界は、富を創造し、そのプロセスの中で、私たちが直面するさまざまな課題を解決できる人たちをもっと多く必要としている。それらの課題を解決するために必要なのは、まさにそういう人たちだからだ。真の起業家がお金のためにビジネスをやることはまれだ。彼らはほとんど例外なく、金銭的利益を超えたもっと高邁な使命を持っている。彼らは個人的な富を築き上げた時、それに伴う自由も手にする。そして、この自由こそが、彼らの原動力となり、彼らを次の冒険的事業へと向かわせる。

たとえ今、お金をすべて失ったとしても、私は大騒ぎをすることもなく、淡々とそれを取り戻し、使命を果たすべく前進を続けられる。私にはそれがわかっている。そのことは、たいていの人には取るに足らない小さなことに思えるかもしれない。でも、それを知っていることから得られる力は、私にはとても大きな意味を持っている。

あなたも同じ力が持てるように、心から祈っている。

豪華さと細かさ——小さなことが大きなことに（ドナルド・トランプ）

トランプタワーは完成間近だったが、名前がまだ決まっていなかった。ティファニーが近いので、「ティファニータワー」と名付けようと思うと友人に話した。友人はなぜ自分の名前でなく、他人の名前を使うのかと尋ねた。それももっともだ。結局、頭文字をとれば同じだということもあって、トランプタワーになった。私の名前が結果的に有名になったことから、この小さなこと、いわばあとからの思いつきのようなささいなことが大きなことになった。これが私のブランドの始まりだった。

トランプはビッグネームになった。その主な理由は私が会社の知名度を上げたからで、始まりはトランプタワーだった。要するに、私は名前とランドマークを使って自分の広告をした。広告の力をみくびってはいけない。たとえ大々的なキャンペーンでなくても、どんな形のものであっても同じだ。あらゆる意味で華々しくトランプタワーがオープンした時、あの時こそが、トランプ・ブランドが豪華さを意味し始めるスタート地点だった。そしてその後次第に世間に注目されるようになり、そのおかげで名声も得て、私たちのブランドはお金と権力と豪華さを象徴する言葉になった。ブランドが有名になってくると、それがあなた自身に影響を与えるようになる。だから、どんなことで有名になりたいのか、慎重に考えて決めよう。

■小さなことが大きくなる時

ロバートは小さいけれど大事なことにフォーカスすることが肝要だと言っているが、まったくその通りだ。

トランプ・ブランドにとってのこの「小さなこと」とは、名声、権力、有名人《セレブリティ》としての地位など、人生でよりよいものを求める人々の欲望だ。私たちの名前を冠した不動産やそのほかの製品を通して実現される、ちょっとしたセレブ気分と言ってもいい。この小さなことが、私やトランプ・オーガニゼーションにはとても大きなことになっている。人々が持つ一見ささやかなこの欲望が、私たちの会社全体の土台となってきたのだ。あなた自身あるいはあなたのビジネスにとっての「小さいけれど大事なこと」が一体何か、あなたにはもうわかっているだろうか?

ロバートはまた、小さく考えることについても話しているが、それを聞くと私は思わずニヤリとしてしまう。みんなによく知られていることだが、私の信条は「でっかく考えろ」だ。考え方が小さいと言って非難されたことは一度もないが、それは私には光栄なことだ。でっかく考えることは大いに私の役に立ってきた。でも、それと同時に、私は細部に気を配ることでも有名だ。大きいことは、注意を払う必要のある無数の細かいことにつながっている。実際、大きな成功を収めるには、「取るに足らない小さなこと」などないということを知っておかなければいけない。すべてが大事だ。豪華さで知られるブランドを持っていたらなおさらだ。誰かの言葉で、私も使ったことのある言葉だが、「小さな水漏れが船を沈没させることもある」。もしすべてのお金をなくしても、また取り戻せることが自分にはわかっているとロバートは言っている。そのことは彼にとって力を意味する。そして彼はその力を持っている。なぜなら、高度なファイナンシャル教育を受け、また頼りにできる経験をたくさんしてきているからだ。

ロバートの気持ちはよくわかる。私も一九九〇年代初めに大きな経済的苦境を経験し、生き延びてきたからだ。そのあと私は、以前よりはるかに大きな成功を収めた。成功した最大の理由は、そのプロセスの中で多くのことを学んだからだ。あれをもう一度経験したいとは思わないが、それが役に立ったことは確かだ。

私の会社のCFO(最高財務責任者)であるアレン・ワイセルバーグとは三十年以上一緒にやってきたが、彼はよく、「悪い時期がすぐそこに待っているつもりで、毎日の仕事をしよう」と人にアドバイスする。これはとても含蓄のある警告の言葉だ。

■大きいことが大事な時

大きく考えると、それをきっかけとして、自然により多くの細かいことが出てくる。なぜなら、細かいことこそが大きなものを作る際の主な構成要素だからだ。そういう細かいことが、高い品質と強固な構造を生み出す土台となる。

私は建築用語を使って考えることがよくある。たとえば、ビジネスを始める時には「設計図」をじっくり検討することが大事だ。設計図は小さすぎないか？　もっと大きくすることはできないか？　はじめから大きな設計図で考えたほうが時間の短縮にならないだろうか？　何年か前、私はこんなことを言ったことがある。「どうせ考えるなら、でっかく考えたほうがいい」私の目標は超高層ビルを建設することだった。そういう場合はでっかく考えなければならない。私にすれば、大きく考えるのは当たり前のことだった。「小さいけれど大事なこと」と「小さく考えること」では大きな違いがあるとロバートは言っている。その通りだ。トランプタワーを建設していた時、なぜ私がガラスを使いたがるのか、父には理解できなかった。父の経験からすると、レンガならいつでもいいものが作れるし、値段も安かったからだ。でも、私が思い描いていたのはおしゃれなタワーで、それをよそにはない美しいタワーにするための「細かいこと」の一つがガラスだった。トランプタワーがオープンして絶賛された時、父が感動し、誇らしく思ったことは私も知っている。でも、最初に設計図を見せた時は、レンガよりガラスのほうがいいものを作れると父を納得させることはできなかった。私はただ自分のビジョンを信じるしかなかった。全体像はすでに固まっていて、変えるつもりはなかった。そのビジョンは、タワーをマンハッタンで最高のビルにするためのものだった。

人が待たずに早くピザを食べたいということをドミノが知っていたのと同じように、世の中には豪華なものに囲まれて、自分のための特別なサービスを受けたいと望んでいる人たちがいることを私は知っていた。そして、また自分なら、小さなこと、細部《ディテール》に気を配りながらこの要求に答えることができるという自信があった。

大きな全体像にはどれも、小さなディテールがいっぱい詰まっている。大きな交響楽団には、多数の楽器と、すばらしい音にまとめあげるための非常に繊細なディテールが関わっている。大きく考える時――私の場合たいていそうだが――、私は自分たちが責任を負わなければならなくなる無数の小さなことの存在に気が付いている。これは確かなことだ。建築中のビルを土台から上へと見上げてみると、私たちがふだん当然だと思っていること、つまり、ビルに強固な土台と個性を持たせている細かい点がよくわかる。自分のビルがどんなものになるか、ただその「感じ」をつかむためだけに、建築中のそのビル（とても高い場合もある）の最上階まで、階段を歩いて登ったことも何度かある。もちろん、目に見えようが見えまいがすべてのものが大事なわけだから、そうしながら私は、階段の吹き抜けや、そのほかすべての状態をチェックした。このチェックはまた、私とガードマンたちの体調をすこぶる良好にしてくれた。

トランプ・ホテル・コレクションはこれまでにかなりの成功を収めている。ニューヨークのトランプ・インターナショナル・ホテル・アンド・タワーは、モービル・ファイブスター賞を受け、シカゴのトランプ・インターナショナル・ホテル・アンド・タワーは、トラベル・レジャー誌の「アメリカとカナダのホテルベスト賞」を受けた。また、ニューヨークのソーホーのホテル、トランプ・ソーホーはトラベル・レジャー誌の選ぶ、もっとすばらしい新ホテル・リストに載った。ニューヨークのホテルでリストに載ったホテルは一つだけだった。

私たちのホテルがこれらの賞を受けるに値するのはなぜか？　それは私たちが豪華さにこだわり、そのこだわりを宿泊客にとって大事な、小さなことを通して実現するからだ。それはあらゆるレベルの抜かりないサービス、最先端の技術によって生み出された快適さと便利さだ。どんなにささいなことも私たちにとって小さすぎることはない。だから、立派な賞をもらえたのだ。確かにホテルは大きいが、個々の宿泊客に合わせたサービスは、大きさから想像される「非人間性」とはまったくかけはなれている。私たちは宿泊客がある一定水準のサービスを期待していることをはっきり理解し、それを提供する。また次に同じホテルを訪れた時、宿泊客はよく、私たちが顧客情報を保管していて、滞在中ベビーシッターが必要かといった、彼らの必要に合った適切な問いかけをしてくることに驚く。私たちは守るべき最高の基準を持っていて、それを実行している。いわゆる小さなことで、私たちにとって小さなことは何もない。

私が自分の小切手には自分でサインをすると言うと、人は驚く。毎週サインしなければならない小切手はそれこそ山のようにある。それは小さいけれど大事なことの一つだ。私は自分のお金がどこに行くのか知っておきたい。

以前、どういう理由からかとても費用がかさんでいると思える仕事があって、その額に不満を持ったことがあった。当時その仕事に関する小切手には自分でサインをしていなかった。仕事を管理していた人たちを厳しく叱り、最後にこう言った。「今後はすべての小切手に自分でサインをしたい」そう提案するとすぐ、何も交渉していないのに、経費は自動的に十五パーセント減った。今はすべての小切手に自分でサインをしている。

■本と超高層ビル

私が手がけるプロジェクトはどれも大規模なのに、どうして本など書くのかと疑問を持つ人がよくいる。私は本を書くことがビルなどのプロジェクトと比べて小さいとは思わない。ロバートと同じように、教育は大事だと思っているからだ。本を書くことは経験を分かち合うことだ。多くの人たちは自分の知識を人と分かち合うのをいやがる。ここではある一定レベルの信頼関係が必要だ。ロバートも私も、私たちの考え方や仕事の仕方を知りたいと読者に思わせるだけの成功をこれまでに収めてきた。私は自分の成功のコツを人と分かち合うことに抵抗を感じない。なぜなら、それを人に教えようが教えまいが、自分の仕事も成功も続くとわかっているからだ。本は教育ツールになり得る。ゴルフコースや超高層ビルと比べれば、物としての大きさは小さいかもしれないが、強力な力を持ち得る。

一九八七年に出版された私の最初の著書『トランプ自伝』が、マーク・バーネットやロバートと妻のキムにどれほど影響を与えたかがそのいい例だ。マークはそれを読んだ時、カリフォルニアのベニス・ビーチでTシャツを売っていた。ロバートとキムの場合は、新しいビジネスを始めたばかりで、とても苦労していた時期だった。三人共、この本に大きな影響を受けて、それが成功に向かって進むきっかけになったと言っている。彼ら三人は、一冊の本がどれほど人にいい影響を与え得るかを示すほんの一例にすぎない。

二〇〇八年の秋、あるカナダ人が、ブリティッシュコロンビア州カムループスから地元紙を送ってきた。そこには所持品に囲まれたホームレスの男の写真があって、その男は『トランプ自伝』を読んでいた。その写真を見て私はこの人を今の状況から救ってあげたいと思った。

写真の中のその人は、私が彼の記事を読むだろうと言われて、「小切手を送ってくれるかな」などと冗談を言っていた。彼は私が本当に小切手を送るとは夢にも思っていなかっただろうが、私は小切手を送った。小切手を手渡された時、彼はこう言った。「生まれて初めてだ、何も言えないなんて。まったく言葉が出てこない。いつもはよくしゃべるんだが、こんな時は一体何を言えばいいんだ?」

ホームレスの男に関して私はこんなメッセージを送った。「彼によろしく。そして一生懸命働くように言ってください。そこから抜け出すのが大変なことは私も知っています」彼に小切手を送ることは私にすれば小さな行為だったが、小さなことは大きな意味を持ち得る。小さなことこそが大事だ。

もう一つの例は、ある日曜日の夜、ドキュメンタリー番組『シックスティ・ミニッツ(60 Minutes)』を見ていた時のことだ。番組の中で、アイオワ州のニュートンからメキシコに工場を移転させ、この勤勉な町に壊滅的な影響を与えた電機メーカーのメイタグについての報道があった。三人の人物がインタビューを受けていて、それぞれがいろいろな意味で私の胸を打った。一人は退役軍人で、もう一人はドミノピザの店を持ち、三人目の人物は商品広告会社を経営していた。勤勉を尊ぶ彼らの精神と、メイタグの撤退によって引き起こされた経済的苦境に負けてたまるかという決意に私は胸を打たれた。そして、ここでもまた小さな行為として、そのうちの二人に小切手を送った。一人には娘の大学資金に、もう一人にはピザ店の損失の埋め合わせに使ってもらうためだった。三人目の人物とは、トランプ・ブランドのもとで最高品質の商品を供給するビジネスを一緒に立ち上げ、そのビジネスは今も続いている。私にしてみれば小さな行為だったが、当時の彼らの人生には、大いにプラスの影響を与えたと思う。

■オフィス訪問

私のオフィスを訪れた人たちは、私が電話で、流し台や椅子、電気スタンド、鏡、シャンデリアなどの値段の交渉をしているのを聞いて驚く。私はいろいろなものの価格や取引業者、それに、彼らとの取引を成立させるための表と裏をすべて知っている。今、オフィスの中やすぐ外に、二十種類ほどの鏡が立てかけてあるが、あるゴルフコース開発プロジェクトで使うにはどれが一番いいか決めるためだ。もしほかの日にあなたがここを訪れたら、さまざまな椅子やシンクが並べられているのを見ることになるかもしれない。私は備品にはとてもこだわりがあって、価格や見た目だけでなくその感触を自分で確かめないと気がすまない。

経理を管理するジェフリー・マッコニーは、トランプ・オーガニゼーションで仕事を始めたばかりの頃に、とてもいい勉強をした。一緒に仕事を始めてから六か月か八か月経った頃、彼は毎週私のところに来て、お金の動きについて簡単な現状報告をしていた。ある週彼がやってきて、前の週と比べると売上げがかなり落ちていると言った。そのとき電話が鳴って私は電話に出た。私は会話の途中で顔を上げ、ジェフに「お前はクビだ」と言った。数分後再び彼を雇ったが、目的は果たされていた。彼の目を覚まさせたかったのだ。彼が扱っているのは私のお金で、それを守るのが彼の仕事だ。彼とはもう二十五年以上のつき合いになる。

■『ジ・アプレンティス』の内幕

私が『ジ・アプレンティス』や『ザ・セレブリティ・アプレンティス』で使われている役員室やそのほかの撮影現場に、ただ顔を出しているだけだろうと思っている人もいるかもしれない。一つの放映分ごとに細かい仕事はたくさんあるが、私はキャスティングからロケーション、仕事の割り振りにいたるまで、制作のプロセスに必ず参加している。各シーズンに向けた準備は複雑で、プロデューサーと私の間で多くの調整が必要になる。オープニングからマーケティング、キャストのリスト、オーディションテープに至るまで、私はすべてに目を通す。撮影前の準備とキャスティングには何か月も必要だ。番組制作は収録の二か月前に始まり、収録後の編集作業は最後の放映の時まで続く。

この番組制作にまつわる、忘れられない「ドラマ」もいくつかあるが、それは決まって役員室の周りで起きた。一度午前六時に緊急電話がかかってきた時には、出演者の一人が浮気現場を見つかったという話だった。役員室での撮影は五時間ほど続くこともあるが、放映用に短く編集される。ある時など、私は黒ネクタイの盛装で役員室に登場した。そのあとすぐに公式行事に出席しなければならなかったからだ。何年かすると私はマルチタスクができるようになり、番組の撮影の合間に仕事の会議を入れたりできるようになった。トランプタワーでの収録が多いので、すぐにオフィスとの間を往復できる。スタッフが私のオフィスの中まで入って撮影することもあるが、今では撮影スタッフと顔なじみなので、みんないつもの通り仕事をする。

業界の人間でもない限り、ほとんどの視聴者には思いもよらないだろう小さなことで、時間や配慮を要することがいくつもある。ニューヨークが舞台なので、撮影現場の選択には事欠かないが、許可、天候、車の流れ、移動など、考慮すべき要因はたくさんある。私はただ顔を出すだけではなく、撮影期間中はずっと、たくさんの細かい点に関してやり取りをして、マーク・バーネットと密接に連携する。シーズンが始まると、テレビ出演やインタビューと共に、考えなければならない宣伝活動がある。このプロセスは今も続いている。繰り返すが、どんな細かい点でも、小さいからといって考慮しなくていいものはない。

私が小さなことについて教訓を得たのは、およそ一万人の人たちを相手にスピーチに行く途中だった。当時はまだスピーチの経験がほとんどなく、何を話そうかとそれとなく運転手に聞いたのを覚えている。彼はその質問に驚いてこう言った。「ボス、わかっているんですか？　何千人という人たちがあなたを待っているんですよ」そんなことはわかっていると私は言った。その答えを聞いても彼は安心したふうには見えなかった。

その時私がやろうと決めたのは、聴衆を巨大な集団としてではなく個々の人間としてとらえ、彼らが何を聞きたがっているのか考えることだった。大きく考える代わりに、実質的に小さく考えようと思ったのだ。すると思った通り、すべてがはっきりと見えてきて、スピーチは大成功を収めた。自分が何を考えているかではなく、聴衆が何を考えているかに重点を置くことで、彼らとの信頼関係を築くことができたのだ。その方法はその後も講演を頼まれた時に効果を発揮した。人前で話すのが苦手な人は、あの時私がしたような聴衆のとらえ方をしてみると、きっと効果があると思う。

■星条旗を掲げる

カリフォルニアにトランプ・ナショナル・ゴルフクラブ・ロサンゼルスという、太平洋に面したゴルフコースが完成した時、私は敷地内に星条旗を掲げることにした。国旗掲揚にぴったりの場所だと思っていたし、実際その通りだった。でも、地元の人たちはそうは思わなかった。星条旗が大きすぎると言うのだ。「何と比べて大きすぎると言うんだ？」と私は答えた。「太平洋に面しているんだぞ！」結局全員の賛成を得て、今その場所には誇らしげに旗が翻っている。これは、最も典型的な意味で、大に対する小、そして小に対する大の挑戦の例だと言えるだろう。

ここまで、私たち二人は「大きいこと」と「小さいこと」について話をしてきた。私はしばしば困難な状況を取り上げて、ささいなこと（小さいこと）または大惨事（大きいこと）などと表現する。確かに、小さいことはすべて大事だが、その一方で、大惨事の中には戦争や地震、津波、テロといった悲劇が含まれることを承知しておくことも大事だ。そうしないと大局を見る目が曇ってしまう。何が大きいことで何が小さいことか、それを見分ける能力は私たち人間に与えられた知能の一部だ。

会社の利益が大幅に下がるのを見たら、それは決して取るに足りない、ささいなことではなく、流し台の価格交渉より優先されるべきことだろう。でも、それはまた津波でもない。つまり、単に対処すべきこと、そして対処可能なことだ。よく言われることだが、優先順位を決める能力は身に着けるだけの価値のあるスキルだ。

■予定外のクルーズ

ある時、マンハッタン周辺の夜間クルーズを楽しもうという人たちで混み合う船に、少し顔を出すことになった。ちょうど日が暮れるころに到着した私は、簡単な挨拶の言葉を述べたあと、乗っている客たちと歓談を始めた。ところが会話に気をとられていて、振り向いた時には、船は埠頭を離れハドソン川を下っていた。誰も出発を知らせてくれなかったので、あまりいい気分ではなかった。マンハッタン周辺を三時間もクルーズするつもりなど私にはまったくなかった！　でも、その時にはもうほとんどどうすることもできなかったので、私はくつろいで、街のすばらしい眺めとそこに集まったすてきな人たちとの出会いを楽しもうと決めた。その夜はとても楽しく、ためになる話をたくさん聞けた。夜間ライトアップされたマンハッタンは、ハドソン川から見ると本当に見ごたえがある。時間通りに船を降りられなかったことは、かなり大きな「ささいな手違い」だったが、結局は私が楽しめるような「ささいな気晴らし」になった。

■細かい点について話そう

特に不動産開発業者や起業家にとっては、立地の良し悪しを見極められる能力も、獲得するだけの価値のあるスキルだ。ここで、それにまつわる「細かい点」について話そう。

今もよく覚えているが、ニューヨーク市の国際会議場ジャビッツ・センターが現在建っている土地のオプションを手に入れた時のことだ。センターの開発に手を貸していた私は、うちの会社ならそのプロジェクトを一億一千万ドルの費用でできると思っていた。結局は、市の出費は七億五千万ドルから十億ドルにまで上った。

私はプロジェクトを実費で引き受けると申し出たが、その申し出は受け入れられず、そのことは結果として、市とそこを訪れる人たちにとって、いろいろな意味で大きな損失になった。まず第一にその費用の額からして馬鹿げているが、結果はそれよりさらにびっくりするものだった。ジャビッツ・センターの敷地はマンハッタンで最高級の立地条件の土地で、水辺に位置し、見渡す限りのすばらしい川の眺めに恵まれていた。ところが、そのセンターは川ではなく、通りに面するように建てられたのだ。こんなことをしたのは、きちんと考えられない、いやまったく考えることのできない人たちだったのだろう。彼らにとって川は、つまらないささいなことにすぎなかった、あるいはどうでもいいことだったのだろうか？　どうしてこんなひどいことに誰も気づかなかったのか？　この結果を見ると、ただ「信じられない！」という思いにさせられる。土地からの視界、そしてそれが持つ可能性を見極めることは無視できない細かい点だ。おそらくあまりにも多くの人が関わりすぎたせいでそうなってしまったのだろうが、建物の向きの重要性が見落とされたことは今でも信じられない。

トランプタワーの名前にまつわる話は、のちにニューヨークを象徴することになるこの超高層ビルに名前をつける時、一つの小さなことがどのようにして大きなことになったかを物語る話だ。起業家として自分のブランドを確立しつつあった私にとって、この「ささいなこと」は将来の成功の鍵となった。実際、あるインタビューで「あなたはブランドになった」と言われたことがあるが、いやな気分は少しもしなかった。なぜいやな気分がしなかったのか？　私のブランドは最高だ。最高であることにどうしていやな気分にならなければいけないのか？

起業家として、あなたは自分に忠実でなければならない。自分自身と自分が作ったものを信じなければいけない。自信を持ち、一生懸命に働いて、頭の中に大きな全体像を描きながら、大事な小さなことにフォーカスしよう。それはロバートの役に立ったし、私にも効果のあった秘策だ。あなたにもきっと役に立つことだろう。

（まとめ）小さいけれど大事なことについて

自分にこう問いかけてみよう。「他の人よりうまくできることは何か？」これは大事な質問だ。答えはあなたのビジネスにとって「小さいけれど大事なこと」の種《たね》なのだから。あなたがフォーカスの対象を移動する――これは自分でやるのはなかなかむずかしい――のを手助けするために、まず、いくつか大企業の例を見てみよう。そのあともっとよく説明するため二、三、例を付け加える。小さな会社で、小さなことを会社にとって大きな強みにした例はいくらでもあるが、なじみのある大企業を例に学んだほうが、多くの人に身近に感じてもらえるだろう。

大企業の「小さなこと」をここでもう一度見直してみよう。

・ウォルマートの「小さなこと」

おそらくすでにご存じの通り、サム・ウォルトンは自分がほかの人よりうまくできる一つのことをもとにウォルマート帝国を築いた。その一つのこととは値段を下げることだ。単に値段を下げたのではない。アーカンソー州の一軒のディスカウント・ストアから始めて、世界的帝国を築いた。彼のプランはとても単純だったので、誰もが簡単に理解できた。ほぼ二十年近くの間、ウォルマートのスローガンはこうだった。「いつでも低価格――いつでも」二〇〇七年九月十二日に、古いスローガンはこう変わった。「お金を節約して、よりよい暮らしを」スローガンは変わったが、「小さなこと」の中味は同じだ。

・ドミノピザの「小さなこと」

ロバートはピザ業界を一変させた「小さなこと」について話している。一九六〇年、ピザがあふれかえる世の中で、トム・モナハンはミシガン州イプシランティの小さなピザ・ショップ、ドミニックス・ピッツァを七十五ドルの頭金と月五百ドルの分割払いで買い取った。ピザビジネスのやり方を呑み込むと、トムはすぐにこんな約束を掲げてビジネスを始めた。「三十分以内にピザが届かなかったら無料です」ある時はこんな広告を打った。「電話一本でドミノピザがお届けします！　三十分以内でなければ無料。ドミノピザがお届けします！」ピザ業界は以来数十年の間に大きく様変わりした。

・メアリー・ケイ化粧品の「小さなこと」

メアリー・ケイ・アッシュは女性にもっと力を持ってもらいたいと思って、メアリー・ケイ化粧品を設立した。彼女はこう言った。「自分たちがどれほどすばらしい力を持っているか、女性たちに知ってほしい。それを手助けするのが私の目標です」メアリー・ケイはシングルマザーだったにもかかわらず、自力で大学を卒業した。はじめは、アメリカの企業社会の中で成功を収めたが、女性たちを押さえつけるようなそのやり方に不満を抱いた。

一九六〇年、彼女は五千ドルの貯金を元手に、息子と共にメアリー・ケイ化粧品を始めた。二〇〇一年に亡くなった時、彼女の会社は世界中に四十七万五千人の化粧コンサルタントを抱え、二十億ドル以上の営業収益を上げていた。この会社は、営業成績優秀者にピンクのキャデラックを贈ったことで有名で、一九九七年だけで八千台のピンクのキャデラックを贈り、自動車購入数最多の企業となった。彼女はドキュメンタリーや雑誌で紹介され、数えきれないほどの賞を受けた。さらにフォーチュン誌のナショナル・ビジネス・ホール・オブ・フェイムの殿堂入りを果たし、ベイラー大学では「歴史上最も偉大な女性起業家」の名を与えられた。また、名誉あるホレイショ・アルジェ・アワードも受賞している。とても信心深く、よくこう言っていた。「神様には、どうでもいい人間（nobody）を作られる時間はありませんでした。だから、何らかの価値を持っている人間（somebody）だけを作られたのです。私たちはそれぞれ神様に与えられた才能を内に秘めていて、その才能が実を結ぶのを待っているのだと私は信じています」彼女にとっての「小さなこと」は女性に力を与える能力だった。

・フェイスブックの「小さなこと」

マーク・ザッカーバーグは二〇〇四年にハーバード大学の寮の部屋でフェイスブックを立ち上げた。今日その会社は数十億ドルの価値を持つ。まだハイスクールの学生だった頃、マークは「ザックネット」と称したプログラムを開発し、父親の歯科医院と自宅をつないだ。彼が興味を持ったのは「開かれていること、つまり人々がたがいにつながり、自分にとって重要なものを共有する手助けとなるものを作ること」だった。マークとフェイスブックの起源に関してはいろいろ言われているが、彼とそのビジネスによってまさに人々がつながり、自分にとって重要なものを共有できるようになったことは疑いの余地がない。彼にとっての「小さなこと」は、ほかの誰よりもうまく人をつなぐことができる能力だ。

これらのビジネスをもう一度振り返って見よう。どのケースも、小さなSクワドラントから始まっている。そこから、自分にとって「大事な小さなこと」に関わるビジネスを築くまで、彼らは決してあきらめなかった。そして、Bクワドラントでビジネスの帝国を築いた。彼らがBクワドラントに移動するとすぐに、Iクワドラントのプロたちがお金を稼ぐチャンスを求めて大騒ぎを始めた。

●欲深さと寛大さ

メアリー・ケイ・アッシュはこう言った。「神様には、どうでもいい人間を作られる時間はありませんでした。だから、何らかの価値を持っている人間だけを作られたのです。私たちはそれぞれ神様に与えられた才能を内に秘めていて、その才能は実を結ぶのを待っているのだと私は信じています」実際のところ、これは彼女が私たちすべてに語りかけている言葉だ。起業家は自分の内面に目を向け、「自分の才能は何か。自分は世界に何を提供できるのか?」と自問する。ミダスタッチは、ただお金を儲けたり、金持ちになったりするためにビジネスを始めるよりも、もっと大きなことに関係している。

一般に考えられているのとは違い、本当の金持ちは欲深くない。大金持ちになるには、起業家はとても気前がよくなければならない。他人に自分の幸運を分かち与え、神から与えられた才能を共有しなければならない。ミダスタッチを備えた起業家は、顧客にその幸運を分かち与えるだけではない。自分のビジネスのために働く人たちにもまた富と繁栄をもたらす。こういう起業家たちは安定した経済と安定した世界に必要な雇用と繁栄を実現する。

宗教的な教義は時として行動指針を与えてくれる。たとえば「与えよ、さらば与えられん」という言葉もそうだ。多くの人は与えたいと思うより多くのものを与えられたいと思うせいで金持ちになれない。世の中のほとんどの人はこんな質問をするように教え込まれている。「給料はいくらですか? 給付金はどうなっていますか? 残業代はいくらですか? 有給休暇はどのくらいありますか? 会社は年金プランにどれだけ出してくれますか? 病休は? 私用で休んだ時はどうなりますか?」

一方、専門技術を持つSクワドラントの住人はこんなことを言うかもしれない。「報酬は一時間につき百五十ドルと交通費です。週末は仕事をしません。ご自宅には伺いません。あなたのプロジェクトに私がかけた時間を考えたら、もっともらえて当然です。とても忙しいので一か月は手が空きません」。大勢の人の役に立つために働くのではなく、お金のために働くように教え込まれていると、こういうことになる。このような考え方と起業家の考え方には大きな違いがある。一つは受け取ることに、もう一つは与えることにフォーカスしている点だ。

●あなたがやらなければならない「小さなこと」

Bやークワドラントに移動しようと考える前に、次のように自分に聞こう。

・あなたは気前のいい人間か?
・世界に提供できるものを持っているか?
・Bやークワドラントのビジネスを築く覚悟と意欲があるか?
・他人の人生をより豊かにしてあげたいと思うか?

答えがイエスなら、あなたには偉大な起業家になるための基本的な特性が備わっている。Bクワドラントのビジネスを築く覚悟と意欲がある人が、次にやらなければならない「小さなこと」をいくつか見てみよう。

・やるべきことその一…一生ビジネスの勉強をしよう

多くの小さなビジネスは、起業家がビジネスに全く関心がないからという理由で、苦労したり失敗に追い込まれたりする。そういう起業家の関心はビジネスではなく、主に専門分野に向けられている。ビジネスよりも自分の料理の腕にフォーカスしていたレストランのオーナーの話を思い出してほしい。今ここで話しているのは、まさにあの例に象徴されていることだ。ドナルドは自分のプロジェクトに関心を持っているが、ビジネス全体にも強い関心を持っている。ロバートも同じだ。

Sクワドラントにいる多くの起業家たちは、専門技術者であってビジネスパーソンではない。たとえば、医者は高度な訓練を受けた技術者だ。個人で開業する場合もあるが、彼らの最大の関心はビジネスとしての医院ではなく、患者の診療にある。医者たちがすべきだと世間で思われているのは、ビジネス雑誌ではなく医学雑誌を読んで最新情報に通じることだ。多くの医者は定期的に医学会に参加して、最新の診療と技術に精通するよう心がけるが、ビジネスに関する会議や投資セミナーに参加する人はほとんどいない。

勉強を一生続けるということは、起業家たちが一緒に時を過ごし、たがいの経験を分かち合い、それをもとに成長していかなければならないことを意味する。ほかの起業家に会って勉強するのに最適な場所がEO（起業家団体）だ。EOは世界的組織で主要都市に支部がある。会員たちは起業家のための広範にわたる教育プログラムを通して定期的に集まり、勉強する。たとえば、「フォーラム」と呼ばれるプログラムはとてもためになる。これは、起業家たちが月に一回少人数で集まり、ビジネスの経験や問題を分かち合うプログラムだ。みんなで問題を解決し合い、それぞれのビジネスや人生をスムーズに前へ進ませる助けとする。EOネットワークの中には、Sクワドラントのビジネスとしてスタートし、Bクワドラントの大きなビジネスに成長するという成功を達成したビジネスがたくさんある。

リッチダッド社もGEO（世界起業家団体）と名付けた、かなり大胆なプログラムを開発中だ。GEOは、起業家がSクワドラントのビジネスを始め、その後それをBやIクワドラントのビジネスに育てていくために必要な教育、経験、技術にフォーカスしたものになる予定だ。起業家にとって一つの強みは、ビジネスを勉強する際に、自分のビジネスが自分専用のビジネススクールになってくれることだ。あなたには自分のビジネスといういわば「実験室」があるのだから、腰をすえて一生勉強を続けよう。

マルコム・グラッドウェルの『天才！　成功する人々の法則』は、起業家の必読書だ。この本は、なぜビル・ゲイツのような人物やビートルズのようなグループが大成功したのか、また、なぜ現実の世界に「一夜にして億万長者」といった成功話がめったにないのか、その理由を説明している。グラッドウェルは、そんなうまい話は世の中にはないが、その代わり、私たちはみんな、隠れた長所と途方もないチャンスと文化的遺産を内に持っていると主張する。それらが、私たちがどんな人間であるか、また手にする成功はどんなものかを決めると言うのだ。そう考えると、生きていく中でそれらを探し出し、人生から学べるすべてを学ぼうとするのは道理にかなったことに思える。さまざまな経験をすることをいとわず、ビジネスの勉強を一生続けていれば、あなたは大部分の起業家たちには手に入らない、とても大きな成功を手にすることになるだろう。

・やるべきことその二：自分がどんな人間か知ろう

起業家はみんな、一人一人異なっている。ビジネスを築き、それをブランドにしていくための一つの方法は、自分がどんな人間か知ることだ。

読んで、そこから学ぶ価値が充分にあると思う本をもう一冊紹介しよう。それは、マーガレット・マークとキャロル・S・ピアソンの著書『ヒーローとアウトロー：アーキタイプの力で巨大ブランドを作る（The Hero and the Outlaw: Building Extraordinary Brands through the Power of Archetypes）』（未訳）だ。起業家はこの本を通して、自分自身と自らのビジネスをよりよく理解できるようになると思う。この本は神話の世界とビジネスの世界に存在するさまざまなアーキタイプ（元型）について説明し、起業家とブランドは何らかのアーキタイプを代表するものだという考え方を紹介している。

次に、代表的なアーキタイプとその特徴、それぞれにとって一番大事なことを表す言葉、モットーを挙げるので、自分がどのタイプか考えてながら読んでほしい。

・「**支配者**」は王や女王、会社のCEO、大統領、上院議員、市長、そしてとても効率よく何役もこなすサッカーマム（子供の課外活動に熱心な母親）などが属するアーキタイプだ。支配者は支配しなければならない。それは人の世話をするということとは違う。支配者は何が何でも人や状況をコントロールしたいと思う「コントロール・フリーク」だ。自分たちがルールを決め、それを人々に守らせるべきだと信じている。IBMは支配者のブランドだ。一方アップルは次に挙げるアウトローのブランドだ。自分は支配者だと思う人は、おそらくＩＢＭに共感を覚えるだろう。心情的にアウトローだという人は、アップルが好きだ。
支配者のモットーは「権力は『最も』大切なものではない。それは『唯一』大切なものだ」。

・「**アウトロー**」は社会構造の主流の外側に自分のアイデンティティを見出す。たとえ法の外にいても、より深い、より本物の価値基準には誠実であるため、アウトローの中には「ロマンを持った人」と見られる人もいる。たとえば、ゾロやロビン・フッドは「いいアウトロー」と思われている。天安門広場のデモ参加者たちは、自由を愛する人たちにとってはいいアウトローだが、中国政府にとっては同じデモ参加者たちが悪いアウトローになる。多くのいわゆるアウトローたちは、体制に抗議する反抗分子だ。

ボニーとクライドは情熱的なアメリカのギャング・ヒーローで、同時に凶悪な銀行強盗でもあった。ビリー・ザ・キッドとジェシー・ジェイムズも同様だ。ジョン・ウィルクス・ブースはリンカーン大統領を撃てばヒーローになれると思っていた。でもそうはならず、史上最大の追跡を受ける犯罪者の一人となった。

マーク・ザッカーバーグは間違いなくアウトローだ。二〇一〇年、『ハッカーズ』の著者スティーブン・レビーは、ザッカーバーグは「明らかに自分をハッカーだと思っている」と書いた。ザッカーバーグはこう言っている。「ものは壊してもかまわない――もっといいものにするためなら」現在フェイスブックは「ハッカーソン」というプログラミングの競技会を開催していて、参加者たちはそこでアルゴリズムに基づいた問題を解く。勝者には賞金付きでハッカー・カップというものまで贈られるそうだ。

アウトロー・アーキタイプは法を破るのが好きだ。おそらくほとんどの起業家たちは多少アウトロー的なアーキタイプを内に秘めていると言っていいだろう。

『バトル・オブ・シリコンバレー』というタイトルのすばらしい映画がある。これは二人の若き起業家、ビル・ゲイツとスティーブ・ジョブズの物語で、彼らがどのようにしてビジネス界の二つの支配者、つまりＩＢＭとゼロックスから最大の可能性を秘めた新ビジネスを「略奪した」かが描かれている。（ちなみに、この映画をグーグル検索するとYouTubeで八分間の編集ビデオが見つかるが、これは見る価値が充分ある。）

アウトローのモットーは「ルールは破るためにある」。

・「**世話好き**」は、医療、介護、長期療養、ホスピス、病院、スポーツクラブ、身体障害者介護、医療薬などに関する仕事に携わる人たちに当てはまるアーキタイプだ。赤十字、メイヨー・クリニック、ユナイテッド・ヘルスケア、ジョンソン・エンド・ジョンソンのような組織やビジネスがこのアーキタイプに該当する。健康と癒しの分野の才能に恵まれた起業家は、医療機関、在宅医療・介護会社、生体医学会社、高齢者施設などを始める。
世話好きのモットーは「汝のごとく汝の隣人を愛せよ」。

・「**ヒーロー**」は勇気と結びついたアーキタイプで、「戦士」とも呼ばれる。軍人、警察官、消防士といった人がこのカテゴリーに属する。前に登場した海軍特殊部隊SEALや、二〇〇一年九月十一日直後のニューヨークの警察官や消防士たちはまぎれもなくこのアーキタイプに該当する。
ヒーローのモットーは「意志あるところに道あり」。

・「**純粋無垢な人**」は純真さや魂の救済と結びついたアーキタイプで、教会や牧師、そして救世軍などがこのアーキタイプに該当する。アイボリー・スノーは石鹼のブランドで、純粋さ、けがれのなさ、清潔さを売り文句に、このアーキタイプのイメージを持とうとしたブランドだ。幼児《おさなご》キリストの誕生、聖杯、円卓の騎士、白い柵で囲まれた小さな家といったものはすべてこのアーキタイプにつながる。
純粋無垢な人のモットーは「自分らしく」。

・「**愛する人**」は恋愛と性に結びついたアーキタイプで、最近ではビクトリア・シークレットが、このアーキタイプに属するブランドのうちで最も見た目にわかりやすい例だと言える。食品ではゴディバ・チョコレートやハーゲンダッツ・アイスクリームなどのブランドがこのアーキタイプに当てはまる。ジェニファー・ロペスやビヨンセのような多くのポップ・アーチストはこのタイプに属する典型的ブランドだと言える。

愛する人のモットーは「あなたしか見えない」。

・「**探求者**」は独立、自立の精神に結びついたアーキタイプで、衣料品のパタゴニア、アウトドア用品のノース・フェイスなどがこのアーキタイプに属する。マウンテンバイク愛好家、ハイカー、船乗り、旅行マニアはこのアーキタイプに属する人たちだ

探求者のモットーは「私を束縛しないで」。

・「**道化師**」は楽しいことに結びついたアーキタイプで、コメディアンは明らかにこのタイプに属する。ビールのコマーシャルは、顧客を引きつけるために道化師のアーキタイプを用いることがよくある。テレビ広告で滑稽なことをする若者たちを使ったりするのがその例だ。急に爆発的成功を収めたインターネット会社──数年前のグーグルとヤフーを思い浮かべてほしい──は、同じようにこのアーキタイプを使うことがよくある。

道化師のモットーは「ダンスを踊れないのなら、そんな革命には参加したくない」。

・「**普通の人**」は平均的な人、聖書で言われる「地の塩」のような人たち、目立たないが必要な人たちだ。いわゆる庶民派の政治家はこのタイプに当てはまる。二〇〇八年の共和党副大統領候補のサラ・ペイリンは、政治活動の内外でこのアーキタイプを使って政治的地位を築いてきた。このタイプの人はカントリー・ウェ

スタン音楽、地域のお祭り、労働組合などに興味を引かれる。

普通の人のモットーは「男も女もすべての人間は平等である」。

・「**賢者**」は教師だ。私たち二人は共に、このアーキタイプのもとで活動している。私たちは起業家精神とファイナンシャル教育の世界のために働く教師だ。賢者にはほかに、ジョージ・ワシントン・カーヴァー（植物学者・教育者）、アルバート・アインシュタイン、ソクラテス、孔子、ブッダ、オプラ・ウィンフリーらがいる。このリストからもわかる通り、分野が異なれば賢者も異なる。Bクワドラントの世界、つまり「アメリカ株式会社」においては、ピーター・ドラッカーが賢者の要素を持つ精神的指導《グル》者の一人だ。また、Iクワドラントの世界では、ウォーレン・バフェットがまさに「オマハの賢人」だ。賢者たちはみんな、人々を信じている。つまり、よりよい世界を作り出せるようなやり方で、私たちが学び成長することができると信じている。

賢者のモットーは「真実はあなたを自由にする」。

それぞれのアーキタイプがどんなものかわかったところで、自分に次のように聞いてみよう。

・私はどのアーキタイプに属するか？
・ビジネスを作る際に、自分のアーキタイプをどう活用できるか？

ここで「やるべきことその一：一生ビジネスの勉強をしよう」が意味を持ってくる。たとえば、今紹介した本『ヒーローとアウトロー』は、たまたま自分の専門でもない限り、一般的にはほとんどのSクワドラントの人は読まない。ビジネスの勉強はだいたいが人とリーダーシップの勉強だが、これはまさにそういったことに関する本だ。読書も勉強もしたくないという人は、Bやークワドラントの住人になるのはむずかしいかもしれない。

・やるべきことその三：お金ではなく資産を獲得するために働こう

自分のミダスタッチを育てようとする起業家は、お金のためには働かない。資産を築く、あるいはそれを手に入れるために働く。本書全体から学ぶべきことを一つだけ挙げるとすれば、それはこうだ――「お金ではなく、資産にフォーカスしろ」。

たいていの起業家たちは、お金が仕事からではなく、自分たちが築く資産から生まれるということに気付いていない。たとえば、ほとんどの人はドナルドのことを、不動産――つまり豪華なコンドミニアム、ゴルフコース、そしてカジノなど彼が築いた資産――と結びつけて考える。でも、彼の資産は不動産だけではない。テレビ番組『ジ・アプレンティス』もドナルドの資産だ。本書もまた、彼とロバートが共有する資産だ。ドナルドには不動産ではない資産がほかにもたくさんある。

ロバートのビジネスは、世界中で売られているゲームや書籍、セミナーといった資産を築いている。また、不動産と石油ビジネスは、彼が働こうが働くまいが、毎月彼にお金をもたらし、投資会社は、アパート、金、銀、銅の鉱山、ゴルフコース、油田といったものを手に入れる。これらもすべて資産だ。

ほとんどのSクワドラントの起業家たちはお金のために働く。つまり、彼らは「仕事」を持ってはいるが、「ビジネス」は持っていない。ほとんどの場合、本人が働くのをやめたらお金が入って来なくなる。Bやークワドラントでビジネスを築こうと心に決めている人は、資産を築かなければならない。Sクワドラントの起業家とBクワドラントの起業家を分けるのは資産だ。

・やるべきことその四：角穴に丸釘を打つな

どんなビジネスでも、いい人材を不適切なところに配置してしまうことがよくある。さらに悪い場合には、どんな仕事にも不適切な人材を採用してしまうこともある。産業時代には会社にとって人材はあまり重要ではなかった。起業家たちは組み立てラインのある工場を建てて労働者を雇い、ボルトを回したり、タイヤを吊るしたりする方法を教え、生産ラインについていけるよう訓練するだけでよかった。言い換えれば、人ではなくラインが生産効率を決めていた。それが情報時代になって事情が変わった。今、重要なのは人だ。情報時代における成功の鍵は高速の組み立てラインではなく、共通の目的に向かって働く、高速で質の高い頭脳だ。

産業時代には、機械の歯車に投げ込まれた砂が組み立てライン全体を停止させることがあり得た。情報時代には、人の思考や人間関係に投げ込まれた砂が会社の生産機能を停止させることがあり得る。たとえば社内で何か感情的なもつれがあれば、それは製造機械の歯車に投げ込まれた砂と同じだ。

人を混乱させるのは簡単だ。特にビジネスではそうだ。もし会社に時速百マイルで走っている人が二人、時速二十マイルで走っている人が三人、そして何をやっているか全くわかっていない人が一人いたとしたら、混乱が生じて当然だ。あるいは、あるプロジェクトに関して、すぐ行動を起こしたい人がいる一方、ほかの人たちはもっと予備調査をして議論を重ねたいというような場合も混乱するだろう。そして、そのような混乱、動揺は仕事を遅らせる。思考速度が、非難や議論をする速度にまで減じてしまうからだ。こうなると最終的には、起業家のミダスタッチも含めてすべてが停止しかねない。

人間は機械ではない。人間はそれぞれ異なるスピードで機能する。車のアクセルを踏むようにそのスピードを上げることはできない。たいていの場合、人間を踏みつければ生産力は低下する。会社が繁栄するためには、みんなが一体となって働かなければならない。

ミダスタッチを身に着けた起業家はこのことをよく認識している。賢い起業家は自分自身をよく理解しようとするので、自分を補佐するだけでなく、一体となって働くチームを集めることができる。これこそ「小さいけれど大事なこと」だ。これが実現できなければ、ほかがよくてもどうしようもない。

自分自身と社内の人たちを理解するためのツールで、ロバートが気に入っているものの一つに、コルベ社が開発した「コルベ・インデックス」という適性検査方法がある。市場には、性格や嗜好に関するこのような指標《インデックス》がたくさん出回っているが、コルベ・インデックスにはほかにはない特徴があり、特に起業家の役に立つと言われている。コルベ・インデックスではまず、古代の哲学者や現代の心理学者の多くがすべての人に備わっていると主張する、人間の心《マインド》の三つの部分を測定する。三つの部分とは思考と感じ方《フィーリング》と行動だ。

・思考：学校は人のIQを測定する。IQは、人がどれだけよく考えるかを示す指標だ。
・感じ方：感じ方にはその人の感情、欲望、物事に対する姿勢、嗜好、価値観が反映される。
・行動：行動にはその人の本能、才能、意欲、精神力が反映される。

コルベ・インデックスとほかの方法との大きな違いは、心の三つ目の部分、つまり人が生来的、本能的にどんな行動をとるかを判定する点にある。それによってその人のもののやり方（MO）、動機、独自の才能が判定される。

昔のマンガのキャラクター、ポパイはよくこう言った。「俺は俺だ！」コルベ・インデックスはあなたの真の姿を判定する。それを知っていればあなたは最高の力を発揮できるし、あなたに足りないところを補完し、欠けた部分を埋めてくれる人を周りに集めることもできる。また、チームのメンバーのコルベ・インデックスによる分析結果がわかれば、適材適所が可能になる。

ビジネスでは、ポパイをポパイではない人間にしようとすることがあまりにも多い。つまり、プロジェクトマネジャーを雇ったのに営業担当者にしようとしたり、営業担当者を雇ったのに管理職につけようとしたりする。あるいは社風に合わない、最初からまったく不適切な人材を雇ったりする。ポパイを雇う前に、ポ

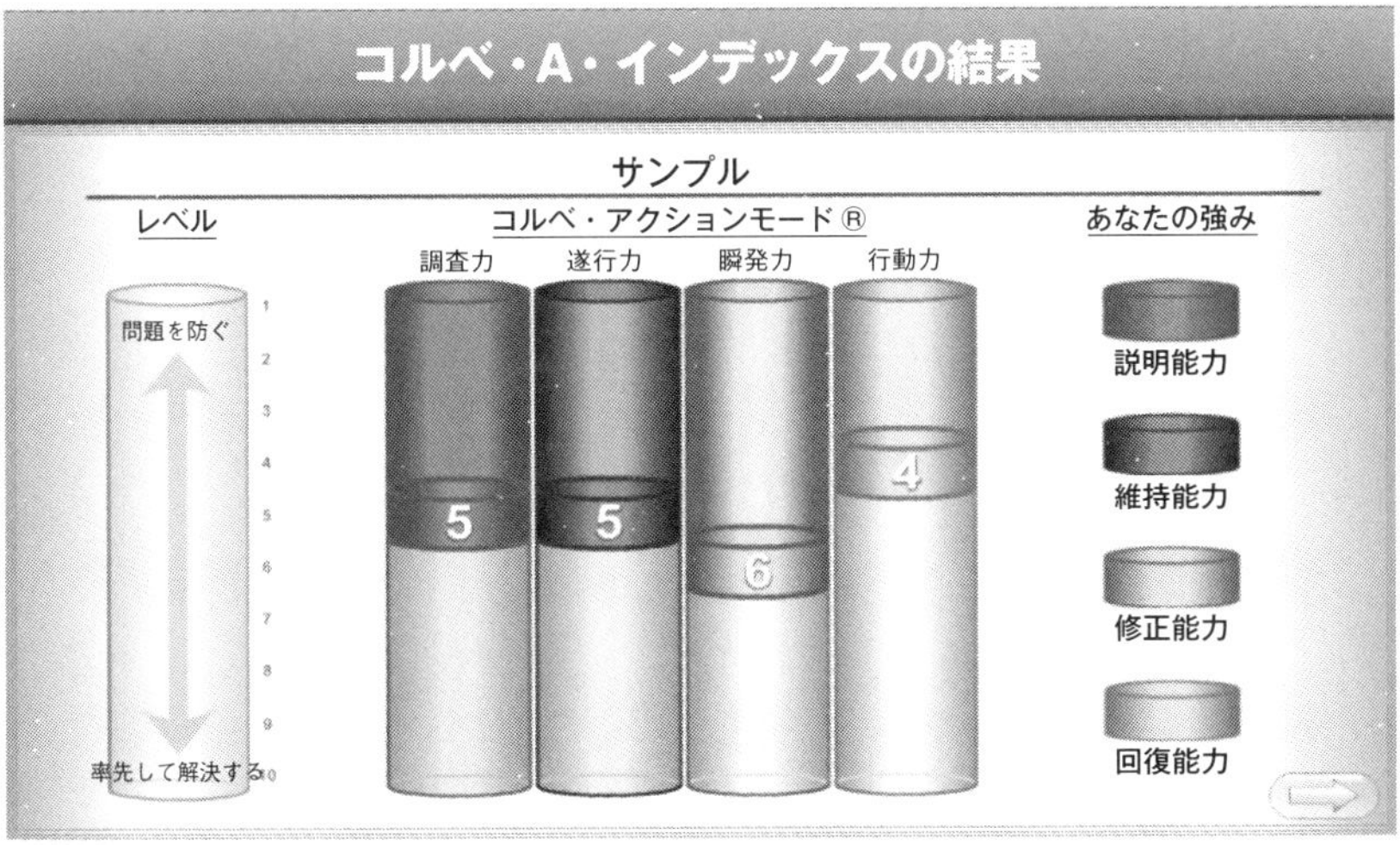

⑭コルベ・A・インデックス

パイの真の姿、一体本当にどういう人間かを見極めたほうがいい。

自分は本当はどんな人間か、生来的、本能的にどんな行動をとるのか、そして自分だけの才能は何かを見極めるために、コルベ社のウェブサイトに行って、オンラインでコルベ・A・インデックスをやってみよう（図⑭／現在は英語版のみ）。わずかなお金とわずかな時間で、自分について豊富な情報をすぐに集めることができる。そのようにして自分のことをよりよく知ることができたら、次に、チームのメンバーにも受けることを勧めよう。そうすれば、あなたの会社全体に明るい光がふりそそぐように、お金には換えられない価値のあるいろいろなことが見えて来るだろう。

コルベ社の設立者キャシー・コルベによると、誰にでも四つの「アクションモード（行動様式）」がある。インデックスの数値によって、私たちは自分の長所を発見し、自分にとって最も本能的な行動パターンについて学ぶ。コルベ・インデックスは長所を伸ばす方法、そして、うまく協力して働くことができるチームを育てる方法を教えてくれる。

一緒に働く相手を選ぶというぜいたくが許されない従業員と違って、起業家にはそれができる。それは起業家の一番大事な仕事でもある。残念なことに、多くの起業家たちは自分と同じような長所を持っている人たちを雇うという間違いを犯す。

起業家はアクション・モードの「瞬発力《クイック・スタート》」の得点が非常に高い傾向がある。起業家がビジネスを始め、瞬発力の強い人ばかりを雇うと、そのビジネスは確かにすばらしいアイディアをたくさん得て、多くのプロジェクトをスタートさせるだろうが、何かを完成させることはめったにない。この場合、いずれは顧客からの苦情や不完全な帳簿、先を急ぎすぎた行動といった問題が起き、そこに関わっているお金の額が大きい場合には、政府による犯罪捜査にまでつながりかねない。逆に、「調査力《ファクト・ファインダー》」の得点が高い人ばかりのチームにすばやい動きを期待したとしたら、大きな失望が待っているだけだ。そういうチームは調査してデータを集め続けるが、いつになっても情報が充分でないと考えて、思い切って一歩踏み出すことも、何か決定を下すこともできない。

人を適材適所に配置するというのが実際にどういうことかというと、要するに、ビジネスには四つのアクション・モードすべてについて優秀な人材が必要だということだ。それに加えて、ビジネスはどれか一つのアクション・モードに特化しているわけではない人も必要とする。スモールビジネスで、特に一人で仕事をしているような場合は、四つのアクション・モードの中に弱いモードが複数存在することがよくある。一方大きな組織は、ある一つの特定のタイプを好む傾向があるから、小さい会社も大きい会社も、うまく機能するために本来必要な、付加的な長所を獲得しそこなうことが多い。たとえば、一般的に大学という組織は、何か決定を下す前に徹底的に調査をするために、生来的に調査力の高い人間を重視する傾向があり、瞬発力の高い人たちの「考える前に行動する」という行動様式には価値を認めない。

●ミダスタッチの開発プロセス

あなたは本書を通じてこれまでに、ミダスタッチを開発するための大事な原則を学んできた。人生において価値のあるほかのあらゆることと同じように、ミダスタッチを身に着けるには大きな努力が必要だ。簡単に富を得る道を探している人にお願いする。もしそんな道が見つかったら、ぜひ本を書いてほしい。私たち二人は合法的に富を築いてきたが、それは短期間でできたわけでも、簡単にできたわけでもない。

次に挙げるのは、BやIクワドラントへ進むために踏まなければならない重要な四つのステップだ。これを「ミダスタッチ・プロセス」と呼ぶことにしよう。

1．レバレッジを効かせられるビジネスにする

Sクワドラントの起業家は、ビジネスにレバレッジを効かせる方法を見つけなければならない。Sクワドラントのビジネスを B クワドラントのビジネスに成長させるためには、まず起業家が自らの才能にレバレッジを利かせなければいけない。

そのようなレバレッジの例をいくつか挙げよう。

・歌手がレコードを作って売る。
・個人トレーナーが新しいエクササイズのDVDを作ってテレビの「インフォマーシャル」で売る。
・専門家がポッドキャストを通して無料で人々に自分の知識を分け与える一方で、お金を払ってくれる企業にスポンサーになってもらう。
・プログラマーが新しいアプリケーションやソフトウェアを開発し、顧客にライセンス（使用許可）を提供する。

あなたが持っている才能は、世界をよりよいものにするための、あなた独自の「小さなこと」だ。その才

能をできるだけ多くの人に分け与えるのがあなたの仕事だ。そのためにはレバレッジが必要だが、それを一人でやるのは不可能だ。一日の時間は限られているし、一生懸命働けば働くほど、たくさん税金を払わなければならない。

自分に聞こう――どうすれば自分の才能にレバレッジを効かせ、より多くの人の役に立つことができるか?

2. 拡張可能なビジネスにする

もしニューヨークでうまくいって、フェニックスやコロンバスでもうまくいったら、それは全世界へと拡張可能なビジネスだ。ドナルドは世界中に豪華なビルを建てる。ロバートは世界中の人にお金について教える。二人共、書いた本が世界中で売られている。

一般的に言って、Sクワドラントのビジネスは拡張性に問題がある。多くの場合、Sクワドラントは医師、弁護士、不動産エージェント、マッサージ療法士といった、免許を持つ専門家だ。これらの専門的職業をはじめ、免許を必要とする職業はほかにもたくさんある。そういう職業の人は、もし別の市や州や国で、同様の免許を持っていなかったら、そこではビジネスをすることができないし、もし何らかの理由で免許を失ったら、ビジネスから完全に閉め出される。また、当然ながら人間は同時に二つの場所に存在することができないから、Sクワドラントのビジネスはそのことによっても制限も受ける。一方、真のBクワドラントの起業家は、レバレッジを使ってビジネスを拡張して、どこへでも行き、どこででも働くことができる。彼らのモットーは「意志あるところに道あり」だ。

自分に聞こう――ビジネスを世界中に拡張できるものにするにはどうすればいいか?

3. 予測のできるビジネスにする

ビジネスは予測可能であればあるほど、より大きな価値を持つ。ビジネスは収入、支出、成長率を予測し、将来の利益、収益を見積もることができなければいけない。本書で取り上げた企業の多くは、予測の達人たちだ。そのうちいくつかは、株式が公開されている企業で、この場合は予測できることが要件だ。市場レポートでよく「アップルは予想を上回り、株価は史上最高を記録しています」などと耳にするのは、アップルが予測可能性を持っているからにほかならない。

一方、予測が可能なことは、ブランドが提供する経験が常に安定していることも意味する。この点でも、マクドナルドが達人中の達人だ。世界中どこへ行っても、サービスや味、量の管理、そして店の雰囲気も、非常に予測しやすい。Sクワドラントのビジネスで問題なのは、起業家自身がビジネスそのものになっている点だ。そのせいでビジネスの先行きが予想しにくい。起業家が病気になったり、けがをしたり、「燃え尽きて」しまったり、あるいは単純に、年をとったらどうなるのか？　企業の存続自体があやうくなり、予測可能性はまったくなくなる。予測可能性が欠けていることは、Sクワドラントのビジネスが拡大を始めようという時にも影響を与える。Sクワドラントの起業家は拡大時に、自分が得意とする「小さなこと」に対するコントロールを失うことが多いからだ。そうなると予測可能性がぐっと低くなる。予測可能性はできればあったほうがいいというものではない。ビジネスの資金調達を確実にするために不可欠なものだ。

自分に聞こう――自分のビジネスはどの点が予測不可能か？　ビジネスを予測可能にするためには何をしなければならないか？

4．融資を受けられるビジネスにする

そのビジネスが、ほかの誰よりもうまくできる「小さなこと」にレバレッジを効かせられるビジネスであることを自ら証明できれば、投資家たちが注目し始める。そして、ビジネスの拡大と成長が可能であることが証明されると、投資家たちはとても興味を持つ。さらに、ビジネスが予測可能性を獲得すれば、投資家が

殺到する。ウォルマート、マクドナルド、アップル、マイクロソフト、そしてグーグルが株式市場で大人気なのは、それらの会社が今言ったようなすべてを達成しているからだ。

自分に聞こう──自分のビジネスは、融資を受けるために必要な要素をすべて備えているか？　もし何か足りないとしたら、その足りない要素は何か？

●一番大事なこと

起業家が世界的規模のビジネスを築く土台として使うことのできるすべての才能と「小さなこと」がすでにそろっているとしよう。次に、すべての起業家が、自分たちにとって最も大切で重要な能力の中に含めなければいけないことが一つある。起業家にとって一番大事なこの「小さなこと」は、安心と、さまざまな保障と、より明るい未来を求める人たちに職を提供する雇用主になることだ。これは非常に大きな責任だ。ミダスタッチを身に着けた起業家たちがとても真剣に受け止めるべき責任でもある。みんな知っていると思うが、職を失うことには従業員を感情的に根底から揺さぶる力があり、そのような動揺が進行するプロセスで、家族の幸せも脅かされる。失業者が増えると私たちが住む地域社会、国、世界も影響を受ける。

本当にすぐれた起業家たちは、本当の意味での自分の成功の大きさは、財産や家の大きさにはほとんど関係ないと思っている。それは自分たちのビジネスが生み出す仕事の数に関係している。スティーブ・ジョブズのような起業家を考えてみるといい。彼のビジネスは社内に無数の仕事を生み出しただけでなく、アップル製品を支えるすべての産業とビジネスにおいて、何百万とはいかなくても何十万という仕事を生みだす原動力となった。これがミダスタッチだ。

政府には本当の仕事を作り出すことはできないということを、私たちはよく理解しておかなければいけない。それができるのは起業家だけだ。行動を起こし、この世界をよりよいものに変えていくのは、私たち全員の責任だ。

●覚えておくべきこと／するべきこと

・顧客にとって大きなことになり得る「小さなこと」を自分のビジネスの中に見つけよう。才能を開花させよう。

・作戦を決めたら、その作戦を成功させるための戦略を選ぼう。作戦はシンプルで実行可能なものにしよう。

・自分の使命にフォーカスすることと、Ｂ－Ｉトライアングルに命を吹き込むことが自分の仕事だとしっかり認識しよう。

・ミダスタッチを手に入れるには厳しい鍛錬が必要だ。反抗精神を持つのはいいが、ミダスタッチを獲得するには、今とは違うレベルの個人的責任、経済的責任、経営責任が求められることを心得ておこう。

・自分のエネルギーと成功を気前よく人と分かち合おう。他人に参加してもらって、その人たちに充分な報酬を与えよう。ミダスタッチは一人でやるスポーツではない。チームで努力した結果生まれるものだ。

・とるにたらない小さなことなど何一つない。すべてが大事なのだから、人を雇う時には賢く選び、自分のビジョンでチームにやる気を起こさせよう。そうすれば、彼らがそのビジョンを実現し、あなたを代表してくれる。

・大きく考え、高いビジョンを持って、それに向けて努力しよう。それを実際にやってみたら、自分にどんなことが達成できる力があるかわかってびっくりするだろう。

・やる価値があるものにはそのために戦う価値がある。あなたの邪魔をする人やものはたくさんあるだろう。それらを乗り越えるために努力し、戦おう。

・成功を遅らせないようにしよう。ビジョンも計画もなく、それがうまくいくことを証明しようともしないでビジネスをやり続けるのは、成功を遅らせているのと同じだ。
・自分の真の姿を見極め、自分の才能と「行動様式」を補ってくれる人たちを周りに集めよう。
・自分のビジネスにとって大事な小さなことが何かを理解するために、成功しているビジネスや成功している人たちから学び、一生勉強を続けよう。
・ビジネスを始める時は最初から、レバレッジを効かせることができ、拡張可能、予測可能、そして融資を受けられるビジネスになるような計画を立てよう。
・起業家が世界に与えることのできる最大のプレゼントは、人々の仕事と安心と幸福だということを自覚しよう。
・世界がより多くの起業家を必要としていることを認識しよう。みんながあなたを頼りにしている。

おわりに

何世紀もの間、ニューヨーク港のエリス島は、「自由に息をしたいと集まってきたたくさんの人々」、すなわち世界中のあらゆる場所から、希望の光に魅せられて「チャンスの国」に集まってきた男女を招き入れ、歓迎してきた。

これらの移民の中には、圧制から逃れてきた人も、アメリカンドリームの魅力に魅せられてやってきた人もいた。その理由が何であれ、大部分の人はこのチャンスの国を次のように見ていた。つまり、自分たちの権利を主張し、成功を収め、自分と子供たちのために自由で幸せな生活を確保することのできる国だと信じていた。屈強で野心あふれるこれらの移民たちは、自分たちが築くつもりの夢の土台となる足がかり、そのささやかなスタートのきっかけを得るためなら、どんなことでも喜んでやる覚悟でいた。

人生の行く末、世代交代によって変化する人々の生き方は、多くの要因によって影響を受ける。そして時代の移り変わりと共に、必然的にいくつかのパターンが浮かび上がってくる。多くの移民一世たちは、足がかりや手始めとなるチャンスがあれば、いかなる代償も払い、どんな仕事も引き受け、どんな負担も喜んで担う。彼らはやらなければいけないことは何でもやる。なぜなら、理想の生活を築くチャンスを得るために、そして、自分たちには決して得られなかったものを子供たちに与えるためにわざわざ海を越えてやってきたのだから。そのためなら、いくら代償を払っても高すぎることはなく、どんな試練も大きすぎることはなく、どんな重荷も彼らにとって重すぎることはない。

彼らは子供たちを腕に抱き、子供たちが享受するであろう生活を夢に描く。そして、本能的に、子供たちには苦労させたくないと思う。自由と引き換えに支払うべき代償はたいていの場合かなり大きい。だから、そんな苦労はさせたくないと思う。このような一世の子供たちは別の種類の自由を享受する。つまり、確実性を持った自由と力だ。彼らは自分たちの親たちが生き残るだけでなく、成功までも手に入れて、チャンスの扉を開けてくれたことを知っている。自分たちの夢を追う自由、つまり起業家になるという夢を追う自由を、本当の意味である程度享受できるのは、この移民二世たちだ。彼らは起業に関わるあらゆることを自分の中に取り入れ、これから築いていく人生を夢に描く。

この最初の起業家世代は、自分たちの努力の結果が目に見える頃になると、子供には自分や親たちが決して手にできなかったものを手にしてほしいと強く望む。彼らは子供たちが大学のさまざまな学位を取得し、医師や弁護士のような専門家になって地位と名声の両方を手にしている姿を夢見る。つまり、変化の連鎖の中で、起業家たる二世たちは、自分たちが決して受けることのなかった高等教育を受け、高い給料を受け取る従業員になるようにと子供たちを励ます。自由に対する憧れは、驚くほど短い間に、安定を求める心や、世に認められ尊敬されることを求める心へと変化する。

さらに連鎖の輪は続く。このような医師や弁護士の子供や孫は、おうおうにして、起業家が享受するチャンスと自由の可能性に憧れを抱く。彼らは自分たちの夢を追い求めるために現状に挑戦する。そして、多くの場合、親や祖父母たちの考えに反抗する。

起業家たちは、ほかの多くの人たちが障害を見出す場所に希望と可能性を見出す。安定に固執するのではなく、いかなる代償を払っても、そして多くの場合、あらゆる困難をものともせず、チャンスをつかむ道を選ぶ。

今日では、全世界がビジネスに向けて開かれている。テクノロジーのおかげで条件は平等になり、進歩の速度がどんどん速まっている。前の世代にとっては難題だった地理的障壁はすべてなくなり、ビジネスの土壌は豊かに成長し、かつてないチャンスをたっぷり含んでいる。未来を生み出し、形作ることができると信じる野心あふれる起業家たちにとって、今日の世界は希望の光に満ちている。

情熱とビジョンによって突き動かされ、意欲的に働く起業家たちこそ、自由企業経済と資本主義が今も健在であるという事実を証明する生きた証拠だ。変化によってさまざまな課題を突き付けられ、不確実性にゆり動かされる今の世界で、私たちは今日の、そして明日の起業家たちが先導的役割を果たしていくことを期待している。

著者紹介

ドナルド・J・トランプ

トランプ・オーガニゼーションの会長兼社長であるドナルド・J・トランプは、アメリカのサクセス・ストーリーをまさに地でいく人物で、不動産、スポーツ、さらにエンターテイメントと、その興味の対象を広げながら、いつも優秀さの基準を塗り替えている。世界の高級不動産を扱う不動産開発業者の中でも屈指の存在であり、今やトランプというブランドは「ゴールドスタンダード（最も信頼できる基準）」と同じ意味を持つまでに至っている。

優秀さに対する彼のこだわりは、不動産業からエンターテイメント産業にまで広く及ぶ。NBCの人気シリーズ番組『ジ・アプレンティス』と『ザ・セレブリティ・アプレンティス』のスターでもあり共同プロデューサーでもあるが、そのような役割から、数々の賞に輝くゴルフコースや超高層ビルの開発に至るまで、鋭い洞察力に裏付けされた彼のビジネス手腕は唯一無二と言える。

著者としても多くの実績があり、これまでに十冊以上のベストセラーを執筆している。特に最初の著書『トランプ自伝』はビジネス書の傑作と見なされている。二〇〇七年には「ハリウッド・ウォーク・オブ・フェーム」に彼の名が彫られた星形のプレートが埋められた。典型的なビジネスマンであり、他の追従を許さないディール・メーカー（取引の立役者）、そして熱心な慈善家である。

ロバート・T・キヨサキ

個人の資産運用に関する書籍として史上最高の売上げを誇る『金持ち父さん　貧乏父さん』の著者として最もよく知られるロバート・キヨサキは、世界中の何千万人もの人々のお金に対する考え方に疑問を投げかけ、その考え方を変えた。起業家、教育者、投資家であり、世界にはもっと起業家が必要であると考えている。お金と投資に対する彼の見解はしばしば社会通念と対立するが、ロバートの歯に衣着せぬ発言と大胆不敵さ、そして勇敢さには定評がある。

ドナルド・トランプとロバート・キヨサキの一冊目の共著『あなたに金持ちになってほしい』は、ニューヨーク・タイムズのベストセラーリストに第一位でデビューを飾り、アメリカ国内だけで五十万部を売上げた。

トランプとキヨサキの本

●あなたに金持ちになってほしい』ドナルド・トランプ、ロバート・キヨサキほか著／白根美保子、井上純子訳／筑摩書房

ドナルド・トランプの本

●『トランプ自伝――不動産王にビジネスを学ぶ』ドナルド・トランプ、トニー・シュウォーツ著／相原真理子訳／ちくま文庫
●『敗者復活』ドナルド・トランプ、ケイト・ボナー著／小林龍司訳／日経ＢＰ社
●『金のつくり方は億万長者に聞け』ドナルド・トランプ著／石原薫訳／扶桑社
●『大富豪トランプのでっかく考えて、でっかく儲けろ』ドナルド・トランプ、ビル・ザンカー著／峰村利哉訳／徳間書店
●『明日の成功者たちへ』ドナルド・トランプ著／月谷真紀訳／ＰＨＰ研究所

ロバート・キヨサキの本

●『金持ち父さん　貧乏父さん』
●『金持ち父さんのキャッシュフロー・クワドラント』
●『金持ち父さんの投資ガイド　入門編』
●『金持ち父さんの投資ガイド　上級編』
●『金持ち父さんの子供はみんな天才』
●『金持ち父さんの若くして豊かに引退する方法』
●『金持ち父さんの予言』
●『金持ち父さんの金持ちになるガイドブック』
●『金持ち父さんのパワー投資術』
●『金持ち父さんの学校では教えてくれないお金の秘密』
●『金持ち父さんの起業する前に読む本』以上、ロバート・キヨサキほか著／白根美保子訳／筑摩書房
●『金持ち父さんのファイナンシャルＩＱ』キヨサキ著／白根美保子訳／筑摩書房刊
●『金持ち父さんの金持ちがますます金持ちになる理由』キヨサキ著／井上純子訳／筑摩書房
●『金持ち父さんのサクセス・ストーリーズ』キヨサキほか著／春日井晶子訳／筑摩書房
●『金持ち父さんの21世紀のビジネス』キヨサキほか著／白根訳／筑摩書房
●『金持ち父さんの新提言　お金がお金を生むしくみの作り方』キヨサキ著／井上訳／青春出版社
●『人助けが好きなあなたに贈る金持ち父さんのビジネススクール』マイクロマガジン社

キム・キヨサキの本

●『リッチウーマン』キム・キヨサキ著／白根美保子訳／筑摩書房

エミとロバート・キヨサキの本

●『リッチブラザー　リッチシスター』白根美保子訳／筑摩書房

金持ち父さんのアドバイザーシリーズ

●『セールスドッグ』
●『勝てるビジネスチームの作り方』以上、ブレア・シンガー著／春日井晶子訳／筑摩書房
●『不動産投資のＡＢＣ』ケン・マクロイ著／井上純子訳／筑摩書房

金持ち父さんのオーディオビジュアル

●『ロバート・キヨサキのファイナンシャル・インテリジェンス』タイムライフ（ＤＶＤセット）
●『ロバート・キヨサキ　ライブトーク・イン・ジャパン』ソフトバンクパブリッシング（ＤＶＤ）
●『金持ち父さんのパーフェクトビジネス』マイクロマガジン社（ＣＤ）
●『プロが明かす　不動産投資を成功させる物件管理の秘密』マイクロマガジン社（ＣＤセット）
●『金持ち父さんの「金持ちになる教えのすべて」』マイクロマガジン社（テキスト＋ＤＶＤ3枚）

本文で紹介された本

●『天才！　成功する人々の法則』マルコム・グラッドウェル著／勝間和代訳／講談社
●"Hero and the Outlaw" by Margaret Mark and Carol S. Pearson

黄金《おうごん》を生《う》み出《だ》すミダスタッチ

成功《せいこう》する起業家《きぎょうか》になるための5つの教《おし》え

二〇一二年十一月十日　初版第一刷発行

著者　ドナルド・トランプ／ロバート・キヨサキ
訳者　白根美保子（しらね・みほこ）
装幀　小田蓉子（井上則人デザイン事務所）
発行者　熊沢敏之
発行所　筑摩書房
東京都台東区蔵前二―五―三　〒一一一―八七五五　振替〇〇一六〇―八―四一二三
印刷・製本　中央精版印刷株式会社

ISBN978-4-480-86420-8 C0034

乱丁・落丁本の場合は、左記宛にご送付下さい。
送料小社負担でお取り替えいたします。
ご注文・お問い合わせも左記へお願いします。
〒三三一―八五〇七　さいたま市北区櫛引町二―六〇四
筑摩書房サービスセンター　電話〇四八―六五一―〇〇五三

『キャッシュフロー101』で
ファイナンシャル・インテリジェンスを高めよう!

読者のみなさん

『金持ち父さんシリーズ』を読んでくださってありがとうございました。お金についてためになることをきっと学ぶことができたと思います。いちばん大事なのは、あなたが自分の教育のために投資したことです。

私はみなさんが金持ちになれるように願っていますし、金持ち父さんが私に教えてくれたのとおなじことを身につけてほしいと思っています。金持ち父さんの教えを生かせば、たとえどんなにささやかなところから始めたとしても、驚くほど幸先のいいスタートを切ることができるでしょう。だからこそ、私はこのゲームを開発したのです。これは金持ち父さんが私に教えてくれたお金に関する技術を学ぶためのゲームです。楽しみながら、しっかりした知識が身につくようになっています。

このゲームは、楽しむこと、繰り返すこと、行動すること――この三つの方法を使ってあなたにお金に関する技術を教えてくれます。『キャッシュフロー101』はおもちゃではありません。それに、単なるゲームでもありません。特許権を得ているのはこのようなユニークさによるものです。このゲームはあなたに大きな刺激を与え、たくさんのことを教えてくれるでしょう。このゲームは、金持ちと同じような考え方をしなくては勝てません。ゲームをするたびにあなたはより多くの技術を獲得していきます。ゲームの展開は毎回違います。あなたは新しく身につけた技術を駆使して、さまざまな状況を乗り切っていくことになるでしょう。そうしていくうちに、お金に関する技術が高まる

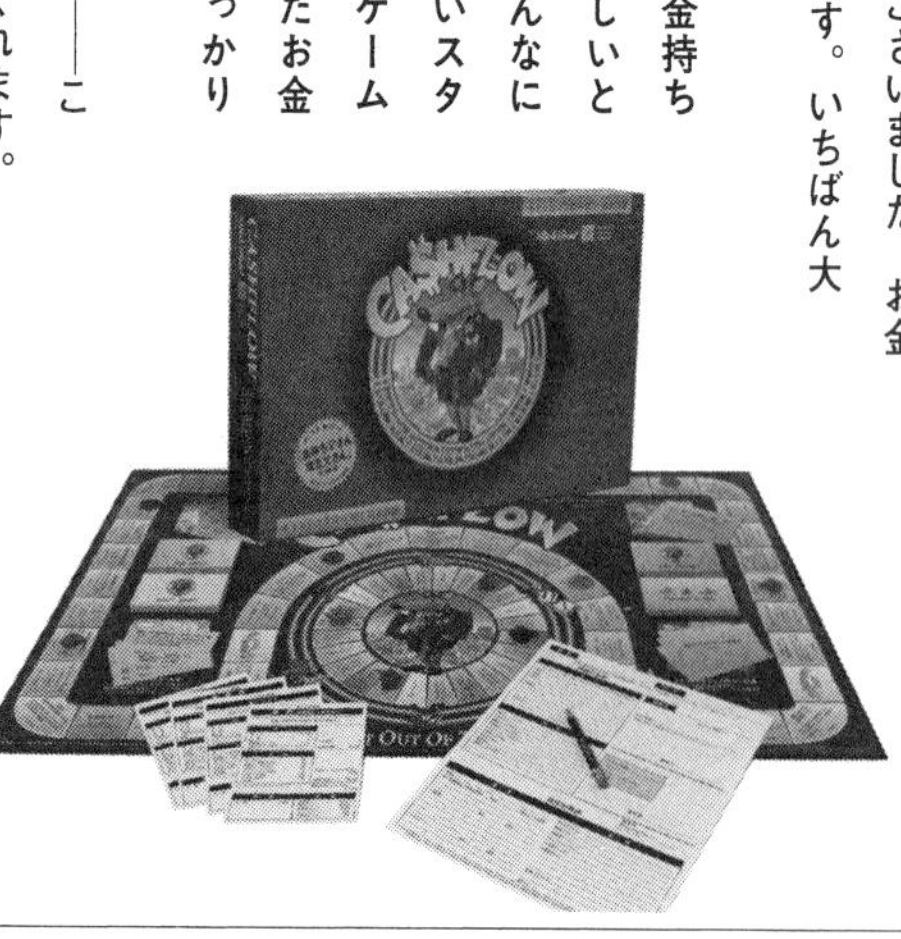

『キャッシュフロー101』
家庭で楽しみながら学べる
MBAプログラム

『キャッシュフロー・フォー・キッズ』
6歳から楽しく学べる子供のためのゲーム

と同時に、自信もついていきます。

このゲームを通して学べるような、お金に関する教えを実社会で学ぼうとしたら、ずいぶん高いものにつくこともあります。『キャッシュフロー１０１』のいいところは、おもちゃのお金を使ってファイナンシャル・インテリジェンスを身につけることができる点です。

はじめて『キャッシュフロー１０１』で遊ぶときは、むずかしく感じるかもしれません。でも、繰り返し遊ぶうちにあなたのファイナンシャル・インテリジェンスが養われていき、ずっと簡単に感じられるようになります。

このゲームが教えてくれるお金に関する技術を身につけるためには、まず少なくても六回はゲームをやってみてください。そのあと本などで勉強すれば、あなたはこれから先の自分の経済状態を自分の手で変えていくことができます。その段階まで到達したら、上級者向けの『キャッシュフロー２０２』に進む準備ができたことになります。『キャッシュフロー２０２』には学習用のＣＤが５枚ついています。

子供たちのためには、六歳から楽しく学べる『キャッシュフロー・フォー・キッズ』があります。

『キャッシュフロー』ゲームの創案者
ロバート・キヨサキ